Jörg Ohlemacher (Hg.)

Religion und Bildung in Europa

Herausforderungen – Chancen – Erfahrungen

Vandenhoeck & Ruprecht
in Göttingen

Die Deutschen Bibliothek – CIP-Einheitsaufnahme
Religion und Bildung in Europa : Herausforderungen – Chancen – Erfahrungen / Jörg Ohlemacher (Hg.). – Göttingen : Vandenhoeck und Ruprecht, 1991
ISBN 3-525-87313-1
NE: Ohlemacher, Jörg [Hrsg.]

Kommissionsverlag: Vandenhoeck & Ruprecht
Printed in Germany
Schrift: Times
Satz: Text & Form, Hannover
Druck und Einband: Weserdruckerei Rolf Oesselmann GmbH

Inhalt

Vorwort

Das Verhältnis von Religion zu Bildung im europäischen Integrationsprozeß ist bisher kaum thematisiert. Die Kirchen fangen gerade erst an, ihre bildungspolitische und kulturelle Aufgabe zu begreifen. Die Politiker haben das Thema bisher aus vielen Gründen vermieden.

Um das Gespräch auf breiter Basis zu eröffnen, hat das Religionspädagogische Institut Loccum in Zusammenarbeit mit der Intereuropean Commission on Church and School ein internationales, interkonfessionelles und interdisziplinäres Symposium zum Thema *Beiträge der Theologie zur Bildung. Eine Herausforderung für Europa* vom 12. bis 16. September 1990 in Loccum veranstaltet.

Die Beiträge des Symposiums sind ebenso wie einige wichtige Vorträge aus vorauslaufenden Tagungen des Religionspädagogischen Instituts Loccum in überarbeiteter Form in diesem Band zusammengefaßt. Eine englische Ausgabe ist in Vorbereitung.

Der Beitrag von R. Mackensen zeigt die Mitverantwortung der Christen in Deutschland und Europa für die Lösung der anstehenden sozialen Fragen. Er weist auf ganz ähnliche strukturelle, prinzipielle und praktische Hindernisse und Problemstellungen hin, wie sie ebenso für den Bildungsbereich bestehen; auch die Verschränkung von Bildungs- mit Sozialfragen bringt er zur Sprache.

Um dem Leser die Zusammenhänge deutlich zu machen, ist ein ausführlicher Dokumentationsteil eingerichtet worden, der wichtige Veröffentlichungen der EG-Kommission, der deutschen Kultusministerkonferenz ebenso enthält wie einen Überblick über den Religionsunterricht in Westeuropa und die wichtigsten Dokumente des Symposiums.

Die Übersetzung der ursprünglich englisch verfaßten Beiträge (Brown, Chesters, Williams) hat Dr. Christopher Carlson, Göttingen (früher Münster) besorgt.

Neu aufgenommen wurden die Beiträge von Rabbi Douglas Charing für die jüdischen und Imam Mehdi Razvi für die islamischen Kultusgemeinden. Beide haben am Symposium als Leiter von Arbeitsgruppen teilgenommen. Ihre Sichtweisen zu Bildungsfragen in einem zusammenwachsenden Europa enthalten notwendige, vielleicht ungewohnte Einsichten, die für die Wahrnehmung von

Gegebenheiten und Aufgaben in inter- und multikulturellen Gesellschaften bedeutungsvoll sind.

Bewußt wurde bei der Einladung der Teilnehmer der Kreis der 12 EG-Mitgliedsländer überschritten. Genauso wie man sich aus national verengten Traditionen, Wahrnehmungen und Politiken lösen muß, ist es auch notwendig, die Perspektiven schon jetzt über den Kreis der Zwölf hinaus auszuweiten. Auch die EG-Kommission vertritt diese Position.

An dem im Anschluß an das Symposium eingerichteten Netzwerk der Institute für Religiöse Erziehung (und Bildung) – European Network of Institutes for Religious Education (ENIRE) – arbeiten darum von Anfang an z.B. Vertreter der osteuropäischen Länder mit, auch wenn ihre Institutionen erst im Aufbau sind.

Loccum, im Frühjahr 1991 Jörg Ohlemacher

JÖRG OHLEMACHER

Bildungspolitische Herausforderungen im Integrationsprozeß Europas. Eine Einführung

> "Die Gesellschaft interessiert sich nicht für mein Menschsein, sondern dafür, ob ich im Produktionsablauf funktioniere!"
> Berufsschüler, 18 Jahre[1]

Das Schülerzitat bringt als Aussage der Betroffenheit zum Ausdruck, was als Sorge um die Zukunft viele bewegt, die die bildungspolitische Entwicklung in Europa beobachten, in ihr beruflich engagiert oder in sie verwickelt sind.

Anlaß zur Sorge ist zum einen, daß der Haushaltsansatz für Bildungsfragen im Budget der Europäischen Gemeinschaft weniger als ein Prozent des Gesamthaushaltes ausmacht; eine Geldsumme, mit der im Vergleich zu den kommenden Notwendigkeiten nicht viel ausgerichtet werden kann. Allerdings steht dieser Einschätzung der bisherige Grundsatz von der Kulturhoheit der Länder gegenüber und die Tatsache, daß die Fragen von Kultur und Bildung im Prinzip von den Römischen Verträgen an aus dem europäischen Einigungsprozeß ausgeklammert sind. Zu groß waren und sind die Bedenken, daß die kulturellen und bildungspolitischen Traditionen, wie die bestehenden rechtlichen Regelungen einen zügigen Einigungsprozeß eher hindern, wenn nicht gar verhindern könnten. Es ist auch leicht zu erklären, daß die Länder selbst darauf

1 Zitat aus: M.L. Junge, Schulgottesdienste. – Erfahrungen, Anleitungen, Beispiele (Arbeitshilfen BBS 7, hg. M. Künne), Loccum 1990, 8.

bedacht sind, ihre Hoheit in diesen Bereichen möglichst zu erhalten. Nur ist inzwischen deutlich, daß der Grundsatz von der Kulturhoheit der Länder schon an einigen Stellen (Rundfunk, Anerkennung von Diplomen) durchbrochen ist.[2]

Ausgenommen von der selbstverordneten bildungspolitischen Abstinenz der EG ist die berufliche Bildung. Als diejenige Einrichtung des öffentlichen Schulwesens, die direkt dem eigentlichen Motor der europäischen Integration – der Wirtschaft – korrespondiert, ist sie auch am stärksten von den Veränderungen betroffen, die ab 1.1.1993 greifen sollen. Die Bildungssysteme der europäischen Staaten sind aber jeweils ein kompliziertes Ganzes, und so ist schon jetzt deutlich, daß die angestrebten rechtlichen, organisatorischen und inhaltlichen Veränderungen für Berufsausbildung und Berufsschulwesen die übrigen Bereiche der öffentlichen Bildung in den Ländern tangieren bzw. eben einen Eingriff in den bisher bestehenden Grundsatz von der Kulturhoheit der Länder bedeuten. Man spricht von dem "Versuch, zunehmend über eine exzessive Auslegung des Begriffs der Berufsbildung in alle Bildungssysteme der EG-Staaten einzugreifen."[3]

I

Die für das berufsbildende Schulwesen gegebene Beziehung zum Bereich Ökonomie wirkt nun implizit und explizit in einer ganz bestimmten Weise auf die Planungen zum Bereich Bildung in

---

2 Vgl. z.B. Werner Honal, EG: schnell bei Eingriffen in die Kulturhoheit, in: Die Höhere Schule 8, 1989, 229f..

3 Frank Achtenhagen, 1000 Tage vor Europa – Herausforderung für die Berufsbildung, in: Wirtschaft und Erziehung (Organ des Bundesverbandes der Lehrer an Wirtschaftsschulen e.V.). 7/8, 1990, 128-238, hier 231. Vgl. die durchgehende Abwehr aller Versuche der EG-Kommission, mehr bildungspolitische Kompetenzen an sich zu ziehen, bei Jürgen W. Möllemanns Ausführungen auf der Tagung des Rates und der im Rat vereinigten Minister für das Bildungswesen am 6. Oktober 1989 zur Zusammenarbeit und Gemeinschaftspolitik im Bildungswesen im Hinblick auf 1993, in: Der Bundesminister für Bildung und Wissenschaft, EG-Beschlüsse zur Bildungspolitik seit Sommer 1988 – Ergänzung der Beschlußdokumentation, in: Internationale Bildung Wissenschaft Nr. 7/88, Bonn 1989, I-IX.

Europa ein. Ein zentrales Dokument in dieser Hinsicht ist die "Mitteilung der Kommission an den Rat über die allgemeine und berufliche Bildung in der Europäischen Gemeinschaft (Mittelfristige Leitlinien: 1989 - 1992)".[4] Darin heißt es:

"In Erwartung der Vollendung des Binnenmarktes bis 1992 und der Perspektive des Jahres 2000 besteht weithin Einvernehmen darüber, daß die allgemeine und die berufliche Bildung in den kommenden Jahren in zunehmendem Maße eine Schlüsselposition in der globalen Entwicklungsstrategie der Gemeinschaft einnehmen muß."[5] Dieses Bildungsprogramm will die Kommission an die "Spitze ihrer Prioritäten" setzen, "um so eine neue gemeinschaftsweite Entschlossenheit zu fördern, in die Menschen zu investieren, in ihre Qualifikation, ihre Kreativität und Vielseitigkeit. Ohne Investitionen in das gegenwärtige und zukünftige Arbeitskräftepotential wird die Fähigkeit Europas zur Innovation, zum Wettbewerb und zur Schaffung von Wohlstand für alle seine Bürger ernsthaft gefährdet sein."[6] ... "Ohne eine solche gemeinsame Anstrengung läuft Europa Gefahr, daß seine Humanressourcen nicht optimal ausgenutzt werden."[7]

Es ist gar keine Frage, daß in dieser Vorlage zur EG-Bildungsplanung viel Wichtiges zur Optimierung von Ausbildung und lebenslangem Lernen in europäischen Kontexten steht, aber solche grundsätzlichen Äußerungen stellen eine Herausforderung an die Pädagogik ganz allgemein und an eine christliche Pädagogik im besonderen dar; denn: Die Menschen in der zukünftigen EG erscheinen in diesen "Leitlinien" in der Perspektive dessen, was sie per Bildung zur *Optimierung der Wirtschaft* in Europa beitragen sollen. Wenn vom homo die Rede ist, dann primär vom *homo oeconomicus*. So sinnvoll die Ausrichtung der Ausbildung auf den

---

4 KOM (89) 236 endg.; Ratsdok. 7343/89 zugleich Bundesrat Drucksache 348/89 vom 19.6.89; vgl. den vollständigen Text im Anhang, 246ff..

5 A.a.O., 246. Vgl. a.a.O., 249, wo davon die Rede ist, daß auch die nationalen Bildungsinstitutionen gewährleisten sollen, "daß das Arbeitskräftepotential von morgen den Erwartungen und Bedürfnissen der europäischen Wirtschaft und Gesellschaft gerecht wird".

6 Ebd.. In diesem Zusammenhang und nach den Grundsätzen der Römischen Verträgen ist auch von Identität und grundlegenden Werten der europäischen Gemeinschaft die Rede ist.

7 A.a.O., 249 oben.

Beruf ganz prinzipiell ist, so stellt die hier vorherrschende Sicht des Menschen doch eine starke Verkürzung des Menschenbildes dar, das bisher in allen westeuropäischen Bildungskonzepten leitend war; besonders im Hinblick darauf, daß der Anspruch erhoben wird, von Bildung überhaupt zu handeln, erscheint diese Verengung der Sichtweise bedenklich.[8]

"Die Berufsausbildung muß so konzipiert sein, daß sie den Bedürfnissen der Arbeitnehmer, der Unternehmen, der Wirtschaft allgemein und des großen Marktes im besonderen entspricht."[9] "Die Entwicklung der Humanressourcen ist eindeutig Bestandteil der Gemeinschaftspolitik zur Wirtschaftsentwicklung und Schaffung von Arbeitsplätzen."[10] Der Mensch ist mehr als "Arbeitnehmer". Wichtige Bereiche des Menschlichen bleiben unerwähnt.

Die Rede von den "Humanressourcen" stammt aus der Technokratensprache, verdinglicht den Menschen, macht ihn zur Sache. Sie führt eine fatale Sicht des Menschen weiter, die unten dem Stichwort "Menschenmaterial" in der Geschichte der europäischen Kriege wie aus der Zeit des Nationalsozialismus eine unselige Tradition hat und in den Erziehungssystemen totalitärer Staaten – gegen alle behaupteten Humanitätsideale rangieren Menschen als "Produktionsfaktoren" - wirksam ist. Wird das Bild "der Mensch als Maschine"[11], das für das industrielle Zeitalter, die Moderne,

---

8 Es ist eben nicht nur von der beruflichen Bildung die Rede, - die jedenfalls im Horizont des deutschen "dualen Systems" auch noch etwas anderes wäre als reine Ausbildung zum Erwerb von berufsspezifischen Qualifikationen, – sondern von der *allgemeinen* Bildung, womit nicht Allgemeinbildung gemeint ist, sondern die Bereiche des öffentlichen Bildungswesens der europäischen Länder schlechthin. Dies bedeutet eine Überschreitung der im Vertrag von Rom (Art. 128) festgelegten Beschränkung auf die "gemeinsame(n) Berufspolitik". Allerdings findet sich diese Überschreitung auch schon in früheren Veröffentlichungen des Rats; es ist nicht leicht zu entscheiden, ob jeweils sachlich-inhaltliche oder strategisch-politische Gründe für diese Ausweitung vorliegen. Vgl. z.B. Schlußfolgerungen ... vom 3.6.1983, in: Erklärungen ... dritte Auflage 1987, 99.

9 Aus: Entschließung des Rates vom 5. Juni 1989 über die berufliche Weiterbildung (89/C 148/01), in: Amtsblatt der Europäischen Gemeinschaften vom 15.6.1989, 1.

10 Leitlinien, a.a.O., 252.

11 Vgl. z.B. die Darstellung von Willi Baumeister, Mensch und Maschine.

prägend war, im postmodernen Zeitalter vom Bild "der Mensch als Ressource" abgelöst, allseits verfügbar als Wanderarbeitnehmer z.B. dort, wo Bedarf ist?[12] Ein Gegenstand von strategischer Bedeutung für Investitionen im Bereich der Erstausbildung wie der Weiterbildung?[13]

Unter dem Druck des internationalen ökonomischen Wettbewerbs gehört die "Förderung höherer Ausbildungsstandards" zu den vorrangigen Zielen der Gemeinschaft.[14]

Es ist in den Mittelfristigen Leitlinien durchaus auch von sozialen Fragen, die im Zusammenhang mit dem gemeinsamen Markt, der gemeinsamen Anerkennung der Bildungsabschlüsse und der daraus folgenden Freizügigkeit von Arbeitnehmern, auch Lehrern, entstehen, die Rede. Aber doch eher in dem Sinne, daß man nach Strategien und Verfahren sucht, um mögliche negative Auswirkungen aufzufangen, die durch die neue europäische Dimension entstehen können, damit nicht etwa kontraproduktive Effekte für die Wirtschaft eintreten.[15]

II

Solche Formulierungen und der Ungeist, der aus ihnen spricht, stehen im Gegensatz zu vielen Entschließungen und Programmen, die der Rat und die im Rat vereinigten Minister im Bildungswesen im Verlauf des EG-Prozesses verabschiedet haben.

---

12 Vgl. Amtsblatt der Europäischen Gemeinschaften Nr. C 38 vom 19.2.1976 und "Modellversuche auf dem Gebiet der schulischen Betreuung der Kinder vom Wanderarbeitnehmern", in: Schlußfolgerungen des Rates und der im Rat vereinigten Minister für Bildungswesen vom 4. Juni 1984, in: Erklärungen zur Europ. Bildungspolitik, 3. Ausgabe Luxemburg 1987, 123-126. Richtlinien des Rates vom 25.7.1977 über die schulische Betreuung der Kinder von Wanderarbeitnehmern (77/486/EWG), in: A.a.O., 37f..

13 A.a.O., 4. Vgl. ähnliche Strategien und Begründungsmuster bei der flächendeckenden Einführung des Unterrichts zu den Neuen Technologien in den Bundesländern.

14 Vgl. unter "Grundsätze", a.a.O., 5. Künftig muß "ein ausreichendes Angebot an erstrangigen jungen Wissenschaftlern und hochqualifizierten Facharbeitern gesichert sein". Ebd. unter "Die Europäische Dimension".

15 Vgl. z.B. I.14., in: Entschließung des Rates vom 5.6.89 (s. Anm. 9), 2 und den Beitrag von R. Mackensen in diesem Band.

So heißt es in der Entschließung über die Zusammenarbeit im Bereich des Bildungswesens vom 6. Juni 1974: *"Das Bildungswesen darf unter keinen Umständen einfach als Bestandteil des Wirtschaftslebens angesehen werden."*[16]

Und in der Tat überschreiten die Programme zur Bekämpfung des Analphabetentums, des Schulversagens, der Arbeitslosigkeit, zur Verbesserung der Bildungschancen von behinderten, sozial benachteiligten und leistungsschwächeren Schülern, der Sinti und Roma u.a. weit den Beziehungsrahmen "Ökonomie".[17] Wichtige Stichworte, die die Sorge um eine allgemeine Verbesserung im Bildungswesen der europäischen Länder anzeigen, sind u.a. verantwortlicher Umgang mit Freizeit und Massenmedien, Berücksichtigung der Bedürfnisse des Schülers/der Schülerin, Förderung von Eigeninitiative, Selbstvertrauen und Kreativität wie die Notwendigkeit von Beratung und Begleitung Jugendlicher auf den Wegen der Berufsfindung und in die Verantwortung als Erwachsene. Die europäische Dimension im Bildungswesen soll der Weckung des Verständnisses für die und der Bewahrung der kulturellen Werte in Europa Rechnung tragen.

Auch das Bestreben, das Niveau der Bildung und Ausbildung generell zu heben, soll und kann nicht diffamiert werden, solange auch für die Schwachen in den Gesellschaften ausreichend Sorge getragen wird. Allenfalls in den Äußerungen des Rats zu den "Neuen Technologien" stößt man wieder auf ein eher unkritisches Verhältnis zur Wirtschaft, aber immerhin wird auch da empfohlen, sich mit den "Auswirkungen" dieser neuen Informations- und Kommunikationsverfahren zu beschäftigen. Nationale Bildungsinstitutionen, z.B. in der Bundesrepublik Deutschland, haben sich der möglichen negativen Auswirkung der Neuen Technologien angenommen, um Konsequenzen für die schulische Bildung und Ausbildung zu ziehen.[18]

---

16 Entschließung der im Rat vereinigten Minister für Bildungswesen vom 6. Juni 1974 über die Zusammenarbeit im Bereich des Bildungswesens, in: Erklärungen ... dritte Auflage 1987, 15f., hier 15.

17 Die ausgeführten Programme und Entschließungen finden sich in: Erklärungen zur Europäischen Bildungspolitik, dritte Auflage, Luxemburg 1987, u.: Erklärungen zur Europäischen Bildungspolitik. (Ergänzung vom Dezember 1989), o.O.u.J. (Luxemburg 1989).

18 Vgl. z.B. die Lehrerfortbildungsprogramme der Bundesländer zu den

Die EG-Kommission mißt der "sozialen Dimension des Binnenmarktes" hohe Bedeutung zu. Leitendes Interesse ist dabei, die wirtschaftlichen Veränderungen in ihren Auswirkungen sozialverträglich zu gestalten. Die Verhinderung der Diskriminierung einzelner, die Zusammenführung der Familien der Wanderarbeitnehmer wie auch wieder Bildungsfragen stehen neben politischen und ökonomischen Analysen und Strategien.[19]

Wie im Bildungsbereich sind auch im Sozialen die Entwicklungen noch nicht abgeschlossen. Dies entspricht insgesamt dem Stand, auf dem sich der Integrationsprozeß Europas befindet.

III

Zieht man eine solche positive Zwischenbilanz, liest sich der Text der *Mittelfristigen Leitlinien* umso gravierender. "Die an der Ausschöpfung der Humanressourcen orientierte Bildungskonzeption der EG reduziert das Bildungswesen weitgehend auf wirtschaftlich-ökonomische Aspekte. Diese Reduktion ist aus der Sicht des allgemeinbildenden Schulwesens und im Hinblick auf das Europa der kulturellen Vielfalt und des Ideenreichtums bedenklich."[20]

Vielleicht ist es nicht zufällig, daß in der Einleitung zu den Leitlinien nicht wie sonst bei den Entschließungspapieren der EG ausführlich auf die vorangegangenen Entscheidungen verwiesen wird. Alles drängt gleichsam nach vorne, auf eine Forcierung der Entwicklung. Ob der Kommission bewußt geworden war, wie nahe 1992 gerückt war?

Inzwischen gibt es einen Aufschub bis 1993, und die Rezeption der *Mittelfristigen Leitlinien* innerhalb des Rates scheint eher zu-

---

Neuen Technologien, die im Rahmen der Technikfolgenabschätzung auch die ethischen Implikationen der neuen Entwicklungen berücksichtigen.

19 Vgl. die Sondernummer von "Soziales Europa". Die soziale Dimension des Binnenmarktes. Zwischenbericht der interdirektionalen Gruppe, Luxemburg 1988, dazu den Beitrag von R. Mackensen in diesem Band.

20 Gottfried Kleinschmidt, Was heißt europäische Bildung und welche Ziele verfolgt sie? – Schlußfolgerungen für das allgemeinbildende Schulwesen, in: ders., Einige Aspekte der europäischen Bildung unter Berücksichtigung des Binnenmarktes 1992. Stuttgart (Landesinstitut f. Erziehung u. Unterricht) 1990, 8.

rückhaltend gewesen zu sein. Zumindest lesen sich die "Schlußfolgerungen ... vom 6. Oktober 1989 über die Zusammenarbeit und die Gemeinschaftspolitik im Bildungswesen im Hinblick auf 1993" viel moderater.[21] Hier werden die weiteren Perspektiven der o.g. Programme wieder aufgenommen und für die nächsten fünf Jahre fünf Hauptziele der Zusammenarbeit der Mitgliedsstaaten der Gemeinschaft formuliert:

Ein multikulturelles Europa,
ein Europa der Mobilität,
ein Europa der Bildungschancen für alle,
ein Europa des Fachwissens und
ein Europa der Weltoffenheit.

Aus dem Vergleich der *Leitlinien* mit den *Schlußfolgerungen* drängt sich die Frage auf, ob es nicht sehr unterschiedliche Intentionen in der Bildungspolitik der EG gibt, die gut beobachtet werden müssen.

Auch Bildungspolitik ist nicht frei von Lobbyismus, und nur wenn der Einfluß der Wirtschaft in ausgewogenem Verhältnis zu den übrigen Sozialpartnern und der Pädagogik bzw. den Bildungsfachleuten steht, kann das Ziel einer gemeinsamen europäischen Bildungspolitik zum Wohl und Besten der betroffenen Jugend und aller Bürger Europas gelingen.

IV

De facto findet bereits jetzt eine Schulpolitik auf europäischer Ebene statt,[22] und es ist deutlich, daß sich die Brüsseler und Straßburger Arbeit nicht auf den Bereich der Berufsbildung beschränken läßt. In allen einschlägigen Verlautbarungen und Veröffentlichungen wird das Gewicht des Beitrages "der Bildungspolitik zur Verwirklichung des Binnenmarktes und zur weiteren Annähe-

---

21 Amtsblatt der Europäischen Gemeinschaften (89/C277/04) vom 31.10.1989. Allerdings sollen die Mittelfristigen Leitlinien Grundlagen für die Weiterarbeit bilden; s. drittletzter Absatz! Vgl. in diesem Band den Beitrag von M. Williams, bes. 80 u. 84.

22 Vgl. Deutsche Gesellschaft für Bildungsverwaltung (Hg.), Der europäische Binnenmarkt – Eine Herausforderung für Bildungspolitik und Bildungsverwaltung, Frankfurt/Bochum 1990.

rung an eine europäische Union" hervorgehoben.[23] Angesichts dieser Entwicklungen sehen sich auch die Kirchen, Religionsgemeinschaften und Wissenschaften herausgefordert, die mit der religiösen Erziehung von Kindern und Jugendlichen in Aus-, Fort- und Weiterbildung befaßt sind. Unter den Gesprächspartnern, die die Kommission nach eigenen Angaben konsultiert hat,[24] werden die Kirchen nicht genannt. Sie haben aber z.B. in Deutschland eine Mitverantwortung für den Religionsunterricht oder sind wie in England an der Lehrplanentwicklung beteiligt und in anderen Ländern werden Sichtweisen von Kirchen und Religionsgemeinschaften über die Allgemeinen Studien (General Studies) in die Schulen eingebracht. In allen diesen Fällen haben Kirchen und Religionen eine Möglichkeit der Mitsprache in dem allgemeinen Schulwesen, um damit auf die künftige europäische Bildungspolitik einzuwirken. Aber auch in den Ländern, in denen der religiöse Unterricht frei von kirchlichen Institutionen gestaltet wird (z.B. in den Niederlanden), oder Ländern, in denen ein solcher Unterricht unabhängig vom staatlichen Bildungswesen organisiert ist (wie z.B. in Frankreich) kann es den Kirchen und Religionsgemeinschaften nicht gleichgültig sein, auf welche Ziele hin und mit welchen Mitteln die Menschen in Europa erzogen werden sollen.

Nicht zuletzt die Erfahrungen mit totalitären Regimen in der Vergangenheit haben die christlichen Kirchen an ihren Öffentlichkeitsauftrag erinnert, der es ihnen nicht erlaubt, sich auf den Bereich ihrer Religionsgemeinschaft, ihrer Mitglieder zu beschränken. Die Botschaft des christlichen Glaubens, die den Menschen zu größtmöglicher Freiheit und Entfaltung seiner Gaben in der menschlichen Gemeinschaft ermutigt, ihm Verantwortung für alle Mitmenschen, besonderes aber für die Armen, Schwachen und Kranken in der Gesellschaft, auflegt und Möglichkeiten eröffnet, mit Versagen, Sünde und Tod zurechtzukommen – diese Botschaft hat elementar mit Bildung und Erziehung zu tun; eine *Mitverantwortung* für Bildungsfragen und Bildungspolitik ist mithin nach dem Selbstverständnis der christlichen Kirchen ebenso gegeben, wie auch die jüdische und muslimische Religionsgemeinschaft aus je

23 Fritz Schaumann, Europäische Bildungsentwicklung – Positionen und Perspektiven der Politik, in: Verband Bildung und Erziehung (Hg.), Europa nach 1992 – Forderungen an Bildung und Lehrer, Bonn 1989, 12, vgl. auch den Schlußabschnitt, 16.

eigener Betroffenheit ein Interesse daran haben, in Bildungsangelegenheiten mit gehört zu werden. Aus christlicher Perspektive lassen sich drei übergreifende Fragen stellen:

- Kann europäische Bildungspolitik davon absehen, daß ein maßgeblicher Teil, ja meistens der überwiegende Anteil der Bevölkerung der europäischen Länder einer der christlichen Konfessionen oder der genannten Religionsgemeinschaften angehört?
- Welcher Referenzrahmen für das zukünftige Bildungswesen in Europa soll gelten? Welchen Stellenwert sollen in ihm die christlichen und humanistischen Bildungstraditionen die Europa über Jahrhunderte formten, für die Zukunft haben?
- Kann man mit Aussicht auf Erfolg europäische Identität - die Werte der europäischen Kultur und der Grundlagen, auf welche die Völker Europas ihre Entwicklung heute stützen sollen - an die jungen Menschen vermitteln wollen, ohne die Rolle der Religionen angemessen zu berücksichtigen?[25]

V

Einige mögliche Mißverständnisse sind bei solchen Fragestellungen von vornherein auszuschließen:

Es kann in keiner Weise um einen "klerikalen Imperialismus" in Bildungsfragen gehen. Die Kirchen und Religionsgemeinschaften müssen im kollegialen Gespräch plausibel machen können, welches ihr eigener Beitrag für eine zukünftige europäische Bildungspolitik sein kann und soll. Das Gespräch ist auf der Grundlage der Gleichberechtigung auch und gerade da zu führen, wo eine Konfession oder Religionsgemeinschaft dominiert (Dänemark, Italien, Spanien z.B.); die Einbeziehung der religiösen Minderheiten ist zu gewährleisten.

D. Glowka mahnt zu Recht an, daß es aber auch um keine unbesehene Übernahme von Traditionen gehen kann: "Es wird neuerlich häufig von der europäischen Wertegemeinschaft als

---

24 Vgl. Mittelfristige Leitlinien, 255.

25 Vgl. unter Ziele die Entschließung vom 24. Mai 1988, in: Ergänzung vom Dezember 1989 [wie Anm. 17].

Grundlage des Integrationsprozesses geredet; griechische Philosophie, römisches Recht und christliches Menschenbild beispielsweise werden als Traditionen apostrophiert, auf denen auch das künftige Europa aufbauen solle. Ich will mich weder gegen den Gedanken der Wertegemeinschaft aussprechen, noch die Bedeutung von Traditionen herabsetzen. Mit Nachdruck jedoch möchte ich daran erinnern, daß beschworene Werte und Traditionen zunächst einmal nur hohle Worte sind. Sie bewähren sich nur insofern, als sie im alltäglichen Handeln tatsächlich orientierend wirken und sich in politischen Zielen erkennbar ausdrücken."[26] Nur beschworene Tradition wäre Ideologie und mit einem solchen Überbau würde keinem geholfen. Zudem verbietet die veränderte, weil interkulturelle oder multikulturelle Situation in den Ländern jeden allzu "einfachen" Rückgriff auf Traditionen, die von nur einem Kulturkreis geprägt wären. Die vielfältige Gebrochenheit der Traditionen selbst – nicht zuletzt ihr Scheitern angesichts zweier Weltkriege – verbietet den Wunsch nach einer unbedarften Übernahme von vergangenen Bildungsgütern.

Es wäre auch ein Fehlschluß, Religion einfach unter Kultur subsumieren zu wollen. Zwar ist Religion in Sprachbildung, Musikentwicklung, Architektur u.a. in Kultur wirksam und somit ein Bestandteil der allgemeinen Kulturentwicklung, und sicher reagiert sie auch auf dieselbe und steht damit in einem Wechselverhältnis zu ihr; aber dann geht sie – zumindest im Christentum, Judentum und Islam – doch nicht einfach in Kultur auf, sondern bleibt ihr gegenüber eigenständig und in einem prinzipiell kritischen Verhältnis. Gott läßt sich nicht kulturell oder politisch vereinnahmen. Und dort, wo Christen selbst – wie in der Bewegung "Deutsche Christen" in der Zeit des Nationalsozialismus – dies meinten vertreten zu können, sind sie einen Irrweg gegangen. Das ecce homo weist auf einen gekreuzigten Menschen – und dieses Bild steht erst einmal quer, – auch zu allen Optimierungsversuchen im Rahmen einer europäischen Bildungspolitik.[27]

---

26 Detlef Glowka, Neue Bildungsziele für Europa, in a.a.O. (siehe Anm. 23), 29.

27 Es muß in diesem Zusammenhang bei wenigen Andeutungen bleiben. Das Thema Kultur und Religion wird ausführlich behandelt bei Trutz Rendtorff, Vielspältiges. Protestantische Beiträge zur ethischen Kultur, Stuttgart 1991.

VI

Von solchen Überlegungen geleitet, hat das Kollegium des Religionspädagogischen Instituts Loccum im Jahre 1990 in mehreren Tagungen versucht, die europäische Bildungs-Herausforderung anzunehmen: Hauptschulrektoren, Schulräte und Berufsschuldirektoren haben sich in Konferenzen mit der Thematik befaßt. Vom 12. bis 16. September fand in Zusammenarbeit mit der Intereuropean Commission on Church and School ein internationales, interkonfessionelles und interdisziplinäres Symposium zum Thema

BEITRÄGE DER THEOLOGIE ZUR BILDUNG.
EINE HERAUSFORDERUNG FÜR EUROPA

statt. Der Versammlung lag ein Memorandum[28]

EUROPÄISCHE PERSPEKTIVEN
FÜR BILDUNG UND ERZIEHUNG
LOCCUMER MEMORANDUM 1990

vor, das von einem Vorbereitungskreis erarbeitet war und den Versuch darstellt, die unterschiedlichen Verhältnisse der allgemeinen und religiösen Erziehung in den europäischen Ländern mit der gegenwärtigen Bildungspolitik der Europäischen Gemeinschaft und des Europarates in Beziehung zu setzen, um deutlich zu machen, wo bisher Defizite liegen, in Zukunft Schwerpunkte zu setzen sind und in welcher Weise sich die Kirchen und Religionsgemeinschaften in die bildungspolitische Willensbildung in Europa einbringen könnten.

Das Memorandum wurde diskutiert und stellt den Anfang eines Prozesses dar, der vor allem auf nationaler Ebene weitergeführt werden wird.

Die etwa 150 Teilnehmer[29] aus 19 Nationen bemühten sich unter vier Generalthemen bei Referaten, Diskussionen und in Arbeitsgruppen[30] um die bildungspolitische Herausforderung in Europa. Die Generalthemen lauteten:

---

28 Vgl. den vollständigen Text im Anhang, 241-245.
29 Vgl. die Teilnehmerliste, a.a.O., 234-240.
30 Vgl. die Themen der Arbeitsgruppen, a.a.O., 231-233.

I Bilder vom Menschen in Erziehungskonzeptionen
II Der Einfluß von Gesellschafts-Konzepten auf Erziehungs-/Bildungsziele
III Wir und die anderen – offene Erziehungskonzepte in multikulturellen Gesellschaften. Ein christlicher Zugang
IV Kirche und Bildung – ekklesiologische Aspekte der Erziehung

Mit diesen übergreifenden Themenstellungen sind Ansatzpunkte für das weitere bildungspolitische Gespräch gegeben, in das Kirchen, Religionsgemeinschaften, Theologen, Pädagogen und Religionspädagogen ihre Erfahrungen einbringen können. Ein Gespräch, das von kirchlicher Seite kaum begonnen ist. Die anthropologischen Grundfragen werden sicher auch in Zukunft wesentlich bleiben, ebenso wie die Frage nach den Zielvorstellungen, die im Europäischen Bildungssystem wirksam werden sollen. Der Umgang mit der immer noch neuen inter- und multikulturellen Situation – die doch immer auch eine multireligiöse ist! – fordert geradezu Fragen nach der religiösen Identität heraus. Der weitere Prozeß wird sowohl auf nationaler wie auf gesamt-europäischer Ebene betrieben werden müssen. Die Betonung der "Achtung der sprachlichen und kulturellen Vielfalt" der Länder sowie die "Bekräftigung der Subsidiarität der gemeinschaftlichen Maßnahmen" in den Organen der EG[31], ist zwar ein wichtiges politisches Prinzip, aber deutlich ist doch, daß je weiter der Prozeß der Integration in Europa voranschreitet, die europaweiten Perspektiven und Lösungen der anstehenden Fragen an Gewicht gewinnen werden. Es ist ein ermutigendes Zeichen, daß die Kultusministerkonferenz der deutschen Bundesländer in ihrem revidierten Text "Europa im Unterricht" vom Dezember 1990 jetzt auf die wichtige Funktion von Religion – als eigenständigen Lernbereich wie als Unterrichtsfach – im europäischen Integrationsprozeß hinweist.[32]

---

31 Schlußfolgerungen vom 6.10.1989, in: Ergänzung (wie Anm. 17) ohne Seitenangabe.
32 Davon war in der ersten Textfassung von 1978 noch nicht die Rede. Vgl. den Text im Anhang, 257-264.

Arnim Czysz

Die bildungspolitischen Leitlinien und Entscheidungen der EG-Kommission

"In Brüssel hat eine wildgewordene Bürokratenschar eigentlich nichts anderes im Sinn, als die seit Jahrhunderten gewachsenen Bildungssysteme der EG-Mitgliedstaaten zu zerstören. Ziel der Eurokraten: ein von oben nach zentralistischer Manier verordnetes europäisches Einheitsbildungssystem". Solche und ähnliche Vorurteile kursieren in den Amtsstuben der Bundesrepublik seit die EG ihre ersten Initiativen auf dem Bildungssektor startete. In den Informationsdiensten von Lehrverbänden wird oft in die gleiche Kerbe geschlagen.

Da ist die Rede:

- von Anpassungsakrobatik und Bunkermentalität,
- Regelungswut,
- nivellierender und zwangsweise verordneter Lehrermobilität,
- gewaltsamer Etablierung eines europäischen Einheitslehrers, oder
- vom Generalangriff auf den verbeamteten Lehrer.

Als krönenden Höhepunkt erfand kürzlich ein Autor den Horrorbegriff von der "europäischen Einheitsnormwalze" – gemeint: natürlich die EG-Kommission.

Wenn man in der Bundesrepublik Deutschland über die Arbeit der Europäischen Gemeinschaft im Bereich Bildung informieren soll, empfiehlt es sich deshalb, zunächst darauf hinzuweisen, was die EG nicht leisten will, und auch gar nicht leisten könnte.

Und da gilt zuallererst: Es wird kein europäisches "Super-Bildungsministerium" geben, das die Vielfalt der nationalen Bildungsangebote zu einem europäischen Einheitsbrei herunternivellieren könnte. Im Gegenteil: Europa kann politisch nur unter strengster Beachtung des Subsidiaritätsprinzips gelenkt werden. Deshalb bedeutet eine Bildungspolitik für Europa, so wie die EG-Kommission sie versteht, zuallererst den Respekt vor gewachsenen und bewährten nationalen Bildungssystemen.

Die europäische Politische Union, die die Gemeinschaft anstrebt, kann nur als föderatives System ausgestaltet werden, das hat der Präsident der EG-Kommission, Jacques Delors, in den letzten Jahren wiederholt betont. Er hat dabei immer wieder auf das föderative System der Bundesrepublik Deutschland hingewiesen: Gerade hier habe sich der Föderalismus als Beispiel und Modell für Europas Zukunft erwiesen. Deshalb gilt auch auf dem Bildungssektor: Die EG-Kommission strebt keine einheitlichen europäischen Lehrpläne an, es wird auch keine europäischen Erlasse oder Verordnungen zu Fragen wie etwa der Dauer des Schulbesuchs geben. Wenn sich eine gewisse Europäisierung der Bildungs- und Wissenschaftspolitik tatsächlich einstellen sollte, dann nur als Folge freiwilliger Selbstregulierungsprozesse in den Mitgliedsstaaten, ganz sich aber nicht durch politischen oder rechtlichen Zwang aus Brüssel.

Gerade die Bildungs- und Kulturpolitik der Gemeinschaft ist ein Beleg für diese These: Hier wird nicht verordnet oder vereinheitlicht, sondern in vielfältigen Programmen werden Hilfen angeboten, die potentielle Empfänger wahrnehmen können, aber niemals wahrnehmen müssen.

Die wenigen Vereinheitlichungsversuche, die es im Bereich der Anerkennung der Diplome gegeben hat, sind kläglich gescheitert und können heute als Kinderkrankheiten im Selbstfindungsprozeß der EG-Bildungspolitik betrachtet werden. Zu trauriger Berühmtheit ist hier vor allem die EG-Architektenrichtlinie gelangt: Im Rahmen ihrer Ausarbeitung benötigten Experten 17 Jahre, um sich auf einheitliche Mindestanforderungen für Architekten-Diplome zu einigen.

Anerkennung der Diplome

Der Bereich der Anerkennung der Diplome ist zu einem Beleg dafür geworden, daß die Gemeinschaft erkannt hat, daß das Europa der Zukunft eine föderative Gestalt haben muß. Das neue und für Europa zukunftsweisende Verfahren baut auf dem Prinzip des gegenseitigen Vertrauens auf, so wie es in der Europäischen Einheitlichen Akte als EG-Verfassungsgrundsatz festgeschrieben worden ist: Ein Berufsabschluß, der in einem Mitgliedsland erreicht worden ist, muß auch in den anderen EG-Staaten anerkannt werden. Ein überzogener Vereinheitlichungsbedarf ist damit nicht mehr gegeben.

Welche Ausgestaltung das Prinzip des gegenseitigen Vertrauens finden kann, zeigt eine schon seit 1966 geltende Regelung im Bereich des Handwerks. Genausowenig wie die Deutschen verlangen können, daß ihre Meisterprüfung EG-weit eingeführt wird, können andere den Deutschen ihr Prüfungssystem aufzwingen. Die in Deutschland so bewährte Meisterprüfung, die in der Handwerksordnung vorgeschrieben ist und seit Jahrhunderten gilt, wird auch weiterhin ihre Gültigkeit behalten.

Dem Grundsatz des gegenseitigen Vertrauens entsprechend wurde trotzdem ein modus vivendi gefunden. Er lautet: Wenn ein EG-Bürger im EG-Bereich mindestens sechs Jahre selbständig als Handwerker tätig war und dann nach Deutschland kommt, hat er einen Rechtsanspruch auf eine Ausnahmegenehmigung für einen Eintrag in die deutsche Handwerksrolle, ohne die deutsche Meisterprüfung nachmachen zu müssen.

Diese Regelung gilt bereits seit 1966 und hat bewirkt, daß von den insgesamt 500.000 deutschen Handwerksbetrieben nur ganze 2.500 auf diese Art in die deutsche Handwerksrolle eingetragen wurden. Dieser Fall im Handwerk ist typisch für die praktische Handhabung des Grundsatzes, der sagt, nur soviel Harmonisierung wie nötig und gleichzeitig aber soviel Öffnung des Marktes wie möglich. Er beweist aber auch, daß der Binnenmarkt zwar mehr Freiheit für den einzelnen bringt, nicht aber zu nachhaltigen Störungen des Arbeitsmarktes in den einzelnen Mitgliedstaaten führen wird.

Nur wenn erhebliche Unterschiede zwischen den Abschlußprüfungen bestehen, dürfen eng eingegrenzte Zusatzanforderungen verlangt werden. Die Gemeinschaft setzt zur Zeit dabei in mehreren Richtlinien diese Vorgabe der zwölf Staats- und Regierungschefs in europäische Gesetzesvorschläge um. Ab 1991 werden die Hochschul- und Fachhochschulabschlüsse in Europa gegenseitige Anerkennung finden. Andere Ausbildungsgänge werden folgen. Im Bereich der beruflichen Bildung soll eine europäische Berufsausbildungskarte Abschlüsse vergleichbar und für den Arbeitgeber im Ausland verständlich machen.

Kein Binnenmarkt ohne Bürger

Daß die Römischen Verträge der EG-Kommission den nötigen Handlungsspielraum zur Verwirklichung einer Berufsbildungspolitik geben, hat erst kürzlich der Europäische Gerichtshof in seinem ERASMUS-Urteil noch einmal bestätigt. Artikel 128 EWG-Vertrag verbiete jede Auslegung, die der Gemeinschaft die notwendigen Mittel zur Verfolgung einer gemeinsamen Berufsbildungspolitik vorenthält, betont der Europäische Gerichtshof. Zur Berufsbildung gehört dabei nach nunmehr ständiger Rechtsprechung jede Form der Ausbildung, die auf einen bestimmten Beruf vorbereitet, und zwar selbst dann, wenn der Lehrplan noch allgemeinbildenden Unterricht enthält. Durch diese sehr weite Auslegung des Artikels 128 EWGV festigte der EuGH den Handlungsspielraum der EG im Hinblick auf europäische Angebote im Bereich der Ausbildung. Die Tatsache, daß auf Grundlage des Artikels 128 EWG-Vertrag beschlossene Richtlinien vom Rat auch mehrheitlich beschlossen werden können, also einzelne Mitgliedstaaten Entscheidungen nicht blockieren können, stärkt die Position der Gemeinschaft ohne Zweifel zusätzlich.

Doch nicht der Streit um rechtliche Fragen, sondern das zuallererst am EG-Bürger orientierte Gemeinschaftsinteresse sollte in der Diskussion um EG-Bildungsangebote Vorrang genießen. Und das heißt: Die Europäische Gemeinschaft kann ihre politischen Ziele – langfristig die Politische Union und mittelfristig den EG-Binnenmarkt – nicht ohne begleitende Maßnahmen im Bereich Bildung sinnvoll verwirklichen. Einen Binnenmarkt kann es sicher nicht geben, ohne daß die Bürger die Möglichkeit eines solchen offenen Marktes auch wirklich nutzen können.

Jeder Bürger der Europäischen Gemeinschaft darf in jedem EG-Mitgliedsland leben und arbeiten. Grundsätzlich darf niemand aufgrund seiner Staatsangehörigkeit beim Zugang zur Beschäftigung ausgeschlossen oder in der Entlohnung und in den Arbeitsbedingungen benachteiligt werden, lautet eines der Kernelemente des Binnenmarktes, das Recht auf Freizügigkeit, das eigentlich schon in den EG-Gründungsverträgen von 1957 verbrieft ist. Um aus diesem Prinzip Lebensrealität zu machen, müssen Wege gesucht werden, die jedem EG-Bürger, der es will, eine faire Chance des Zugangs zum Arbeitsmarkt auch in anderen Mitgliedsländern geben. Gerade weil der Binnenmarkt Grenzen nicht nur für Waren durchlässig macht, sondern die Grenzen auch für die Bürger der Gemeinschaft verschwinden lassen soll, mußten Überlegungen darüber angestellt werden, wie Ausbildungsangebote für Europa aussehen könnten.

Einige Grundprinzipien prägen die Bildungsprogramme der EG:

- Im Bereich der allgemeinen und beruflichen Bildung sollen grenzübergreifende Kontakt- und Kooperationsnetze aufgebaut werden, die den Austausch langfristig, über die einzelne geförderte Maßnahme hinaus ermöglichen;
- Die Mobilität der Europäer soll auch dadurch gefördert werden, daß möglichst viele EG-Bürger bereits als Lernende im Rahmen von Austauschmaßnahmen einen Teil ihrer Ausbildung im Ausland absolviert haben;
- Um grenzüberschreitende Kontakte zu erleichtern, soll ein besonderes Gewicht auf das Erlernen von Fremdsprachen gelegt werden. Im Europa der Zukunft soll es keine Einheitssprache, sondern mehrsprachige Bürger geben.
- Der Binnenmarkt kann nur verwirklicht werden, wenn die Anerkennung der Berufsabschlüsse gewährleistet ist.

Ziel aller EG-Bildungsprogramme ist dabei, Anreize zur Kooperation, zum Austausch zu bieten. Der Austausch wird nicht vorgeschrieben, sondern gefördert.

Europäischer Arbeitsmarkt

Die Bürger der Gemeinschaft können gerade deshalb EG-Programme im Bereich Bildung fordern, weil sich aus der Konzeption des EG-Binnenmarktes auch die allmähliche Herausbildung eines europäischen Arbeitsmarktes ergibt.

Ein solcher grenzenloser europäischer Arbeitsmarkt wird sich ganz sicher nicht mit einem Paukenschlag in der Sivesternacht 1992 einstellen. Genau wie der Binnenmarkt wird er aber im Laufe der neunziger Jahre langsam Gestalt annehmen.

Als erstes wird er sich für hochqualifizierte Kräfte ausbilden. Die Grenzen sind in diesem Bereich schon heute zu einem großen Teil nur noch bürokratische Hindernisse, die den einzelnen nicht davon abhalten, eine interessante Aufgabe im Ausland zu suchen. Auch Facharbeiter und gut ausgebildete Techniker werden gerade in den Grenzregionen immer stärker grenzübergreifend auf Arbeitssuche gehen. Sehr viel langsamer wird sich der europäische Arbeitsmarkt dann auf Berufe mit kürzeren Ausbildungszeiten ausdehnen.

Die Wirkungen des Binnenmarktes werden aber alle Arbeitnehmer betreffen: Der Konkurrenzdruck auf die Unternehmen wird sich erhöhen und damit die Modernisierung der europäischen Wirtschaft beschleunigen. Eine Folge wird ein steigender Qualifizierungsdruck auf die Arbeitnehmer sein. Auch deshalb kann die Antwort der Gemeinschaft nur in verstärkten Anstrengungen bei der Ausbildung aller Europäer liegen.

Christliche Theologie und Pädagogik

Alan Brown

Religionsunterricht in Europa: Ein Blick aus dem Weltall

Die wundervollen Bilder aus dem Weltall, die wir in unseren Zeitschriften sehen, sind atemberaubend. Sie sind scharf genug, damit wir die Küstenlinie, die Flüsse, Wälder usw. sehen können, aber sie verwirren uns nicht mit zu vielen Details. Natürlich sind "Spionagesatelliten" vom größten Interesse für jene, die damit arbeiten, aber für die Öffentlichkeit allgemein sind es die breiten Umrisse, die unsere Aufmerksamkeit fesseln.

So auch mit diesem Beitrag. Ich bin kein Spionagesatellit: Ich weiß nicht genug, um jene kleinen Detailfragen des Religionsunterrichts in allen Teilen Europas behandeln zu können. Ich werde also versuchen, einen breiten Überblick, eine Skizze von einigen wichtigen Bereichen zu geben. Dabei werde ich nicht von Land zu Land springen, sondern ich werde einige Beobachtungen aus drei oder vier wichtigen Bereichen anbieten. Dies sind persönliche Ansichten. Sie werden von den anderen Beiträgen dieses Bandes weitergeführt und ergänzt.

Die europäische Gesellschaft: Die Geschwindigkeit des Wandels

Es wäre lächerlich für einen Waliser aus einem der konservativsten Länder Europas hier in Deutschland den Deutschen von Wandel erzählen zu wollen. Wenn das Tempo des Wandels mir den Atem benimmt, müßten Sie alle Herz-Lungen-Maschinen benötigen. Aber nicht nur die jüngsten Ereignisse in Osteuropa stellen einen Wandel dar. Hinsichtlich der Religion in der Gesellschaft haben in den letzten 30 Jahren enorme Veränderungen stattgefunden: Die Einwanderung nach Westeuropa von Menschen aus Asien und Nordafrika sowie auch aus dem karibischen Raum, die zunehmende Reisefreudigkeit der Menschen, die einander so besser kennenlernen, und die das auch so wollen. Vor dreißig Jahren war es im Vereinigten Königreich in den staatlichen Schulen fast unbekannt, im Religionsunterricht irgend etwas anderes als die Bibel zu lehren. Ich bin dafür der lebende Beweis. Im Alter von 5 bis 18 Jahren, zwischen 1949 und 1962, erfuhr ich im Religionsunterricht nichts außer Bibelgeschichten. Es gab nichts über christliche Konfessionen, nichts über Kirchengeschichte, nichts über Theologie; es war nur die Bibel. Meine Frau dagegen, die eine private anglikanische Klosterschule besuchte, hatte praktisch gar nicht mit der Bibel gearbeitet, sondern das Schulleben drehte sich um die Andacht und um die großen und kleinen christlichen Feste. Nun, dies mag sehr wohl Teil des eigentümlichen britischen Schulsystems sein, und ich kann mir nicht vorstellen, daß Kirchengeschichte und Theologie keine wichtigen Themen in Schulen in Deutschland, Norwegen und Finnland oder in jedem anderen Land mit einer starken lutherischen Tradition gewesen wären, aber es ist ein Indiz dafür, wo der Schwerpunkt des Religionsunterrichts damals war, und wo er für einige noch heute liegt.

In ganz Europa hat es Veränderungen gegeben. Damals, d.h. in den fünfziger und frühen sechziger Jahren, hatten viele Religionslehrer für alle Altersstufen zumindest eine christliche Grundeinstellung. Aber als die Kinder von Menschen anderer Religionen anfingen, in die Schulen zu kommen, mußte sich die Ausrichtung des Religionsunterrichts in jenen Ländern entsprechend verändern. Es wurde auch zunehmend anerkannt, daß viele aus Familien stammten, die überhaupt nicht gläubig sind. Viele stammten aus Agnostikerfamilien oder aus solchen, wo Religion keine Rolle spielte. Es veränderte sich noch mehr mit der Zunahme dessen, was oft "Säkularisierung" genannt wird. Ich muß gestehen, daß ich diesen Begriff nicht mag, unterstellt er doch, daß es Lebensbereich gibt, zu denen der Glaube keinen Zutritt hat, was ich nicht akzeptieren kann. Im Vereinigten Königreich benutzt das Kultusministerium den Terminus "säkularer Lehrplan" für den ganzen Lehrplan mit Ausnahme vom Religionsunterricht. Dies hat Beiklänge, die ich ablehne. Aber ich denke, Sie werden erkennen, was ich hiermit meine, selbst wenn Sie anderer Ansicht sind. Was geschah, war: a) daß mehr Lehrer sich dabei unwohl fühlten, Religionsunterricht als christliches Bekenntnis zu unterrichten, während sie ein solches Bekenntnis für sich selbst ablehnten, b) daß in einigen Gegenden immer mehr Schüler aus Familien mit anderen Religionen stammten, größtenteils, aber nicht ausschließlich islamisch, c) daß die Lehrer selber zunehmend solchen religiösen Minderheiten angehörten und d), daß es eine zunehmende Bewußtheit der Tatsache gab, daß viele Kinder Familien ohne jegliche religiöse Observanz entstammten. Ein englischer Pfarrer, mit dem ich befreundet bin, bezeichnet letztere als "englische Nichts" – nicht "nichts" als Menschen, sondern vom fehlenden religiösen Bewußtsein her. Vielleicht haben wir alle deutsche, schwedische usw. "Nichts".

Also wurde der Religionsunterricht gezwungen, sich zu ändern, und wenn wir unseren Blick über Europa schweifen lassen, können wir die Kräfte jenes Wandels erkennen. Es war und ist schmerzlich. Aber der Wandel kommt selbst in Ländern, wo es wenig Einwanderung gegeben hat, denn Schüler und Lehrer sehen fern, lesen Zeitungen und Zeitschriften und werden aufgeschlossen für die kulturelle Vielfalt in der Welt. Ob wir auf diese Fragen durch die Muslime in Rußland, durch den Golfkrieg, durch die Sikhs im Punjab, Salman Rushdie oder durch die Christen in Rumänien und China aufmerksam gemacht werden, wir werden letztlich immer damit konfrontiert und müssen uns damit auseinandersetzen.

Wo wir in unseren eigenen Ländern stehen, kann sehr kompliziert sein, denn wir alle erben eine starke Tradition kirchlicher Beteiligung am Religionsunterricht. Manche Länder haben ein System, wonach die Kirchen bestimmen, *welche Bücher* im Religionsunterricht verwendet werden und *wer Religionslehrer werden darf*. Und dies ist in katholischen Schulen weitestgehend der Fall. In England gibt es eine neue Religionsbuchreihe für die Benutzung in katholischen Schulen mit dem Titel "Das Gewebe weben": Sie wurde in einigen Diözesen akzeptiert, wird aber in anderen mißbilligt. Zumindest ist dies theoretisch der Fall. Aber es verleiht tatsächlich eine enorme Kontrolle über die Unterrichtsinhalte und die Lehrerschaft. Mißlicherweise für manche Leute in den Kirchen einiger Länder (beachten Sie bitte, wie vorsichtig ich hier bin!) bringt Macht auch Verantwortung mit sich. Die Kirchen selber werden genötigt, a) den Kindern DEN Glauben, also ihren eigenen beizubringen, aber auch b) die Kinder über andere Religionen aufzuklären, sei es eine andere Konfession, sei es ein gänzlich anders geartetes Glaubenssystem. Dies kann entweder sehr amüsant oder sehr deprimierend sein, je nachdem wo Sie leben, oder noch wichtiger: je nach Ihrer Geisteshaltung. Vielleicht kann ich hier ein Beispiel anbringen.

Jedes Jahr halte ich in einer privaten katholischen Mädchenschule eine Stunde zum Thema "Islam". Die Schülerinnen bekommen auch je eine Stunde über das Judentum, den Hinduismus und den interreligiösen Dialog. Dies wird im letzten Schuljahr angeboten; die Mädchen sind also 18 Jahre alt, und es sind ihre einzigen Stunden über andere Religionen als das Christentum während ihrer sieben Jahre auf der Schule. Dieses Jahr hatten einige der Hörerinnen in Saudi Arabien, Indonesien und Indien gelebt und hatten somit mit dem Leben in islamischen Ländern eine tiefere Erfahrung als die meine. Aber nichts von diesen persönlichen Erfahrungen wird für das weitere Schulleben verwertet.

Worauf ich hiermit hinaus will, ist: a) Es ist beleidigend zu glauben, man könnte verständlich und fair in *einer* Stunde eine Religion Menschen erklären, die wenig oder nichts darüber wissen, b) die Kirche und die Schule – in diesem Fall die römisch-katholische Kirche und eine römisch-katholische Schule – sahen es nicht als Teil ihrer Verantwortung an, ihre Schüler über andere Religionen aufzuklären, c) dies mag ein spezieller Fall sein, aber das Prinzip findet sich vergleichbarerweise überall in Europa. Es gibt eine einfache Art, dies zu demonstrieren.

Man gehe in ein beliebiges Land und nehme sich ein Religionsbuch in die Hand. Nur wenige davon (und ich habe hier einige britische dabei) räumen dem Christentum und den außerchristlichen Religionen gleich viel Anteil ein. Sie werden vielleicht argumentieren, daß dies zu erwarten ist angesichts des jüdisch-christlichen Erbes des Abendlandes. Nun gut, aber gewinnt man hier nicht den Eindruck einer überstürzten Reise durch den Islam, damit man sich um so länger mit dem Christentum im allgemeinen oder z.B. mit dem Luthertum im besonderen beschäftigen kann?

Dies ist ein Problem für die Kirchen in Ländern wie Deutschland, wo die Kirche historisch gesehen ziemlich viel Macht über den Religionsunterricht hat. Sinngemäß war der schulische Religionsunterricht eine Möglichkeit sicherzustellen, daß die Schüler ihre "Dosis" Christentum erhalten. Je weniger Kinder sonntags zum Gottesdienst erscheinen, um so größer der Druck auf die Schulen, einen Verkündigungseifer aufrechtzuerhalten nach Art eines Christentums am Tropf. Die Lehrerschaft Europas jedoch lehnt im allgemeinen diese Herangehensweise als engstirnig und bildungsfeindlich ab.

Obwohl in Großbritannien stets die Annahme galt, daß das Christentum unterrichtet und implizit befürwortet werden sollte, mußte Religionsunterricht immer überkonfessionell erteilt werden. Folglich wurden die Schüler nicht nach den Dogmen und Gewohnheiten der Baptisten, Methodisten, Anglikanern usw. unterrichtet, sondern der Schwerpunkt *mußte* auf der Bibel sein, denn alle waren sich einig, daß zumindest die Bibel wichtig ist; und sie waren sich in kaum etwas sonst einig. Als aber der Wandel im Religionsunterricht kam, und obwohl die Kirchen – und speziell die Anglikanische Kirche, die Staatskirche – ein gewichtiges Mitspracherecht hinsichtlich der Unterrichtsinhalte behielten und noch behalten, so mußten sie auch auf die Lehrer, die Lehrergewerkschaften und die gewählten Schulräte vor Ort hören, mit anderen Worten auf den "weltlichen" Arm des Bildungswesens.

In diesem Teil habe ich versucht, die Art des Wandels und die Rolle der Kirchen hinsichtlich dieses Wandels bezogen auf den Religionsunterricht zu skizzieren. Natürlich war der schulische Religionsunterricht in den meisten europäischen Ländern das Mittel, womit die verschiedenen Kirchen sicherstellten, daß die Schüler in den Grundprinzipien des Christentums nach ihrer Lesart indoktriniert wurden. Was ich noch nicht erwähnt habe, ist, daß sich in den meisten europäischen Ländern die Schüler mit vierzehn Jahren vom Religionsunterricht abmelden können, sofern sie dafür ein Ersatzfach belegen. In den Niederlanden gibt es einen Kurs, der sich mit humanistischen und ethischen Tagesfragen beschäftigt. In Großbritannien können sie sich zwar nicht abmelden, aber sie können von ihren Eltern abgemeldet werden. Schüler brauchen die elterliche Erlaubnis, bis sie die Schule mit 18 verlassen.

Die Möglichkeit der Abmeldung zeigt eines der größten Probleme des Religionsunterrichts an, nämlich seine Verbindung mit den Kirchen und die Unterstellung der Gläubigkeit seitens der Lehrerschaft und der Schüler. Vielleicht ist es die einfachste Art, hierauf aufmerksam zu machen, wenn ich ein Schlaglicht auf die Unterschiede zwischen religiöser Erziehung und Religionswissenschaft werfe. Für viele hat Religionsunterricht die implizite Bedeutung, daß zumindest Religion als solche befürwortet wird. Also werden die Schüler vielleicht nicht direkt indoktriniert, aber sie werden zumindest zu einer Art Bekenntnis hingeführt: Es gibt eine Befassung mit dem Stoff, die über das bloße Lernen hinausgeht. Religionswissenschaften andererseits sind das Studium der Religionen, ihrer Glaubenssätze, Praktiken, der wichtigen Personen, Feste und Fasten, der moralischen und ethischen Fragen usw.: Es ist eine rein intellektuelle Übung um ihrer selbst willen und als Wissenserwerb. Folglich, so sagt man, sollte es nicht möglich sein, sich hiervon abzumelden, handelt es sich doch um ein Fach wie Mathematik, Naturwissenschaft oder Französisch: Es gibt keine implizite Befürwortung. Unglücklicherweise wird dies im Vereinigten Königreich, und sonst nirgends in Europa, durch die verpflichtende tägliche Andacht verkompliziert. Sie ist auch nach der Schulgesetzreform von 1988 verbindlich geblieben.

Aus diesen unterschiedlichen Herangehensweisen, die ich später mehr entfalten werde, wird ersichtlich, daß es eine philosophische und eine erzieherische Betrachtungsweise des Religionsunterrichts gibt, die natürlich einer "objektiven" oder phänomenologischen Methodik aus den Religionswissenschaften argwöhnisch gegenübersteht.

Ein weiteres Beispiel: Ich redigierte ein Buch, ein Handbuch der Weltreligionen, das Lehrer mit einer gewaltigen Informationsmenge über verschiedene Religionen versorgt. Ich habe auch ein Buch über die Feste der Weltreligionen redigiert, das sich die religiösen Feste vom Bahaismus bis zum Zoroastrianismus ansieht. Das von mir geleitete Zentrum wird von Mitgliedern der Anglikanischen Kirche finanziert und wir verteilen eine jährliche Postsendung, die aus einer Zeitschrift zu verschiedenen Themen über die Weltreligionen und aus einem Kalender religiöser Feste besteht. Also: Ich bin ein Christ, ein Mitglied der Anglikanischen Kirche, aber ich glaube fest daran, daß, wenn wir andere (und natürlich auch die eigenen) Religionen unterrichten wollen, so sollten die von uns verbreiteten Informationen auch zutreffend sein. Aber manche meiner Glaubensbrüder sind der Meinung, daß ich einen Ausverkauf mache, indem ich Informationen über andere Religionen fördere und verbreite. Sie argwöhnen, daß ich das Evangelisierungs-Geschäft der Kirche nicht besorge. *Ich* glaube, daß ich Evangelisierung betreibe, aber ich verkündige nicht etwa die Anglikanische Kirche oder auch nur das Christentum, sondern das Studium der Religion. Aber indem ich das tue, befürworte ich implizit den Wert der Religion und die Wichtigkeit der Entwicklung eines Glaubens- und Wertesystems.

Die Bibel

Ich habe schon gesagt, daß in Großbritannien die Bibel als zentral für den Religionsunterricht angesehen wurde. Mein Eindruck ist, daß dies weitgehend zutrifft auch für das protestantische Europa, aber nicht für das katholische, wo die Aktivitäten der katholischen Kirche sowie ihre Riten und Praktiken anscheinend mehr im Vordergrund stehen.

Verbunden hiermit ist jedoch ein Interpretationsunterschied. In den meisten Ländern ist das Bibelstudium noch zentral, wenngleich seine Methodik noch im Wandel begriffen ist. Nach der einen Lesart, die in Großbritannien und Westeuropa gängig ist, ist der Text heilig und der Religionsunterricht stützt sich darauf, die Bibelgeschichten und ihre Bedeutung für das Christentum zu lehren. Nach einer anderen Lesart, auch in denselben Ländern, aber auch mit mehr Betonung in Skandinavien und den Niederlanden, muß die Relevanz der Bibel vor dem Hintergrund der "Lebenserfahrungen" gedeutet werden. Mit anderen Worten ist die Bibel Anleitung und Ratgeberin in Relation zu den unterschiedlichen Lebenswelten unterschiedlicher Individuen. Es ist schwierig, die Worte zu finden, die diese Art von Interpretation beschreiben könnten. Es ist eine Form von biblischem Existentialismus und existiert in Großbritannien nicht im selben Umfang wie in Schweden oder den Niederlanden. Ich möchte jetzt von einem Erlebnis berichten, das ich hatte, als ich eine biblische Geschichte Schülern mit Lernschwierigkeiten erzählte. Das Ziel war, den Kindern eine sehr bekannte biblische Geschichte vorzulesen oder nachzuerzählen, um dann zu versuchen, ihnen zu helfen, ihre eigenen Reaktionen zu der Erzählung zu erforschen. Nicht alle Schüler standen in der christlichen Tradition, aber in der kirchlichen Schule würden ihnen einige Geschichten schon vertraut sein. Die Kinder waren zwischen neun und zehn Jahre alt. Die Kinder sollten sich das Gleichnis vom barmherzigen Samariter anhören. Man sagte ihnen nicht, wie die Erzählung hieße, nur, daß sie nachher einige Fragen beantworten sollten. Nachdem die Erzählung zu Ende war, wurden sie gefragt, wer ihrer Meinung nach die wichtigste Person war. Ein Schüler sagte: "der Inhaber der Herberge" und auf die Rückfrage hin, warum gerade er, erwiderte er sinngemäß: "Nun, hätten Sie es denn gern, wenn irgendeine blutüberströmte und zusammengeschlagene Person einfach bei Ihnen abgeladen werden sollte und Sie müßten ihn aufnehmen? Sie würden gar nicht wissen können, ob der andere jemals zurückkäme, um Ihnen das restliche Geld zu bezahlen. Also hatte er viel Vertrauen, und deswegen ist er wichtig." Diese Erklärung brachte die Schüler dazu zu diskutieren, wie sie auf Menschen reagieren, von denen sie erkennen können, daß sie verletzt sind, aber es gab keine weitere Erwähnung des Samariters oder der traditionelleren Interpretationen des Gleichnisses. Dies brachte mich dazu, darüber nachzudenken, wie Lehrer Schüler zu den Schlußfolgerungen hinführen, die sie haben wollen, und Schlußfolgerungen ablehnen, die nicht zum erwarteten Muster passen. Diese Art Reaktion ist eine Form von "Dissonanz" – sie irritiert jenen, der eine auswendig gelernte konventionelle Antwort erwartet. Dieser Schüler hatte begonnen, anhand eines Gleichnisses seine Welt zu erforschen, ohne zu wissen, welche Antwort von ihm erwartet wurde. Führen Lehrer ihre Schüler zu schnell zu den erwünschten Schlußfolgerungen, indem sie sogar im Titel suggerieren, was wichtig ist? Sollten biblische Erzählungen, sowie alle anderen Aktivitäten, nicht besser so entfaltet werden, daß sie ohne vorgegebene Schlußfolgerungen behandelt werden können? Sind der Lernprozeß und die Behandlung des Themas nicht wichtiger als der Inhalt, oder weniger als die gewünschte Schlußfolgerung?

Der Religionsunterricht in Westeuropa hängt nicht unwesentlich von einer protestantischen Betrachtungsweise der Religion ab. Folglich muß die Bibel und ihr Studium zentral sein. Ich halte es für möglich, die Wichtigkeit einer theologischen Betrachtung, die auf unsere Bildungsphilosophie abfärbt, zu unterschätzen: Theologie *ist* wichtig. Aber in einer zunehmend säkularisierten Welt wird nicht nur das Wissen um die Bibel, sondern auch ihre scheinbare Relevanz von den Schulen immer wieder in Frage gestellt. Lehrer, darunter auch die christlichen Lehrer, argumentieren, daß die Bibel nur innerhalb der gläubigen Gemeinschaft der Christenheit Bedeutung haben kann. Also besteht ihre einzige Relevanz für den schulischen Religionsunterricht darin, der Grundlagentext des Christentums zu sein. Sie muß darüber hinaus keine weitere klare oder bestimmte Relevanz für irgendeinen Aspekt der Leben der

Schüler haben, ja, für einige Schüler wird sie ein gänzlich fremdes Buch einer verlorenen Generation sein; und diese Schüler werden nicht jene sein, die einer anderen Religion angehören.

Nachdem dies betont worden ist, müssen wir uns dennoch ins Gedächtnis rufen, daß die Tradition eine starke Vorgabe ist. Das Bibelstudium in seinen verschiedenen Gestalten ist immer noch der zentrale Aspekt des Religionsunterrichts in Europa. Es ist jedoch unmöglich, daß wir uns in Richtung eines Studiums des Christentums hinbewegen werden, was sich darauf stützt, wie Christen andere Religionen studieren. Zum Beispiel *könnte* es der Fall sein, und in Teilen von Nordeuropa *ist* es schon der Fall, daß das Studium des Christentums mit der Kirche vor Ort beginnt (und nicht mit der Bibel oder mit Jesugeschichten), denn die Kirchen sind überall, um dann dazu überzugehen, sich zu überlegen, *was* die Menschen in jener Kirche *tun* und *warum* sie es *tun*. Mit anderen Worten: wir werden die Bibel mittels phänomenologischer Stimulanzien studieren. Dies ist die Konsequenz der weniger entscheidenden Rolle, die das Christentum im Leben der Menschen in Europa spielt. Es kann nicht länger davon ausgegangen werden, daß die Bibel zu Hause gelesen wird, daß den Kindern Bibelgeschichten erzählt werden, daß gebetet wird usw. Also muß sich die Grundlage des *Wie* und des *Warum* unserer Unterrichtstätigkeit ebenso verändern wie auch Unterrichtsmethode und -strategie, um hiermit fertigzuwerden.

Zu guter Letzt hier einige Reflexionen über den Religionsunterricht in Europa.

Bis vor kurzem enthielten Leselisten und Schulbücher der verschiedenen europäischen Länder Einheiten über Weltreligionen nur für die höheren Jahrgänge der Sekundarstufe. Die individuellen Religionen wurden rangmäßig eingestuft, die Stammesreligionen zuunterst, dann die Leiter herauf bis zum Christentum an der Spitze: eine Art Webersches Modell, das jetzt weitestgehend in Mißkredit geraten ist. Das Judentum wurde wegen seiner Geschichte, der Buddhismus wegen seines Leidensverständnisses als dem Christentum ebenbürtig angesehen; dahingegen wurde der Islam als legalistisch und fanatisch kritisiert. Dies war der Fall bis Mitte der Siebziger Jahre.

Obwohl die Schüler noch informiert werden über die Geschichte einer bestimmten Religion, werden deren Erscheinungen und Praktiken als wichtiger angesehen. Im LOGO-Projekt in den Niederlanden wurden die sechs Dimensionen von Professor Ninian

Smart angenommen: das Mythische, das Rituelle, das Gesellschaftliche, das Ethische, das Doktrinbezogene und das Erfahrungsgestützte. Die Dimensionen Mythos/Erzählungen, Riten und Doktrin sind immer beliebt, aber jedes Thema, das im Religionsunterricht behandelt wird, muß unter dem Aspekt von allen sechs Dimensionen behandelt werden. Diese Herangehensweise beabsichtigt, jede Religion nach ihrem eigenen Selbstverständnis zu betrachten, obwohl es große Unterschiede innerhalb einer Religion und sogar innerhalb einer Konfession geben kann. Viele Quellen wie Texte, Illustrationen, Karten etc. werden im Rahmen dieses Projekts angeboten.

Ein weiteres holländisches Projekt schließt zwei Lehrbücher ein: "Die Vitalität der Religionen" und "Zusammenleben". Es gibt einen wichtigen Unterschied: Zitate aus den heiligen Schriften des Judentums, des Christentums und des Islam werden miteinander verglichen. Dieser Vergleich von Glauben und Lehrsätze in verschiedenen Religionen ist beliebt sowohl im dänischen als auch im deutschen Religionsunterricht. Er verbindet Geschichten, Gespräche mit Gläubigen der jeweiligen Religion, die in den verschiedenen Ländern leben usw. Zu Besuchen in Moscheen und Synagogen wird in den Niederlanden ermuntert. In Deutschland ist dies weit weniger der Fall.

Solche Vergleiche nebst einer Interpretation aus christlicher Sicht kann man in vielen katholischen Religionsbüchern und Leselisten in Italien und der Bundesrepublik finden. In diesen Ländern werden mehr Suren aus dem Koran in Lehrbüchern zitiert als in den Büchern und Leselisten in anderen Ländern Dies impliziert ein Mehr an Informationen und Kommentar von außerhalb des Christentums, obwohl natürlich jede Auswahl willkürlich ist.

Viele Lehrbücher und Leselisten in europäischen Ländern räumen dem Judentum einen besonderen Platz ein. Seit 25 Jahren gibt es in Duisburg ein Forschungsprojekt über Geschichte und Glauben des Judentums. Lehrbücher wurden und werden analysiert und kritisiert; neue Bücher geschrieben. Ähnliche, wenngleich weniger umfangreiche Projekte wurden und werden eingerichtet über Rassismus und Anti-Rassismus. Ein weiteres Projekt in Köln über "Islam in Lehrbüchern" verfaßte einen Bericht über die Situation in der Bundesrepublik und war Ausgangspunkt für ähnliche Projekte in 14 europäischen Ländern.

In Schweden wurde im Jahre 1969 "Wissen um das Christentum" durch "objektives religiöses Wissen" ersetzt. Aber den Schülern muß die Gelegenheit gegeben werden, ihre eigenen Standpunkte zu entwickeln. Schweden erweiterte folglich auch seine Methodik um eine Diskussion der Werte. Nun werden z.B. Aussagen, die von Vertretern des Konfuzianismus, des Christentums, des Marxismus und anderen gemacht wurden, als unterschiedliche Lebenskonzepte präsentiert, um den Schülern zu helfen, ein Werte-Bewußtsein zu entwickeln. Die Schüler diskutierten diese Alternativen mit Hilfe des Lehrers. Sie reflektierten sie und entwickeln ihre eigenen Antworten vor diesem Hintergrund.

Diese Methode gibt vor, objektiv zu sein, ist aber selbstverständlich wertorientiert. Aber sie ist eine Lösung, wenn man die reine christliche Erziehung in Schulen aufgibt. Eine weitere Entwicklung ist ein neues Fach, das in niederländischen Schulen eingeführt wurde: Weltreligionen und Lebensphilosophien (geestlijke stromingen = geistliche Strömungen). Eine dritte Entwicklung ist die Einführung der Moralerziehung zusätzlich zum evangelischen bzw. katholischen Religionsunterricht in Deutschland für jene Schüler, die sich vom Religionsunterricht abgemeldet haben. Aber nun, wieder einmal in Deutschland, haben Behörden den islamischen Religionsunterricht ermöglicht. Die Folge hiervon könnte die Entstehung einer zunehmenden Kluft unter den Schülern eines Jahrgangs sein. Er trifft daher auf Widerstand in einigen Ländern.

Es ist faszinierend, die verschiedenen Religionsdidaktiken zwischen Skandinavien und den Mittelmeer-Ländern zu beobachten. Nur wenige Beispiele können hier angegeben werden. Verglichen mit der derzeitigen britischen Situation kann Verschiedenartigkeit auf Schulsystemen, grundlegenden Ideen oder Didaktiken basieren. Aber es gibt auch Ähnlichkeiten. Die wichtigste ist, daß das Unterrichten von Weltreligionen einen klaren und garantierten Platz in der Schule innehat. Eine weitere ist, daß dieses Fach nunmehr in allen Schulstufen unterrichtet wird. Eine dritte ist die Suche nach einem gewissen Gleichgewicht zwischen Objektivität und dem Recht der Schüler, ihren eigenen Glauben bzw. den ihrer Eltern zu artikulieren.

Ein weiterer interessanter Punkt ist, daß in den meisten dieser Länder die Weltreligionen unter unterschiedlichen Unterrichtsphilosophien hinsichtlich Religionsunterricht im Unterrichtsfach behandelt werden, obwohl dies weniger der Fall ist als bei anderen Fächern des Lehrplans. Dies könnte dazu führen, daß sich die

Schülervorstellung verfestigt, daß Religion, und zwar jegliche persönliche Religion, ebensowenig mit dem wirklichen Leben zu tun hat wie etwa Mathematik, Geschichte oder Fremdsprachen. Die Religionen der Schüler und andere Religionen werden als isolierte Erscheinungen angesehen; sie repräsentieren keine tatsächlich gelebte Lebensperspektive für die eigene Lebensführung der Schüler.

Schlußfolgerungen

Einer der stärksten, wenngleich nicht quantifizierbaren Einflüsse auf den Religionsunterricht in Europa ist die Kirche. Es ist z.B. eine kuriose Tatsache, daß die katholische Kirche, die in Frankreich offensichtlich eine große Rolle spielt, nicht über den Religionsunterricht in französischen Schulen mitbestimmen darf, denn es gibt keinen Religionsunterricht in staatlichen Schulen in Frankreich. Dennoch können in allen Aspekten des französischen Lehrplans, besonders in Fragen der Kunst, der Literatur, der Musik und der Geschichte, die Verbindungen mit Religion und besonders mit dem Katholizismus nicht übersehen werden. Also muß das Ethos der Schule, auch wenn es keinen Religionsunterricht als solchen gibt, ein stark katholisches sein.

In Italien, das auch ein Land ist, dem die katholische Tradition innewohnt, haben manche Protestanten den Eindruck, daß das staatliche System sie ignoriert. Es mag einigen protestantischen Gruppen nominelle Rechte einräumen, aber, wie auch in Frankreich, sind das ganze Ethos und die Atmosphäre des Lehrplans derart vom Katholizismus durchsetzt, daß es so gut wie unmöglich ist, eine eigene protestantische Sichtweise anzubieten.

Dies ist das Dilemma, das auch anderweitig in Europa entstanden ist, denn die Kirche – welche Kirche auch immer – war für so lange so mächtig, daß es ihr widerstrebt, diese Macht aufzugeben. Dies wird teilweise dadurch gelöst, daß die Kirchen weiterhin am Religionsunterricht interessiert bleiben, vielleicht sogar ein Mitspracherecht besitzen, im übrigen aber anerkennen, daß sie nicht mehr die Unterrichtsinhalte oder die Methodologie kontrollieren können. Die Lehrer haben allmählich das Sagen: aber wissen sie das auch?

Dies wäre ein anderer Vortrag, wollte man die Aufklärung mit dem derzeitigen Zustand des Religionsunterrichts, mit der Art und Weise, wie sie verstanden und unterrichtet wird, in Verbindung bringen, denn in gewisser Weise ist das Erbe der Aufklärung im Religionsunterricht noch spürbar. Sieht man von den Bekenntnisschulen ab, ist dies die letzte Einflußmöglichkeit der Kirchen auf die schulischen Lehrpläne, und es gibt natürlich Vorbehalte dagegen, sie aufzugeben. Die Kinder mögen vielleicht die Kirchen verlassen, aber die Schule können sie nicht verlassen. Klammert sich die Kirche weiterhin an dieses Privileg, dann sollte sie gewahr sein, daß sie Gefahr läuft, die Augen vor einer sich verändernden Welt zu verschließen. Reflektieren Sie die Veränderungen in der Erziehung, im Lehrplan und im Religionsunterricht, die sich schon zu Ihren eigenen Lebzeiten zugetragen haben: Niemand von uns, weder Personen noch Institutionen, können um unseren Glauben, unsere Kirche, unsere Schule oder unser Land herum eine undurchdringliche Mauer errichten.

Dies war ein Vortrag über den Wandel, denn ich sehe ihn als zentrales Thema des Religionsunterrichts in ganz Europa. Es ist nicht nur eine Frage der Inhalte oder der Religionsbücher oder der Leselisten. Ich glaube, daß es bei der Erziehung darum geht, wie wir jungen Menschen helfen können, mit dem Wandel umzugehen. Es geht darum, wie wir als Lehrer jungen Menschen helfen können, mit dem Wandel umzugehen. Es geht darum, wie wir als Lehrer und sie als Schüler auf die Welt reagieren können, wie sie in zehn oder fünfzehn Jahren sein wird. Der Religionsunterricht in unseren Ländern ist irgendwie Bestandteil des nationalen Lebens; in der Bundesrepublik ist er sogar Teil des Grundgesetzes! Aber die Nationen ändern sich, politisch und auch gesellschaftlich. Der Religionsunterricht kann nicht der Tugendwächter oder die Schule der Nation sein, wie es in der Vergangenheit in vielen Ländern der Fall war. Er *sollte* aber der Ort in der Schule sein, wo Neuerungen und Wandel direkt angesprochen werden, denn wo immer die Kirche sich vor dem Wandel, dem wissenschaftlichen Fortschritt, dem Dialog oder der Kritik an den heiligen Schriften versteckt hat, da ist sie trocken und steril geworden: Wie man in Großbritannien sagt, sie gefällt sich in der Nabelschau, sie schaut nach innen statt nach außen.

An anderer Stelle habe ich über eine Theologie des Paradoxons geschrieben, besonders in Bildungsfragen. Die Arme des Kreuzes sind senkrecht und waagerecht, aber sie treffen und kreuzen sich. Das Waagerechte der Kirche trifft auf das Senkrechte des Staates; das Waagerechte des Dogmas trifft auf das Senkrechte der spirituellen Entdeckung. Die Wahrheit ist immer genau in der Mitte des Paradoxons. Wo wir auch leben mögen, die Theologie des Kreuzes ist wesensgemäß die des Paradoxons, nicht der Antithese oder der Opposition. Und im noch weitgehend christlichen Abendland faßt diese Theologie des Paradoxons in Bildungsfragen die Position des Religionsunterrichts zusammen.

Alan Chesters

Bilder vom Menschen in pädagogischen Konzepten

Ihre Einladung, diese Ansprache am Anfang dieses wichtigen Symposions zu halten, ehrt mich sehr. Ich überbringe Ihnen Grüße und Glückwünsche vom Erzbischof von Canterbury, der mich extra darum bat, Ihnen seine Hingabe an die gemeinsame Sache zu versichern. In einer Ansprache über christliche Erziehung, die Dr. Runcie vor der National Society im Mai 1982 in London hielt, erwähnte er die Wichtigkeit unserer eigenen kirchlichen Schulen und sagte: "Kirchliche Schulen sollten Vehikel für eine Vision und für einen Protest sein, die sich aus einer der am stärksten unterschätzten Kräfte ableiten, welche dabei sind, die Zukunft der Welt zu formen – nämlich der religiösen Überzeugung. Jedes Bildungssystem, an dem es an dieser Zutat mangelt, wäre nichts als die Widerspiegelung und der Gefangene einiger weniger Jahrzehnte in der Geschichte der westeuropäischen Menschen. Wir dürfen es nicht wagen, die verwandelnde Kraft der religiösen Überzeugung zu vernachlässigen – die sich ewig erneuert, ebenso wie sie ewig verleugnet wird." Angesichts der jüngsten Ereignisse in Osteuropa und im Nahen Osten, haben sich jene Worte nicht nur als wahr, sondern als prophetisch erwiesen. Die Geschichte, und nicht zuletzt auch die Veränderungen in Europa im vergangenen Jahr zeigten die Notwendigkeit auf, daß alle Erzieher die Macht des Glaubens und der religiösen Überzeugung sehr viel ernster nehmen müssen, als viele Säkularisten zu tun bereit sind.

Unser Anliegen in dieser erste Sitzung sind die "Menschenbilder" (oder, wie einer meiner Berater für Fragen der religiösen Erziehung im nordwestlichen England, mit dem ich unser Thema diskutierte, protestierte, "Bilder der Menschheit" heißen müßte), die den Erziehungskonzepten zugrundeliegen. Um es einfach zu sagen, als viel beschäftigter Bischof und ehemaliger Religionslehrer an einer größeren staatlichen Schule in Südostengland und Schuladministrator einer nördlichen Diözese, verstehe ich das so, daß wir uns zuerst ansehen müssen, wen oder was wir erziehen wollen, ehe wir an der Frage arbeiten, worin und wie wir sie, ob jung oder alt, erziehen wollen. Wie der Psalmist diese Frage in Psalm 8 recht geschickt stellt: “Was ist der Mensch, daß du seiner gedenkst?” (Ps 8,4). Wie ist unsere Vorstellung des menschlichen Wesens? Ich spreche hier als christlicher Geistlicher und versuche daher, Ihnen eine christliche Deutung anzubieten.

Die Diözese von Blackburn ist mit der von Bloemfontein in der Provinz Südafrikas verbunden. Bei einem Besuch bei mir zuhause schenkte mir der Bischof von Bloemfontein neulich ein Exemplar des gerade veröffentlichten anglikanischen Gebetbuches der Kirche in Südafrika. Im Gegensatz zu unserem modernen englischen Gottesdienstbuch enthält dieses einen Katechismus für die Verwendung durch jene, die im Glauben der Kirche erzogen werden. Der Katechismus, der die traditionelle Dialogform benutzt, beginnt mit diesem Frage-und-Antwort-Katalog:

F: Was sind wir von Natur aus?
A: Wir sind ein Teil von Gottes Schöpfung, erschaffen nach seinem Ebenbild.
F: Was bedeutet es, nach Gottes Ebenbild geschaffen zu sein?
A: Es bedeutet, daß wir frei sind zu wählen; zu lieben, schöpferisch zu sein, unseren Verstand zu benutzen und in Harmonie mit der Schöpfung und mit Gott zu leben.
F: Warum leben wir dann von Gott getrennt und nicht in Harmonie mit der Schöpfung?
A: Von Anfang an haben die Menschen ihre Freiheit mißbraucht und falsche Entscheidungen getroffen.

Sehr zu Recht beginnt dieser Katechismus mit jenem Menschenbild, das Juden und Christen gemeinsam ist, und das in Genesis 1,26 ausgedrückt ist, wo, wie Sie sich erinnern, Gott sagt: “Lasset uns Menschen machen, ein Bild, das uns gleich sei.” Dies ist unser Ausgangspunkt, und daraus folgt, daß, wenn die Menschen nach Gottes Ebenbild erschaffen wurden, sie also von Natur aus frei sind zu wählen. Tatsächlich haben sie Anteil an den Entscheidungen, die Gott selber fällt, und aus denen die scheinbar unverbrüchliche Kette zwischen Gott und den Menschen geschmiedet ist. Menschen denken, sie treffen Entscheidungen; sie wundern sich, beten an und drücken ihre eigene Kreativität aus durch ihre Reaktionen auf die Verschiedenartigkeiten des Lebens. Es ist überaus wichtig, daß der Erzieher zu würdigen weiß, daß seine Zöglinge sowohl einen eigenen Geist als auch einen eigenen Willen haben, und daß das frühere Bild des Erziehers als Handwerker, der mit einem Meißel Holz oder Gestein bearbeitet, für diese Tätigkeit nicht angebracht ist. Menschen, indessen, die klarerweise fähig sind, auf einer gewissen Ebene über die Tätigkeit Gottes zu reflektieren, sind selber aktiv im Bestreben, den Willen des Schöpfers zu verwirklichen Dies ist nicht einfach eine platonische "Imago dei" (ein Spiegelbild unwirklicher Verhältnisse, denen es an Tiefe und Wirklichkeit mangelt), sondern eine vollständige Annahme des Interesses und der Hingabe Gottes an Leben und Aktivitäten der Menschheit. Christen müssen also protestieren, daß in diesen materialistischen Zeiten der Mensch nicht einfach ein Objekt, geschweige denn ein ökonomisches Objekt, sondern eine Person ist.

Ich habe heute nicht genug Zeit, um die Idee des Menschen als denkendes, reflektierendes Geschöpf zu entfalten, sondern möchte nur eine Verbindung herstellen zwischen jenem Aspekt des menschlichen Lebens und dem Menschen als anbetendes Geschöpf. Ich persönlich finde es faszinierend, daß, wohin wir auf der Erdoberfläche auch gehen und die Herkunft des Menschen nachzeichnen, wir Beweise dafür finden, wie Menschen auf ihre eigene Art und nach Maßgabe ihrer eigenen – wenn auch primitiven – Einsichten und ihres eigenen Wissens auf das reagieren, was ich einfach Gottheit oder Übernatürliches nenne. Tatsächlich ist dies, rational betrachtet, einer der überzeugendsten Beweise für die Existenz Gottes. Was ich hier unterstreichen will, ist, daß zu unserem Menschenbild gehören muß, daß der Mensch ein Suchender nach Wahrheit ist, daß er sowohl nach dem spirituellen als auch nach dem physikalischen "Unbekannten" forscht. Hierin treffen der denkende und der anbetende Mensch, das geistige und das spirituelle Geschöpf aufeinander; und für den ernstzunehmenden Erzieher sollten sie nicht voneinander getrennt werden. Wir dürfen nicht aufhören zu erlauben, daß das Reflektieren oder das Denken über das von uns erworbene Wissen in Inspiration und Glauben übergehen. Jesus sagte, "Lernt eine Lektion von den Lilien des Feldes" (Mt. 6,28). Denken führt zum Staunen und zum Glauben. Ein Teil von diesem Suchen und Denken (und dies ist sehr wichtig in einem säkularen und dennoch multikulturellen Europa) ist für viele Leute verbunden mit der Sehnsucht, das Geheimnis zu finden, wie wir in Harmonie mit der Schöpfung leben können (daher auch die zunehmende Beschäftigung mit "grünen" Fragen), sowie mit der Sehnsucht, mit ihren Mitmenschen in Frieden zu leben, was einhergehen muß mit der Suche nach dem passenden Verhältnis oder modus vivendi zu jenen anderen Religionen und Kulturen, die wir jetzt neben dem traditionellen Christentum in Europa vorfinden. Es bedarf keiner Erwähnung, daß bei all diesem Suchen die Erziehung eine Schlüsselrolle hat. Aber um sie wahrnehmen zu können, darf sie keine Angst haben zu gestatten, nein, sie muß vielmehr dazu ermutigen, daß das Geistige und das Physikalische ins Spirituelle einfließen.

Für den Erzieher muß die Idee eines Wesens, das zu Wachstum fähig ist, jenen Vorstellungen oder jenem Verständnis des Menschen hinzugefügt werden, die diesen als einen sehen, der zusammen mit Gott am schöpferischen Prozeß Anteil hat, der denkt, anbetet und Verantwortung trägt. In der Tat wäre ohne ein solches Verständnis jeder Erziehungsversuch reichlich sinnlos. Für die Jungen – sowie auch im restlichen Tierreich – ist physisches Wachstum sowohl natürlich als auch offensichtlich. Aber unser Hauptanliegen in der religiösen Erziehung muß jenes Wachstum bzw. jene Entwicklung sein, die sowohl geistig als auch spirituell sind, und die mit dem Begriff der Reife zusammengefaßt werden können. Für Christen wird dies besonders inspirierend im Epheserbrief (4,13) ausgedrückt, wo behauptet wird, daß wir durch das Leben der Kirche wachsen, bis wir "alle zur Einheit des Glaubens und der Erkenntnis des Sohnes Gottes gelangen, zur Reife des Mannesalters, zum vollen Maß der Fülle Christi". Männer und Frauen sollen als Personen, die zu Gottes Ebenbild erschaffen wurden, wachsen, damit sie ihm noch ebenbildlicher werden. Dies ist die aufregende Aussicht, die uns das Neue Testament vorsetzt.

In Wirklichkeit aber findet dies nicht statt, weder in der Welt noch im Klassenzimmer. Diese Vision wird in dieser Welt nicht realisiert, obwohl wir von Zeit zu Zeit darauf einen Blick erhaschen. Wie es der südafrikanische Katechismus formuliert: "Die Menschen haben ihre Freiheit mißbraucht und falsche Entscheidungen getroffen." Meiner Meinung nach trägt der offensichtliche Wunsch vieler moderner Christen, Zugeständnisse zu machen, Verständnis zu zeigen selbst für das verabscheuungswürdigste menschliche Verhalten, mit einem Wort: die Sünde herunterzuspielen, einiges dazu bei, den Status des Menschen und seiner oder ihrer Entscheidungsfreiheit zu verringern. Dies ist eine mißliche Folge der Güte! Tatsächlich glaube ich, daß sie zu jenem Gefühl der Verantwortungslosigkeit führt, die so viele unserer Probleme in Großbritannien heute verursacht hat. Die bloße Idee von Männern und

Frauen als Verantwortung tragende Wesen schließt die Akzeptanz der reellen Möglichkeit ein, daß er oder sie willentlich und vorsätzlich falsche und lieblose Entscheidungen trifft, die nicht nur die Vollkommenheit des eigenen Lebens beeinträchtigen, sondern auch die ihrer Mitbürger ebenso wie auch die ganze Schöpfung. Die Zeit erlaubt mir nicht, diesen Punkt jetzt zu entfalten, aber es ist dennoch wichtig, daß die mit Erziehung Befaßten diese wichtige Tatsache zu würdigen wissen. Sie überträgt sich auf die körperschaftliche Sünde der Gesellschaft und behindert unseren Wunsch, Frieden mit Gerechtigkeit und ein Ende der Unterdrückung zu finden.

Es ist wichtig zu erkennen, daß der Mensch sündigt, egal wie wohlwollend wir den Sünder zu betrachten versuchen, weil wir gemäß unserem christlichen Verständnis glauben, daß der Mensch nicht nur der Erlösung bedarf, sondern dazu auch fähig ist. Selbstverständlich wird die Erlösung nur durch die Gnade Gottes ermöglicht, aber sie wird durch unsere freiwillige und offene Teilnahme an Seinem Gnadenakt realisiert. Wir sehen jenen Erlösungsakt des Christus am Kreuz ebenfalls in geringerer Form in jener Reihe der Versprechen und Taten ausgedrückt, die mit dem Bund mit Adam begannen und mit dem Zweiten Adam, dem auferstandenen Christus, abgeschlossen wurden. Durch die jüdische Geschichte hindurch wird die Sehnsucht nach Erlösung gekennzeichnet durch die Anerkennung der Bereitschaft Gottes, so mit Menschen umzugehen, daß sie diesen Umgang auch begreifen können. Sie erfuhren, auch wenn sie das nicht immer erkannten, einen liebenden Gott, der sich dem Heil der Menschen verpflichtet hatte. Theologen sprechen von der Bibel als "Heilsgeschichte". Es gibt zum Beispiel Abrahams Verhandlungen mit Gott über Sodoms Schicksal, den Scherz über Isaaks Geburt, der sich im hebräischen Wort für "Gelächter" wiederfindet, die Frustration Moses und der anderen Propheten darüber, daß sie - egal wie widerwillig – dazu berufen wurden, Gottes Willen zu erfüllen; und dennoch kommen sie dem Ruf nach, selbst wenn sie, wie Jeremia, den Tag ihrer Geburt verfluchen. Sogar die Schwäche und Verletzlichkeit Jesu, so wie sie in den Evangelien ausgedrückt sind, zeugen von der Menschlichkeit des fleischgewordenen Gottes sowie von der Notwendigkeit Gottes, in das menschliche Drama verwickelt zu werden. Unser Menschenbild handelt von einem Menschen, der der Erlösung nur durch Gott fähig ist.

Es überrascht daher nicht, daß Christen in Jesus das vollkommene Menschenbild finden. Tatsächlich ist Er für jene unter uns, die Lehrer oder Erzieher sind, der perfekte Lehrer, und dennoch benutzt er jene Freiheit, die der Menschheit gehört, um die Ängste und Unsicherheiten all jener auszudrücken, die wir erziehen, weil sie Menschen sind. Jesus berührt unsere Insuffizienz, unsere Angst, unser Bedürfnis, daß Gott Seine Gnade anbietende Hand nach uns ausstrecken mag. Nur durch den auferstandenen Christus gibt es jene Gewißheit und jene ruhige Sicherheit, die an Seine Jünger weitergeben werden, denn das Geheimnis ist preisgegeben, die Aufgabe ist vollendet.

Durch sein Leben konfrontiert Jesus den Erzieher, der unser Verständnis des Menschen ernstnimmt, mit der Spannung zwischen Unterricht und Entdeckung. Einerseits gibt er – in der besten Tradition der alttestamentlichen Propheten – Gottes Versprechen an Israel weiter. Als Jude hat er ein klares Bewußtsein der Jahrhunderte des Suchens, der Insuffizienz und der Sünde, des Kampfes und der lebendigen Gotteserfahrung, die Israel durchlebt hat. Und dennoch bietet Jesus, innerhalb dieser theologischen Rahmenbedingungen, jenem Glauben und jener Kultur eine radikal neue Erforschung von Gottes Beziehung zu den Menschen an. Er bietet uns einen neuen Glauben an, einen Glauben, der bisweilen unter Druck steht und der manchmal bis zur äußersten Grenze belastet zu sein scheint, aber gleichzeitig ist es just die Kraft dieses Glaubens, die die Erforschung der Gott-Mensch-Beziehung ermöglicht, denn er basiert auf dem Glauben, daß Gott durch Christus die Welt mit sich versöhnte. Ich glaube (und dies wird nicht immer verstanden), daß die beste Erforschung – sei sie physisch, geistig oder spirituell – aus der Gewißheit dessen heraus gemacht wird, was allenthalben akzeptiert wird. Mir gefällt das Sinnbild der Festungsmauer, die gebaut wird, um den Dschungel zurückzudrängen, die aber im inneren Raum läßt, damit Freiheit und Zivilisation entstehen können. Wir müssen uns erinnern, daß die Tradition in Glaubensfragen eine ähnliche Sicherheit für jene gewährleistet, die, weil sie Menschen sind und im Ebenbild Gottes erschaffen wurden, einen radikalen Versuch wagen wollen. Das Paradoxon Jesu wird nicht nur durch die kreative Spannung zwischen Gott und Mensch zusammengehalten, Leid und Sieg, Tod und Auferstehung, sondern in noch profunderer Weise durch den soliden Rahmen der Tradition, der erlaubt, und sogar ermutigt, eine persönlichere und tiefere Beziehung mit dem Göttlichen in uns und in der Schöpfung zu entdecken.

Wenn wir unsere Menschenbilder betrachten, so entdecken wir, daß wir, was wir auch sonst sein mögen, ganz sicher komplizierte Wesen sind. Wir lieben und hassen, arbeiten und spielen, leben und sterben, und wir führen die Widersprüchlichkeit dessen zusammen, was es bedeutet, Mensch zu sein. In Christus wird jene unüberbietbare Spannung zusammengehalten, die das Göttliche und das Menschliche miteinander verklammert hält, wobei beide um ihre Unabhängigkeit kämpfen und dennoch gleichzeitig sich dessen bewußt sind, daß Unabhängigkeit an sich unmöglich ist und eine Verringerung der Integrität und der Fülle für beide wäre. Es ist Gegenstand der theologischen Debatte, ob Gott die Menschen braucht; sicher ist dagegen, daß die Menschen Gott brauchen, und wer vermag zu sagen, ob Gott ohne die dynamische Spannung, die die kreative Natur der Gott-Mensch-Beziehung ausmacht, weniger Gott wäre? Nur indem er voll in das menschliche Dilemma eintritt, kann er völlig Gott sein. Aus der menschlichen Erfahrung heraus ist dies wiederum das Wesen der Anbetung, denn es führt das Menschliche und das Göttliche zusammen in eine Gegenseitigkeit, die nicht zu verleugnen ist. Wir sind im Sein Gottes verfangen.

Der Erzieher wird folglich bestrebt sein zu erkennen, daß es unserer Wesensart innewohnt, die widersprüchliche Natur des Lebens zu erleben und Gott als Teil jener Widersprüchlichkeit wahrzunehmen, denn wir sind schließlich nach seinem Ebenbild erschaffen. Wenn Er der Schöpfer ist, so muß der Schöpfungsakt seine eigenen Verantwortlichkeiten und Folgen tragen. Gott ist kein blinder Uhrmacher. Er ist der lebendige, sehende Schöpfer, der sich bei jeder Person voll engagiert und mit ihr die Kämpfe und die Frustrationen des Lebens teilt. Im Gleichnis des Verlorenen Sohnes sehen wir in der Form einer Geschichte jene Wahrheit, daß der Gott, nach dem Männer und Frauen suchen, und auf den sie reagieren, ein Gott ist, der auf sie zugeht. Dies ist eine Erfahrung, die in der Mitte der Anbetung steht. Folglich mag es in der Anbetung nicht nur die menschliche Reaktionsweise geben, demütig zu sein, sondern sich auch zu Hause zu fühlen, ein Gefühl für Frieden in der Ruhe, in Hymnen oder durch Gebet zu entdecken, die Bereitschaft Gottes zu erkennen, einen zu sich nach Hause zu bringen. Der Erzieher muß über das Potential, die Kraft und das Leben nachdenken, die dies in Personen und Gesellschaften erzeugt, wie die jüngsten Ereignisse gezeigt haben. Er muß die Macht der religiösen Überzeugung, die Dinge zu verwandeln und zu verändern, ernstnehmen. Es ist die

Aufgabe der religiösen Erziehung innerhalb des Lehrplans, die Macht und die bevollmächtigende Kraft des Glaubens und dessen Ausdruck im Gebet, Anbetung und sozialem Verhalten als Teil des Menschseins hervorzuheben.

Folglich reagiert jeder auf Lehre und Person Jesu auf eine Art, die seine oder ihre Erfahrung widerspiegelt und entwickelt. Dem denkenden, reflektierenden Menschen wird das Licht des Evangeliums nicht in einer farblosen Offenbarung gegeben, sondern auf eine Art, in der es die Lebenserfahrungen aller Menschen berührt. Dies wird bisweilen durch den Eifer der religiösen Fundamentalisten gefährdet, die die von Gott gewährte Freiheit des Verstandes und des Geistes in anderen anerkennen können. Wenn dies geschieht, wird Erziehung durch Indoktrination ersetzt. Zum Kontrast hiermit erinnere ich mich, wie für einen Neunjährigen in London, der vom Lehrer befragt wurde, der Gute Samariter der Herbergsbesitzer war, der dem Samariter vertraute, daß er die Rechnung begleichen würde, denn so sah er das im Lichte seiner eigenen Erfahrung. Welcher Sohn ist eigentlich verloren im Gleichnis des Verlorenen Sohnes? Kommt es nicht zum Teil auf unsere Erfahrung zu einem bestimmten Punkt an, welche Bedeutung wir aus dieser Geschichte herauszuziehen? Die Frische beider Gleichnisse ist von unserer Lebensgeschichte abhängig, die uns veranlaßt, sie neu zu bewerten und sogar neu zu interpretieren.

Wenn dies bei Jesu Lehre so ist, dann um so mehr mit Seinem Leben und Tod und mit dem Christusereignis, während wir die Ereignisse unseres Lebens durchleben. Wie Jesus wünschen wir manchmal, der Kelch ginge an uns vorbei. Wir wissen aber, daß, während wir den dunklen Pfad der Isolation und der Angst beschreiten, Jesus bei uns ist. Gott hat uns ein Modell der Menschlichkeit gegeben, aber kein betrügerisches oder substanzloses, auch keinen Übermenschen, sondern Gott ist Mensch geworden, damit wir, bloße Menschen, die wir sind, erlöst werden können. Wir brauchen diese Erlösung; aber im Erlösungsakt zeigte er uns, wie man lebt und entdeckt, wie man mit dem Leben fertig wird und lehrt, wie man interpretiert, fragt und kritisiert. Dies muß die Grundlage unserer Erziehungskonzepte bilden. Das Geschenk Gottes ist, daß, indem er in die Menschheit eintrat, er einer von uns wurde, und indem er sein Leben auf Erden verbrachte, er uns das Bild Gottes auf Erden vorsetzte. Er ist das eigentliche Wesen, durch welches wir erlöst werden, aber durch seine Tod und seine Auferstehung identifizieren wir in jedem Stadium des Lebens das Bild Gottes und sind also bestrebt, dem zu gleichen, was wir anstreben. Wie ich es sehe, sehen viele Politiker, Industrielle und, seien wir ehrlich, Eltern, Lehrer und Schüler Erziehung und Bildung als minderwertig an, nämlich als Gelegenheit, einen Job zu bekommen, um Geld zu verdienen, um ein bequemes Leben zu führen. Da ist nichts Schlechtes an dieser Motivation, sie mag manchmal sehr notwendig sein, aber sie schränkt unsere Vision, unser Verständnis, unser Streben ein auf etwas, was sehr gewöhnlich und alltäglich ist. Ein solches Verständnis des Menschen leugnet nicht nur den Wert des Künstlers, des Dichters, des Musikers und des Mystikers, sondern auch die Fähigkeit, über die Tiefe dessen zu reflektieren, was es heißt, Mensch zu sein; denn wir sind in Ehrfurcht und Staunen verfangen. Charles Darwin, dessen Ideen für respektable gläubige Menschen im neunzehnten Jahrhundert ein solcher Schock waren, bemerkte, als er vor den großen Regenwäldern Südamerikas stand: "Keiner kann angesichts dieser Einsamkeiten unberührt bleiben oder nicht verspüren, daß mehr zum Menschen gehört als der bloße Atem seines Körpers." Es ist die besondere Aufgabe des religiösen Erziehers, anhand von Vergangenheit und Gegenwart aufzuzeigen, daß das Menschsein bedeutet, bis zu einem gewissen Grad religiös zu sein, will heißen, mit dem Göttlichen in Beziehung zu stehen, und daß diese Fähigkeit von enormer Bedeutung ist sowohl für die einzelnen als auch für die Gesellschaft, in der sie leben. Die Tatsache, daß dies vielen in der westlichen Gesellschaft nicht länger relevant erscheint, bedeutet nicht, daß, längerfristig gesehen und aus einem weiteren Blickwinkel betrachtet, es nicht doch von immenser Bedeutung ist.

Unsere Überzeugung ist es, daß der Mensch im Ebenbild Gottes erschaffen wurde, ausgestattet mit Freiheit und schöpferischen Kräften, mit der Fähigkeit, durch Anbetung sich der Quelle des Lebens nähern zu können. Jene, die das Privileg genießen, erziehen zu dürfen, müssen ihre Aufgaben im Wissen unterfangen, sowohl mit "wem" sie arbeiten als auch "was" das Endziel ist, das sie erreichen werden.

RICHARD SCHRÖDER

Bilder vom Menschen in Erziehungskonzeptionen

Das vorgegebene Thema verlangt von mir eine Übersicht über Menschenbilder und ihnen korrespondierende Erziehungskonzeptionen, sozusagen eine Kulturinventur. Das kann ich so nicht leisten, weil mir derzeit die ruhige Distanz des Überblickens versagt ist. Sie hatten einen Theologen eingeladen, den es in die Philosophie verschlagen hat, aber inzwischen hat es ihn in die Politik verschlagen.

Nach einigen Vorbemerkungen zu den Stichworten Erziehung und Bildung (1) möchte ich über das sozialistische Bildungs- und Erziehungsdilemma sprechen (2) und über Aufgaben von Theologie und Kirche, die sich daraus ergeben (3).

1. "Bilder vom Menschen in Erziehungskonzeptionen", diese Formulierung enthält eine Spannung. Ein leitendes Menschenbild ist nämlich viel eher in der Bildung als in der Erziehung zu Hause. Bildung und Erziehung sind ja nicht dasselbe. Erziehung ist das genuine Tun der Eltern oder Erziehungsberechtigten. Es sind die Kinder, die erzogen werden müssen. Wohlerzogen ist derjenige, der sich in der Erwachsenenwelt angemessen, man sagte früher: anständig, bewegen kann. Er muß deshalb keineswegs gebildet sein. Gebildet nennen wir denjenigen, der sich in der Vielfalt der Menschenwelt, früher sagte man: in den Künsten und den Wissenschaften, man dachte dabei aber besonders an die Literatur und die Geschichte, auskennt und durch dieses Wissen selbst geformt oder eben gebildet ist. Erziehung zielt auf die Einübung eines Verhaltens, Bildung dagegen meint ein Gestalten der Person selbst.

Erziehung vollzieht sich immer transitiv in einer asymmetrischen Beziehung. Bildung kann sich auch reflexiv vollziehen.

Wir unterscheiden zudem noch zwischen Bildung und Ausbildung. Beides, aber im besonderen das letztere ist Aufgabe der Lehrer und in der Regel nicht die Aufgabe der Eltern. Während wir unter Ausbildung den partikularen Kompetenzerwerb für eine Berufstätigkeit verstehen, beziehen wir Bildung immer auf das Ganze einer Person. Der Zusammenhang zwischen Bildung und Bild ist augenfällig, aber der metaphorische Gehalt des Wortes ist nicht eindeutig. Wir können hier leider keine Geschichte des europäischen Bildungsbegriffs vortragen. Wir nennen nur zwei Paradigmen: Bildung als *Nachbildung* der kosmischen und zugleich göttlichen Harmonie im Menschen (Platon) und *Selbstbildung* des Menschen zum originalen Kunstwerk (Humboldt). Mit diesen beiden Paradigmen verquickt sich in unserer Geschichte der biblische Topos von der *Gottesebenbildlichkeit*, der im Neuen Testament christologisch gedeutet wird.

2. Die gründliche Ausführung dieser Vorbemerkungen wäre wohl das Referat, das Sie von mir erwartet haben. Statt dessen spreche ich nun über das *sozialistische Dilemma in Erziehung und Bildung*. Es ist das Dilemma zwischen einem illusorischen Anspruch und einer kläglichen Wirklichkeit. Karl Marx hat nämlich die Unterschiede zwischen Erziehung, Bildung und Ausbildung eingeebnet.

Für das sozialistische Erziehungsziel war bei uns die abgegriffene Formel von der *allseitig gebildeten sozialistischen Persönlichkeit* in Gebrauch. Marx, der in diesem Zusammenhang auch vom totalen Menschen spricht, dachte dabei an die *Aufhebung der Arbeitsteilung*, besonders des Unterschieds zwischen geistiger und körperlicher Arbeit und des Unterschieds zwischen Stadt und Land, alles Formeln, die bei uns ständig wiederholt wurden, ohne daß der Begründungszusammenhang je konkret reproduziert wurde. Denn es war ja für jedermann offensichtlich, daß die Erwartung: "jeder kann alles" völlig illusionär ist.

Der Weg zu diesem neuen, totalen Menschen sollte bekanntlich die kollektive Selbsterzeugung des gesellschaftlichen (menschheitlichen) Menschen durch die von Ausbildung und Entfremdung befreite Arbeit sein. Die Kinder sollten sobald wie möglich an dieser zur Totalität menschlichen Tätigseins befreiten Arbeitswelt teilnehmen, weshalb Marx in der Kritik des Gothaer Programms gegen das Verbot der Kinderarbeit polemisierte. Vorausgesetzt war von Marx dabei selbstverständlich auch das Verschwinden der traditionellen Familie.

Von dieser Konzeption ist in unserer Praxis geblieben der Versuch, den Arbeitskollektiven eine familienähnliche Funktion zuzuschreiben und die lächerliche Konzeption des UTP, Unterrichtstag in der Produktion.

Die diesem Menschenbild entsprechende Erziehungskonzeption war durch zweierlei charakterisiert:

a) die tendenzielle *Enteignung der Eltern von ihrer Erziehungskompetenz.* Die Praxis war so wild nicht, wie diese Wendung befürchten läßt. Aus meiner eigenen Kindheit kenne ich aber den Angsttraum, ich könne meinen Eltern weggenommen werden, weil sie mich nicht im Sinne des Staates erziehen. Der Angsttraum ging auf die Bemerkung eines Lehrers zurück. Einem Haftentlassenen in Naumburg ist das noch vor zwei Jahren von der Stasi angedroht worden, wenn er sich nicht zu bestimmten Spitzeldiensten bereiterklärte. Und mich hat vor zwei Jahren die Schulleiterin gefragt, ob ich meinen Kindern im Wege stehen würde, wenn sie sich einer fortschrittlichen Weltanschauung zuwenden. Sie amtiert noch. Stehende Redewendung war zudem, daß die Eltern die Schule bei der Erziehungsarbeit unterstützen sollen.

b) die *Expansion der Erziehung.* Gefängniswärter wurden Erzieher genannt. Gefangene, kriminelle wie politische, waren damit Unmündigen gleichgestellt. Da aber außerdem die Partei und das Kollektiv zu erziehen hatten, waren eigentlich alle wie Unmündige eingestuft und wurden dann auch zumeist so behandelt. Mündig war eigentlich niemand, sondern nur das allwissende abstractum der Partei. Da wir alle uns auf dem Weg zur kollektiven Emanzipation befinden sollten, waren wir alle eben deshalb noch nicht emanzipiert oder mündig, sondern unter der Führung der Partei bloß auf dem Weg dahin. Die Kultur des Umgangs Ebenbürtiger miteinander ist in der DDR geradezu untergegangen.

Das Wissen, das die allseitig gebildete sozialistische Persönlichkeit auszeichnen sollte, war die Kenntnis der wissenschaftlichen Weltanschauung des Marxismus-Leninismus, die angeblich die Gesetzmäßigkeiten in Natur und Gesellschaft so vermitteln konnte, daß die Menschen, natürlich unter Führung der Partei, ihre eigene gesellschaftliche Entwicklung durch Anwendung dieser Gesetzmäßigkeiten beherrschen konnten. Ideologien sind die Reaktion auf unsere immer komplizierter werdende Welt. Sie sind aber die verkehrte Reaktion, denn sie desorientieren durch Simplifikation und immer auch durch Schwarz-Weiß-Malerei, durch das dualistische, konfrontative Denken. Luckmann hat einmal bemerkt, traditionelle Gesellschaften bestehen aus hochkompetenten Laien, die sich in allem auskennen, was zu ihrem Leben gehört, moderne Gesellschaften dagegen bestehen aus hochspezialisierten Fachleuten, die für weite Bereiche ihres Lebens andere Fachleute brauchen. Das ist der Nährboden für die Ideologien.

Ich versuche die Folgen der Dauerberieselung mit diesen Losungen zu beschreiben.

a) Es ist schwer zu sagen, wieviel vom marxistisch-leninistischen Lehrgut wirklich verinnerlicht worden ist. Im großen Ganzen gab es eine weit verbreitete Aversion gegen den ML-Unterricht. Ich habe aber bei unseren Studienanfängern die Beobachtung gemacht, daß sie erklärten, den Unfug aus der Schule hätten sie zum Glück hinter sich, dann aber reproduzierten sie munter solche Topoi in aller Selbstverständlichkeit, denn sie kannten nichts anderes.

b) Überzeugungserzeugung erzeugt Überzeugungslosigkeit und Kompetenzüberschätzung. Die frühe Erfahrung, daß das, was im Staatsbürgerkundeunterricht gelehrt wird, ohnehin nicht stimmt, hat einerseits dazu geführt, daß viele für ganze Wirklichkeitsbereiche immunisiert sind, andererseits dazu, daß viele ohne intersubjektive Überprüfung ihr spontanes Urteil, ihre Meinung für richtig halten. Es fehlt die Diskurserfahrung und deshalb feiert der Eigensinn Triumphe.

c) Nur selten haben Eltern sich der schwierigen Aufgabe einer Berichtigung des schulischen Lernstoffes unterzogen.

Was ich bisher dargestellt habe, ist nicht gerade ermutigend. So hoffnungslos aber ist die Lage wiederum nicht. Schon seit Jahren gibt es bei uns eine jugendliche Subkultur, in der sehr ernst und intensiv Erfahrungen besprochen werden, aber sozusagen geschichtslos, getrennt von unseren Überlieferungen. Und dann die Öffnung der Mauer. Ich kann drei Reaktionen unterscheiden. Einige, auch Jugendliche, haben tatsächlich einen biographischen Zusammenbruch erlebt, als plötzlich nicht mehr galt, was sie für wahr gehalten haben. Viele haben aber die Erweiterung ihrer Möglichkeiten und der Horizonte als etwas Befreiendes erlebt. Manche kriechen aber auch vor dem Ansturm des Neuen zurück in das Schneckenhaus einer "DDR-Identität", von der die wenigsten, die sich auf sie berufen, genauer sagen können, was sie denn sei.

3. Was ist die Aufgabe von Theologie und Kirche in dieser Situation?

a) Christ wird niemand durch Erziehung oder Bildung, sondern durch Bekehrung, dadurch also, daß ihn einmal und dann immer wieder der Anspruch Gottes trifft. Das geschieht so, daß es einem mit etwas Zufälligem ernst wird. Zufällig sage ich deshalb, weil niemand seine Bekehrung zielstrebig inszenieren kann, für ihn ist sie ein Zufall oder ein Geschenk oder Gnade. Auch die Kirche kann keine Bekehrungswelle inszenieren – sie darf das nicht wollen. Überzeugungserzeugung, das hatten wir gerade. Die Kirche kann aber und soll sozusagen diese Dimension offenhalten, in der die Begegnung der Bekehrung möglich ist. Ich zögere, diese Dimension die religiöse Dimension zu nennen, zumal dann, wenn diese Dimension als Pendant sogenannter religiöser Bedürfnisse verstanden wird. Es geht nämlich in dieser Dimension gerade nicht um so etwas wie Bedürfnisbefriedigung, dann kommt nämlich bloß raus: "etwas Heiliges braucht der Mensch", sondern um *Anerkennung* eines ergehenden Anspruchs, und zwar in der Unterscheidung von Gott und den Götzen, von Glauben und Aberglauben. Die Kirche hat hier eine Bildungsaufgabe angesichts eines himmelschreienden Defizits an Orientierungsfähigkeit aufgrund eines massiven Traditionsbruchs, eine Aufgabe intellektueller Diakonie, die sie stellvertretend zu leisten hat, da niemand in Sicht ist, der diese Aufgabe wahrnimmt.

b) Erziehung, hatte ich gesagt, ist die genuine Aufgabe der Eltern. Wir wollen den Rechtsstaat und nicht mehr den Erziehungsstaat. Eben deshalb brauchen wir wieder die erziehenden Eltern. Das vierte Gebot hat im besonderen die Pflicht der Kinder gegenüber den alternden Eltern im Auge, es ist ein Gebot, das sich an die Kinder richtet. Denn daß sich Eltern um ihre Kinder kümmern, war damals eher selbstverständlich. Wir brauchen heute eher ein Elterngebot, die Erinnerung an die Pflicht, die Kinder umsichtig ins Leben einzuführen und dann umsichtig in die Mündigkeit zu entlassen und von da ab nicht mehr zu erziehen, sondern ihnen die Verantwortung für die eigene Lebensführung von da ab uneingeschränkt zuzumuten. Ohne diese Zumutung wird nämlich niemand mündig. Eltern haben sich dabei nicht selbst zu verwirklichen, denn sie sind bloß Stellvertreter Gottes, aber darin unersetzbar.

Karl-Heinz Flechsig

Beziehungen zwischen religiösen Denominationen und Pädagogiken im Modernisierungsprozeß Europas

1. Modernisierung

Zahlreiche Wissenschaftler verschiedener Disziplinen, vor allem Historiker, Philosophen und Soziologen, haben Beiträge geleistet, um den Modernisierungsprozeß in Europa zu verstehen und zu erklären. Sie haben eine Vielzahl von Schlüsselkonzepten vorgelegt, die gebildete Laien verwenden, wenn sie über diesen Prozeß sprechen. Individualismus und Rationalismus, Pluralismus und Exklusivismus, Nationalismus und Kolonialismus, Säkularisierung und Zivilisierung, Differenzierung und Mechanisierung, Demokratisierung und Alphabetisierung, ökonomisches Wachstum und Professionalisierung gehören zu den Begriffen, die häufig verwendet werden, um die Evolution moderner europäischer Kultur seit dem 15. Jahrhundert zu verstehen.

Diesen Prozeß, der um das Jahr 1500 begann und Religion, Erziehung sowie ihre wechselseitigen Beziehungen gründlich beeinflußte, hat Jürgen Habermas als "Systemische Differenzierung der Lebenswelt" bezeichnet. Auf der einen Seite entstand eine Vielzahl religiöser Denominationen und eine Vielzahl von Pädagogiken wie auch theologische und Erziehungstheorien zu ihrer Begründung. Auf der anderen Seite entwickelte sich eine Vielzahl von Beziehungen zwischen Religion und Erziehung. In meinem kurzen Beitrag möchte ich mich mit diesem zweiten Aspekt befassen.

Die systemische Ausdifferenzierung der Lebenswelt hatte nicht nur den Effekt, daß immer mehr relativ autonome, soziale Subsysteme entstanden: Nationen, Professionen, wissenschaftliche Disziplinen usw.; sie hatte auch den Effekt, daß jedes dieser sozialen Subsysteme die Tendenz hatte, eine Lebenswelt eigener Art zu entwickeln mit spezifischen Ritualen, moralischen Standards, Kommunikationsstilen, Weltanschauungen und nicht zuletzt auch einer eigenen Pädagogik.

Parallel zu dieser systemischen Differenzierung von Lebenswelten verläuft also eine systemische Differenzierung von Denkwelten und Glaubenswelten in Form verschiedener christlicher Weltanschauungen, aber auch in Form von Weltanschauungen, die europäischen Philosophien entspringen, Rationalismus, Empirismus, Rousseauismus, Idealismus, Positivismus, Marxismus, Existenzialismus. Diese Weltanschauungen traten und treten in den Wettbewerb darüber ein, was wahr, was gut und was schön sei.

Was den Bereich der Erziehung anbelangt, so bedeutete dieses zum einen, daß die Geistlichkeit und das Militär, der Adel und die Gelehrten, die Handwerker und die Bürokraten, und nicht zu vergessen die Künstler und die Schulmeister, Pädagogiken eigener Art entwickelten und dabei Erziehungswissen wechselseitig übertrugen.

Andererseits entwickelten die verschiedenen religiösen und philosophischen Denominationen Pädagogiken eigener Art in Form von Ideen und Konzepten sowie in Form von Praktiken und Institutionen. Am Ende dieses Modernisierungsprozesses trat eine Art autonomer Pädagogik hervor, die sozusagen aus ihrem eigenen Zentrum, quasi-religiöse und quasi-philosophische Glaubenssysteme erzeugte.

2. Terminologie

Bevor ich einige prototypische Formen darstelle, wie Religion und Erziehung historisch verbunden waren und möglicherweise noch heute verbunden sind, möchte ich meine Terminologie erläutern.

Ich verwende den Begriff "Erziehung" in seiner weitesten anthropologischen Bedeutung als die Antwort jeder Kultur auf invariable und universelle Bedürfnisse aller Mitglieder der Gattung Mensch, Bedürfnisse, die durch die Tatsache bedingt sind, daß die Natur Homo sapiens biologisch unvollkommen gelassen hat, so daß diese Spezies enkulturiert oder erzogen werden muß, um überleben und leben zu können.

Die Begriffe "Pädagogik" und "Pädagogiken" verwende ich, um kulturspezifische Arten erzieherischer Praxis zu bezeichnen, die Interaktionen, Rituale, Institutionen und Rollendefinitionen einschließen. Diese kulturell und historisch variablen Pädagogiken, die zu bestimmter Zeit, an bestimmtem Ort und in bestimmtem kulturellen Kontext entstehen, beziehen entweder alle Mitglieder einer Gesellschaft dieser Zeit und dieses Raumes ein, oder nur Teile davon, Teilkulturen, die Zeit und Raum mit anderen teilen. Es ist typisch für das moderne Europa, daß seine verschiedenen Teilkulturen verschiedene Pädagogiken entwickelt haben.

Wenn ich von "der" Pädagogik spreche, so meine ich damit theoretische Rekonstruktionen von Pädagogiken, Rekonstruktionen, die von Theoretikern und Forschern in verschiedenen wissenschaftlichen Disziplinen, in Philosophie, Erziehungswissenschaft, Kulturanthropologie sowie Psychologie usw. entwickelt wurden. Solche Rekonstruktionen haben im allgemeinen Bezug zu verschiedenen philosophischen oder theoretischen Bezugssystemen ihrer Zeit, zu Empirismus, Positivismus, Idealismus, Behaviorismus, Strukturalismus oder symbolischem Interaktionismus beispielsweise.

Ich weiß nicht, ob und wie weit diese terminologische Unterscheidung auch auf das Gebiet der Religion zu beziehen ist, aber mir scheint doch plausibel zu sein, zwischen "Religiosität", "Religionen" und theologischen und philosophischen, anthropologischen oder psychologischen Rekonstruktionen von Religionen zu unterscheiden.

Den Begriff "Denomination" verwende ich im Sinne eines künstlichen Arbeitsbegriffes. Er bezieht sich auf relativ stabile soziale Einheiten innerhalb der europäischen Kultur mit spezifischen Weltansichten, Wertsystemen, Wissensordnungen, Symbolen, Ritualen und Strategien. Denominationen können insofern als Subkulturen, Teilkulturen oder Wissens- und Glaubensgemeinschaften verstanden werden.

Mit dem Begriff "Koinzidenz" schließlich bezeichne ich Fälle, bei denen innerhalb einer einzelnen Denomination Fragen der Religion, der Erziehung und ihres wechselseitigen Verhältnisses diskutiert und entschieden werden.

3. Koinzidenzen

Dies ist nun die Stelle, an der ich das Ziel meines kurzen Beitrags nennen möchte. Wie ich bereits sagte, möchte ich zur Antwort auf die Frage beitragen, welche Formen der Beziehung bzw. der Verbindung von Religion und Erziehung im Laufe des Modernisierungsprozesses in Europa bestanden und möglicherweise gegenwärtig noch bestehen. Dabei beschränke ich mich auf wenige prototypische Fälle oder Koinzidenzen. Ich möchte damit im besonderen den Hintergrund skizzieren, auf dem aktuelle (vielleicht auch postmoderne) Lösungen und Optionen entwickelt werden können. Ich beschränke mich dabei auf sechs Koinzidenzen, sechs Fälle also, in denen innerhalb ein- und derselben Denomination typische Verbindungen zwischen Religion und Erziehung bestanden:

1. Religiöse Erziehung als Initiation,
2. Christlicher Humanismus,
3. Jesuitenerziehung,
4. Komenskys Ganzheitlichkeit,
5. Niemeyers elektischer Professionalismus,
6. Wenigers relativ autonome Pädagogik.

Dabei erhebe ich nicht den Anspruch, daß diese Auswahl von Koinzidenzen vollständig oder erschöpfend ist. Es ist jedoch meine persönliche Ansicht, daß Denominationen der Gegenwart, die ihre eigene Position reflektieren und definieren wollen, wie dies vermutlich auch auf diesem Symposium der Fall ist, davon profitieren können, daß sie auf die historischen Fälle zurückblicken und dabei typische oder prototypische Optionen und Lösungen erkennen.

4. Religiöse Erziehung als Initiation

In den vergangenen 20 Jahren haben uns Kulturanthropologen neue Einsichten in Erziehung dadurch geliefert, daß sie Erziehung als Initiation und Ritual begriffen. dies gilt nicht nur für Analysen traditioneller außer-europäischer Kulturen, sondern auch für traditionelle europäische Kulturen, keltischen, griechischen, slawischen, germanischen Ursprungs. Wenn man darüber hinaus, wie Erziehungsanthropologen dies tun, auch Systeme moderner Erziehung aus dem Blickwinkel der Kulturanthropologie betrachtet, lassen sich neue Interpretationen und Einsichten in öffentliche Erziehung im allgemeinen und öffentliche Religionserziehung im besonderen gewinnen.

Als die frühen europäischen Ethnien keltischen, slawischen, germanischen, griechischen, romanischen, baskischen usw. Ursprungs unter den Einfluß mediterraner christlicher Kultur kamen, verfügten sie bereits über voll entwickelte Initiationsrituale ebenso wie über Praktiken zur Vorbereitung von Initiationen. Diejenigen Teile der Bevölkerung, die christianisiert wurden, wurden mit neuen Initiationsnormen konfrontiert, welche die alten entweder überformten, integrierten oder in Konkurrenz zu ihnen traten.

Was die Formen und Inhalte christlicher Initiationen anbelangt, so brauche ich diese in unserem Kreise nicht näher zu erläutern. Wenn man diese Formen und Inhalte in erziehungsanthropologischer Perspektive als traditionelle oder traditionalistische Formen kultureller Überlieferung begreift, dann teilen sie folgende Eigenschaften mit allen Formen traditioneller Erziehung und Überlieferung:

1. Traditionelle Erziehung funktioniert auf zwei Ebenen und hat zwei Lerntypen ausgebildet. Der erste Typus ist Lernen vor der Pubertät, das integriert ist in das Alltagsleben. Es ist praktisch frei von Ängstigung und vollzieht sich im Rahmen der erweiterten Familie. Der zweite Typus ist um die Pubertät herum angesiedelt, aus dem Alltagsleben ausgegliedert, auf symbolische Inhalte gerichtet, mit Ängstigung verbunden, vollzieht sich in Institutionen mit ausgewiesenen Rollen von Autoritätspersonen und schließt mit prüfungsähnlichen Ritualen ab, in denen die kulturelle Botschaft in verdichteter Form enthalten ist.
2. Kulturen mit sozialer Differenzierung, sei es in Form von Arbeitsteilung, sei es in Form von Schichtung, haben zumeist zusätzliche zweite oder dritte Initiationen entwickelt, zu denen nur ein Teil der Mitglieder dieser Gesellschaft Zugang hat. Während durch die erste Initiation eine Kultur ihre erwachsenen Mitglieder insgesamt rekrutiert, erfüllen die zweiten und darauffolgenden Initiationen vor allem Funktionen sozialer Zuordnung und Auslese.
3. Die Überlieferung praktischen Wissens geschieht durch den ersten Typ des Lernens, die Überlieferung der kulturellen Botschaft durch den zweiten, wobei in der Regel sakrale Texte eine wichtige Rolle spielen.
4. Christliche Religionserziehung des traditionellen Typs weist Merkmale beider Lernformen auf. Einerseits wird religiöse Praxis durch Teilnahme und Imitation im Rahmen der Großfamilie erlernt, z.B. durch das gemeinsame Gebet, Lieder, münd-

liche Berichte, Gleichnisse. Auf der anderen Seite wird ein zusammenhängendes Muster der christlichen Botschaft durch anerkannte Autoritätsfigur vermittelt, wobei Lehren und Abhören eines besonders ausgewählten Teils des religiösen Wissens, etwa in Form eines Katechismus, im Mittelpunkt steht.

In dieser ersten Koinzidenz der traditionellen christlichen Erziehung wird Christenheit als eine Gemeinschaft, eine Denomination, angesehen, die ihre neuen Mitglieder auf zweierlei Art – wie oben beschrieben – rekrutiert und gleichzeitig ihre kulturelle Botschaft überliefert und in die Zukunft trägt. Hierbei ist Erziehung Enkulturation. Diese sehr grundlegende Beziehung zwischen Religion und Erziehung ist typisch für einen Lebensstil, bei dem praktisches und symbolisches religiöses Handeln noch in das Alltagsleben integriert sind und von Kindern beobachtet und imitiert werden können, und bei dem Initiationsrituale diese erfahrungsmäßig erlernte Religionskultur festigen und "konfirmieren".

Ich habe eine Reihe von Leuten kennengelernt, die die Hoffnung haben, daß dieses verlorene Paradies traditioneller christlicher Erziehung wiederhergestellt werden kann. Wie realistisch man auch immer die Umsetzung solcher Visionen in Wirklichkeit ansehen mag – wir sollten sie auch unter den Bedingungen moderner europäischer Kultur als eine Möglichkeit und einen Teil unseres kulturellen Hintergrundes zur Kenntnis nehmen.

5. Christlicher Humanismus

Von den frühen Phasen der Christianisierung in Europa bis zum 15. Jahrhundert waren die lateinische und griechische Sprache mit der traditionalen christlichen Erziehung funktional verbunden, und zwar als Instrumente und Medien für die Vermittlung mittelalterlicher christlicher Anschauungen. Durch die Wiederentdeckung und Revitalisierung bzw. Renaissance römischer und griechischer Kultur jedoch dienten beide Sprachen zunehmend dem Transport von Ideen klassischer römischer und griechischer Autoren und damit als Quelle der Inspiration für die Entwicklung neuer Werte, neuer Anschauungen und neuer moralischer Orientierungen. Dazu gehören im besonderen Individualismus und Anthropozentrismus sowie das analytische Denken, zwei wesentliche Komponenten des Modernisierungsprozesses. Die Erfindung der Buchdruckerkunst um das Jahr 1500 verstärkte diese Entwicklung und fügte zwei weitere Meilensteine des Modernisierungsprozesses hinzu, Alphabetisierung und Massenmedien.

Diese Ereignisse fallen zusammen mit dem Entstehen einer neuen Klasse von Intellektuellen, den Gelehrten. Diese leiten ihr Selbstbewußtsein nicht aus der Machtausübung ab wie der Adel oder aus der Verfügung über Rituale wie die Priester, sondern aus der Verfügung über Wissen. Mir scheint, daß diese neue soziale Klasse – Vorfahren der europäischen Intellektuellen – sozusagen zwei wichtige, jedoch widersprüchliche Beiträge für die traditionelle christliche Erziehung leistete. Sie stabilisierten diese, indem sie ihre Wissensbasis verbesserten, aber sie destabilisierten sie auch indem sie fremdes Wissen und fremde Werte einführten.

Erasmus von Rotterdam und Philipp Melanchthon sind prominente Beispiele von Autoren, die versucht haben, die Kluft zwischen widersprüchlichen christlichen und griechisch-römischen Wertvorstellungen zu überbrücken, zwischen Theozentrismus und Anthropozentrismus, zwischen instrumentellen Funktionen griechischer und lateinischer Autoren und Sprachen und Vorbildfunktionen. Wie andere Humanisten, die Erziehungseinrichtungen planten und gestalteten, lösten sie dieses Dilemma auf moderne Weise: Sie gestalteten das Curriculum so, daß sie Wissen in verschiedene Fächer gliederten, von denen jedes als relativ autonom behandelt und mit christlichen Wertvorstellungen verknüpft werden konnte – oder auch nicht. So entstand auf der Ebene von Einrichtungen der höheren Bildung kultureller Pluralismus. Christliche Religion war hinfort nicht mehr die einzige Quelle für erzieherisch bedeutsames Wissen.

Ich wage die Behauptung und beziehe mich dabei auf das, was ich vorhin über zweite und dritte Initiation gesagt habe, daß der christliche Humanismus durch sein Curriculum, seine Institutionen und seine Examensrituale einen größeren Beitrag zum Modernisierungsprozeß in Europa geleistet hat als gemeinhin angenommen. Indem er die wichtigsten Instrumente für die zweite und dritte Initiation bereitstellte, trug er dazu bei, eine zunehmend differenzierte und geschichtete Gesellschaft zu bilden, im besonderen dadurch, daß er akzeptable und zugängliche Hilfsmittel für die soziale gesellschaftliche Auslese und Zuordnung über die Rekrutierung und Professionalisierung von Priestern hinaus lieferte. Europäer unserer Tage, die sich als Intellektuelle oder Wissenschaftler verstehen, sollten sich diese Koinzidenz genauer anschauen. Sie werden dabei entdecken, daß ihre eigenen Kultur- und Wertkonflikte dort ihren Ursprung haben: Konflikte zwischen wissenschaftlicher Wahrheit und religiöser Überzeugung, Konflikte zwischen dem Fachspezialisten und dem christlichen Erzieher, Konflikte zwischen sozialer Verantwortung und dem Eigeninteresse wissenschaftlicher Disziplinen.

Christlicher Humanismus als zweite Koinzidenz zwischen Religion und Erziehung definierte diese Beziehung somit unter zwei bemerkenswerten Gesichtspunkten neu: Indem er die Erzieherrolle Wissensspezialisten übertrug, deren Loyalität zur christlichen Religion keine notwendige Bedingung mehr war, öffnete er den Weg für kulturellen Pluralismus in der europäischen Erziehung. Und indem er die Rollen von Priester und Lehrer entkoppelte, öffnete er den Weg für Erziehungsprofessionalismus.

6. Jesuitenerziehung

Wenn man christlichen Humanismus als Destabilisierung traditionaler christlicher Erziehung und Quelle für kulturellen Pluralismus betrachten kann, dann kann man den Rationalismus der Jesuitenerziehung als Restabilisierung christlicher Erziehung unter den Bedingungen eines kulturellen Monismus betrachten mit gelegentlich totalitären Zügen.

Man kann jedoch die Beziehung von Religion und Erziehung im europäischen Modernisierungsprozeß nicht diskutieren, ohne auf die Jesuitenerziehung und ihre rationalistischen Prinzipien einzugehen, die sich gegen Ende des 16. Jahrhunderts herausbildete. Zwei wichtige Beiträge sind es, die die Societas Jesu in das europäische Bildungswesen einbrachte: Hierarchie und Methode. In diesem Zusammenhang ist unter Hierarchie nicht in erster Linie die hierarchische Struktur innerhalb der Societas Jesu oder innerhalb der katholischen Kirche gemeint. Erstere mag sogar geringer sein als in anderen Gemeinschaften der damaligen Zeit. Gemeint ist vielmehr die Anwendung des hierarchischen Prinzips, das bis dahin vor allem im militärischen Bereich bekannt war, auf die Gebiete des Wissens und der kulturellen Werte. Gehorsam Gott gegenüber, Gehorsam dem Papst gegenüber und Gehorsam gegenüber Vorgesetzten war ein wichtiges Mittel, um mögliche Konflikte in Situationen moralischer Ungewißheit zu lösen. Das hierarchische Prinzip erlaubte darüber hinaus, zwischen primären oder grundlegenden und sekundären oder abgeleiteten Zielsetzungen zu unterscheiden, wobei der Ableitungsprozeß im wesentlichen als Prozeß deduktiver Schlußfolgerung zustande kam.

Diese hierarchische Orientierung gestaltete die Beziehung von Religion und Erziehung auf eine neue typische Weise: Die Erziehung mußte so organisiert werden, daß sie eine christlich-katholische Lebensweise stabilisierte und stärkte und der Kirche eine Elite von Mitgliedern lieferte, die es erlaubten, ihre Reichweite innerhalb und außerhalb Europas zu erweitern. Das Erziehungsideal war, ein disziplinierter und gehorsamer, kenntnisreicher und rhetorisch kompetenter, wertsicherer und selbstbewußter Erwachsener. Eine Persönlichkeit, die so gefestigt war, konnte dann auch ziemlich risikolos neuen Erfahrungen ausgesetzt werden, ohne daß ihre Identität in Gefahr geriet. Dies betraf neue weltliche Wissensgebiete wie auch Erfahrungen in der Aneignung außereuropäischer Kulturen. Dieses Konzept bildete nicht nur die Grundlage für äußere und innere Mission, es erlaubte auch die Einbeziehung vielseitigen kulturellen, wissenschaftlichen und organisatorischen Wissens in das Curriculum mit nur geringem Risiko pluralistischer Abweichung.

Der zweite große Beitrag der Jesuitenerziehung zum europäischen Bildungswesen im Modernisierungsprozeß ist die Methode, wie sie auf der Grundlage aristotelischer und kartesianischer Logik entwickelt wurde. Methode erlaubt es, klar zu unterscheiden zwischen Zwecken und Mitteln. Sie erlaubt es auch, gründliche Argumente und effektive Instrumente zu entwickeln, um Ziele und Zwecke zu erreichen und dabei möglichst umfangreiches, gültiges und zugängliches Wissen zu verarbeiten.

Auf die Beziehung von Religion und Erziehung angewandt, beinhaltet dieses Konzept, daß den primären Zielen christlich religiöser Praxis und Erziehung nicht hinterfragbarer Geltungsanspruch zukommt und daß untergeordnete religiöse oder moralische Fragen im methodischen und disziplinierten Diskurs zu lösen sind. Bezogen auf Erziehungspraxis beinhaltet diese Methode die Ausarbeitung hoch differenzierter Inventare oder Techniken des Motivierens, des Disziplinierens und der Wissensvermittlung. Damit erhielten Logik und Rhetorik sowie Wettbewerb und soziale Kontrolle erhebliches Gewicht in der Jesuitenerziehung. Die entsprechende Gestaltung schulischer Institutionen und ihrer Ordnungen sichert diesem Konzept seine Wirkung und seine Dauer.

Die klare Unterscheidung zwischen Zwecken und Mitteln im moralischen oder erzieherischen Denken und die Ausarbeitung von erzieherischen Maßnahmen und Methoden – wie sie typisch war für die Jesuitenerziehung – bildete dann auch die Grundlage für deren Ausbreitung innerhalb des europäischen Bildungswesens. Darüber hinaus sicherte die enge Beziehung, die dieses rationalistische Konzept der Jesuitenerziehung zum militärischen, bürokratischen und Management-Denken hat, ihm einen dauernden Einfluß auf das europäische Bildungssystem und trug dazu bei, daß es in andere Pädagogiken vom 17. Jahrhundert an bis in unsere Gegenwart transferiert wurde.

7. Komenskys Ganzheitskonzept

Als Komensky (Comenius) im Alter eines jungen Erwachsenen war, war Europa aus den Fugen geraten. Der Prozeß der Modernisierung hatte seine erste Krise, deren sichtbarster und dauerhaftester Ausdruck der 30jährige Krieg war. Komensky war ein prominentes Mitglied und später Bischof der protestantischen Gemeinschaft der Böhmischen Brüder. In seinem religiösen Denken sah er wesentliche Elemente des Modernismus als Ursache und Quelle dieser Krise an, Elemente, die er auf den ersten Sündenfall zurückführte: Anthropozentrismus, Ausdifferenzierung und einen Lebensstil sowie eine Moral, die mit der Natur und ihrem Schöpfer nicht im Einklang waren. Der Weg, den er aus der Krise wies, bestand in der Wiederherstellung der ursprünglichen Ordnung und Harmonie. Einer Ordnung, bei der Gott im Zentrum, die Natur als seine Schöpfung und Repräsentation und der Mensch als sein Repräsentant stehen. In dieser ganzheitlichen Weltsicht ist jedes Element auf das Ganze und sein Zentrum – Gott – bezogen und repräsentiert gleichzeitig dieses Ganze als Mikrokosmos, indem sich der Makrokosmos widerspiegelt. Das Symbol dafür ist das Rad mit den Speichen und der Achse im Zentrum. Während das Rad und die Speichen sich bewegen, bleibt das Zentrum an seinem Ort. Da die Zeiten aus den Fugen geraten sind, rotiert dieses Rad in dezentrierter Weise und muß wieder zentriert werden.

Warum nun nimmt die Idee einer universellen Erziehung, einer Pampaedia, eine so prominente Rolle in Komenskys christlichem Konzept ein, das auf die Wiederherstellung von Ordnung, Harmonie und Frieden gerichtet ist? Inwiefern ist sein Prinzip, daß alle alles gründlich lernen sollen, mit der Idee der Wiederherstellung verbunden?

Wie gesagt, sind die Ideen des Rückbezugs und der Verknüpfung, der Repräsentation und der Vermittlung zentral in Komenskys ganzheitlichem Denken. Gott, der Schöpfer, und seine Schöpfung, der Mensch und die Natur, bleiben verbunden und aufeinander bezogen, trotz der Abweichung. Die Person Jesu Christi legt Zeugnis ab vom Fortbestehen dieser Verbindung. Da nun jedes Element der Schöpfung das Ganze repräsentiert und mit dem Ganzen verknüpft ist, kann Erziehung als Wiederherstellung nur erfolgreich sein, wenn sie universell ist. Nur wenn jeder Mensch erzogen und gebildet wird, wenn alle seine Kräfte entwickelt werden und wenn diese Entwicklung gründlich und vollständig geschieht, kann das Ganze ins Lot gebracht werden.

So ist es also Komensky, der in die europäische Religions- und Erziehungsgeschichte das radikalste Konzept eingebracht hat, wie Religion und Erziehung zu verknüpfen sind. Erziehung ist nicht nur Mittel zum Zweck der Wiederherstellung der göttlichen Schöpfungsordnung, sie ist Selbstvollzug dieser Wiederherstellung.

Es ist deshalb verständlich, daß Komenskys panpädagogische Position von einigen Interpreten als Rückschritt im Modernisierungsprozeß, als Rückfall ins mittelalterliche Denken gedeutet wurde und daß sich ihr Lob auf seine bildungstechnologischen Beiträge konzentrierte. Für mich stellt sich Komenskys Denken keineswegs als Rückfall ins Mittelalter dar, vielmehr halte ich Komensky für einen Vorläufer postmoderner Denkweise. Theorien unserer Zeit, die das Leben als Evolution komplexer und dynamischer Systeme betrachten, lassen uns Komenskys Denken besser verstehen. Sie liefern Erklärungen dafür, warum monokausales, Zweck-Mittel-orientiertes Denken auf dem Gebiet der Erziehung unangemessen ist. Sie erklären auch, warum eine Erziehung zum globalen Bewußtsein und zu globalen Verantwortlichkeiten eine Bedingung für die Weiterexistenz der Gattung Mensch sind, und sie erklären, warum eine Spezialistenrunde weit davon entfernt ist, angesichts komplexer Systeme zu einer Problemlösungsgemeinschaft zu werden. Im Unterschied zu Komensky lassen es diese

Theorien offen, ob der Mensch ein notwendiges Element der Schöpfung ist.

8. Niemeyers Eklektischer Professionalismus

Am Ende des 18. Jahrhunderts hatten sich Kulturpluralismus und Anthropozentrismus in Europa voll entfaltet. Es hatten sich fünf typische Pädagogiken herausgebildet, und zwar

- ein neuhumanistisches Erziehungskonzept, das den traditionellen Humanismus mit dem deutschen Idealismus verband,
- die auf der ratio studiorum beruhende Jesuitenerziehung,
- das Erziehungskonzept der Pietisten in der Tradition August Hermann Franckes, – ein höfisch realistisches Erziehungskonzept, das mit Lockes Empirismus in Verbindung stand, und
- die Erziehung der Philanthropen, die sich auf Jean Jaques Rousseaus Ideen beriefen.

Von diesen fünf Pädagogiken hatten nur zwei eine enge Beziehung zur christlichen Religion. Die drei anderen waren ausdrücklich oder implizit weltlich orientiert. Obwohl August Hermann Niemeyer einer dieser Pädagogiken institutionell und verwandtschaftlich verbunden war, er war nämlich Urenkel August Hermann Franckes und zeitweise Leiter der Franckischen Stiftungen, entwickelte er eine neue Art, Religion und Erziehung zu verbinden. ich habe dafür den Begriff "Eklektrischer Professionalismus" entwickelt und möchte mich für diesen etwas künstlichen Terminus entschuldigen. Dieser Eklektische Professionalismus beruhte auf dem Prinzip "Alles prüfen und das Beste auswählen". Er verwirklichte dieses Prinzip, indem er aus den genannten fünf Pädagogiken sowie anderen ihm zugänglichen Quellen pädagogisches Wissen auswählte und es in eine lockere und formale Ordnung brachte. Auf diese Weise wurde er der Autor des ersten umfassenden Lehrbuches für professionelle Erzieher in Deutschland. Ein Lehrbuch, das in der ersten Auflage 1796 erschien und das seine letzte Auflage erst 1884 erlebte. Niemeyers "Grundsätze der Erziehung und des Unterrichts" – so lautet auch der Titel dieses Lehrbuchs – kann deshalb als repräsentativ für professionelles Erziehungsdenken im 19. Jahrhundert angesehen werden.

Als Kind der Aufklärung und Modernist unterscheidet Niemeyer zwischen Erziehungszielen und Erziehungsmitteln. Was die Erziehungsziele anbelangt, so ist bemerkenswert, daß ihm seine eklektische Position nicht – wie man vermuten könnte – zur Formulierung eines abstrakten Tugendkatalogs führen konnte, der etwa die aus den fünf Pädagogiken herausdestillierten Grundwerte enthalten hätte. Er behandelte das Problem anders, indem er Zielaussagen nicht in Bezug auf Tugenden der Erziehenden setzte, sondern indem er Prinzipien für professionelles erzieherisches Handeln formulierte:

1. Erziehe jedes Kind zum Individuum und entwickle all' seine Fähigkeiten.
2. Stelle Einheit und Harmonie durch abgewogene und aufeinander bezogene Entwicklung dieser Fähigkeiten her.
3. Richte die entwickelten Fähigkeiten auf Aufgaben, die dieser Vernunft entsprechen, und wende dabei Mittel an, die mit der Würde des Kindes und mit der Vernunft in Einklang stehen.
4. Harmonie zwischen Freiheit und Vernunft sei dein letztes Ziel, da der moralische Wert menschlicher Wesen in dieser Harmonie begründet ist.

Was die Religion anbelangt, so stellte Niemeyer ausdrücklich vier Beziehungen zur Erziehung her:

1. Da Religiosität eine der Fähigkeiten ist, mit denen menschliche Wesen ausgestattet sind, muß sie in gleicher Weise entwickelt werden wie die anderen Fähigkeiten.
2. Wenn bei Kindern das Bedürfnis nach einer Erklärung der Gründe menschlicher Existenz aufkommt, sollten sie auf Gott als den Schöpfer und obersten Richter hingewiesen werden.
3. Diese Erklärungen regen moralisches Gefühl an und stärken es.
4. Christus ist als Ideal menschlicher Heiligkeit, Güte und Nähe zu Gott darzustellen.

Diese Koinzidenz von Religion und Erziehung, wie sie in Niemeyers Grundsätzen der Erziehung und des Unterrichts auftritt, ist charakteristisch für ein neues Stadium der Modernisierung, das zumindest in Deutschland erreicht worden ist: Professionalismus im Erziehungsbereich. Dieser Professionalismus hat mehrere Elemente: Einerseits ist Erziehungswissen nicht mehr direkt verbunden mit religiösen oder weltlichen, z.B. philosophischen Denominationen. Es kann in eklektischer Weise dekontextualisiert, also entbunden, und auf neue Weise rekontextualisiert werden, so daß Empfehlungen und Rechtfertigungen für professionelles erzieherisches Handeln entstehen. Andererseits bleibt die Beziehung zwischen Pädagogiken und religiösen oder säkularen Denominationen nunmehr vage. Es sieht so aus, als ob sie zur Privatsache des einzelnen individuellen Erziehers geworden wäre.

9. Wenigers Relativ Autonome Pädagogik

Mehr als 100 Jahre später hat der Modernisierungsprozeß in Deutschland wie in anderen europäischen Ländern eine neue Qualität erreicht. Deutschlands junge Demokratie mußte das öffentliche Erziehungswesen nach den Prinzipien des politischen und kulturellen Pluralismus gestalten. Die Trennung von Staat und Kirche war zum Verfassungsgrundsatz geworden. Christliche wie auch andere Denominationen, Liberalismus und Marxismus rangen nun um Einfluß auf die öffentliche Erziehung. In diesem geschichtlichen Kontext schrieb Erich Weniger im Jahr 1928 einen Aufsatz über die Autonomie in der Pädagogik. Weniger war Sohn eines protestantisch-lutherischen Pfarrers und gehörte zur ersten Generation von Pädagogikprofessoren in Deutschland, deren Lehrstuhl nicht mehr der Philosophie zugeordnet war.

Weniger verwendet den Begriff “Pädagogik” im Singular und bezieht ihn

- auf Erziehungspraxis,
- auf Erziehungsinstitutionen,
- auf die Profession der Erzieher und Lehrer und
- auf die Erziehungswissenschaft.

Den Begriff “Autonome Pädagogik” verwendet er in einer eher defensiven Weise. Er sieht die Erziehung im allgemeinen und die öffentliche Erziehung im besonderen durch mächtige Institutionen und Denominationen bedroht. Diese gesellschaftlichen Mächte haben eine Tendenz, die Erziehung für ihre eigenen Zwecke zu instrumentalisieren, um ihren eigenen Einfluß auf den Staat zu erhöhen. Diese Tendenz gilt es zurückzuweisen mit dem Anspruch auf pädagogische Autonomie.

In der Praxis hat die Verteidigung pädagogischer Autonomie oder autonomer Pädagogik die folgenden Konsequenzen:

1. Erzieher sollten erzieherisches Handeln von einer Art professioneller Ethik leiten lassen, die es nicht erlaubt, den Anspruch des Kindes auf individuelle Entwicklung und Entfaltung irgendeinem andere Anspruch, z.B. dem von Institutionen oder Denominationen aufzuopfern.
2. Der Staat sollte akzeptieren und garantieren, daß Erziehung im geschützten Raum stattfindet, zu dem den Machtgruppen der Zugang verwehrt ist.
3. Die Denominationen und Institutionen sollten ihrerseits pädagogisch legitimierbare Formen ihrer eigenen Wertvorstellungen und Lebensstile entwickeln, und zwar so, daß es sich bei diesen pädagogischen Repräsentationen nicht um bloße Kopien von Erwachsenenvarianten handelt, sondern um Formen, die den besonderen Ansprüchen und Bedingungen von Erziehung gerecht werden.

Im besonderen geht Weniger dann auf das Verhältnis von Religion und Erziehung in seiner Zeit ein, und zwar auf folgende Weise:

1. Der Prozeß der Modernisierung hat dazu geführt, daß es einen Pluralismus nicht nur zwischen christlichen und nichtchristlichen Denominationen gibt, sondern auch innerhalb der christlichen Denominationen. Auf dem Gebiet der Erziehung sollten innerchristliche Konflikte auf pädagogische Weise und mit pädagogischen Prinzipien geregelt werden.
2. In der öffentlichen Erziehung, im besonderen in der Sozialerziehung, gibt es Situationen, die nicht durch planvolle Persönlichkeitsentwicklung charakterisiert sind, sondern durch unmittelbares Krisenmanagement. In diesen Situationen müssen Erzieher Ansprüche christlicher Denomination zurückweisen und sich auf eine Art Erziehung der Ersten Hilfe konzentrieren.
3. Innerhalb der öffentlichen Erziehung muß der moderne Staat einen gemeinsamen Sektor bereitstellen, der freizuhalten ist von missionarischer Einflußnahme seitens der einzelnen Denominationen und der reserviert blieben muß für gemeinsame und gemeinschaftliche Vorhaben.
4. Es ist eine allgemeine christliche Überzeugung, daß Gottes Gnade nicht hergestellt werden kann, sondern gewährt werden muß. Es wäre deshalb widersinnig, wenn die christlichen Denominationen Christen machen wollten. Verkündigung und Sakrament sind die angemessenen Mittel, nicht Machtdurchsetzung.

Diese Mittel jedoch widersprechen im Prinzip der pädagogischen Autonomie nicht.

10. Transversale Vernunft

Den Begriff "Transversale Vernunft" verdanke ich Wolfgang Welsch und seinem Buch über "Unsere postmoderne Moderne". Dieser Begriff charakterisiert wie mir scheint am besten dasjenige, was ich als meine eigene Position in bezug auf das Verhältnis von religiösen Denominationen und Pädagogiken verstehe. Diese meine Position gründet sich auf die Annahme, daß in europäischen Ländern und ihren Regionen ein Pluralismus der Denominationen besteht, der sich auf Religion Erziehung und andere Gebiet erstreckt. Ich halte dies nicht nur für eine Tatsache, sondern auch für eine von mir akzeptierte und positiv bewertete Tatsache. Ich bin überzeugt, daß jeder Versuch, eine höhere oder grundlagenhaftere Art von Kultur mit universellen Ansprüchen zu entwickeln, die über oder unter den Denominationen angesiedelt ist, entweder historisch nicht realisierbar oder sogar bedrohlich ist. Eine solche moderne Mischkultur wäre entweder eine Sammlung leerer Flaschen, wie wir sie aus mancher programmatischen Erklärung internationaler Organisationen kennen, oder ein kulturkolonialistisches Überbauphänomen.

Die Quellen kultureller Entwicklung im Bereich von Religion, Erziehung, Moral, Wissenschaft, Künsten usw. liegen innerhalb der Denominationen, nicht außerhalb. Die kulturelle Fruchtbarkeit jeder einzelnen Denomination wird um so größer sein, je mehr diese Denomination nach ihrer eigenen Identität strebt, und zwar nicht auf statische, sondern auf dynamische Weise. Ein Teil dieser Dynamik wird aus den Herausforderungen durch globale Probleme entstehen, ein anderer Teil durch Kommunikation und Wissenstransfer zwischen den Denominationen. Diese Position eines Radikalpluralismus schließt nun keineswegs Institutionen aus, die als Dachorganisationen wirksame Kommunikationskanäle und gemeinsame Codes betreuen.

Transversale Vernunft ist insofern nicht etwa ein höherer Typ von Vernunft, eine Art Superverstand oder Supraverstand. Transversale Vernunft impliziert ein neues Verständnis von Vernunft und Verstand, ein Verständnis, das nicht ausgerichtet ist auf das Verstehen des Ganzen oder gar auf totale oder totalitäre Synthesen. Bezogen auf die kulturellen Denominationen existiert transversale

Vernunft in deren Unterscheidungen und Begrenzungen, auch Selbstbegrenzungen, in deren Wandel und deren Selbstregulation, in deren Verknüpfungen und Übergängen. Wenn wir uns der Analogie eines Netzes bedienen, ist es also nicht die Summe der Knoten und Verbindungen, auch nicht die abstrakte Idee von "Netz", sondern ein Netz in Aktion. Die Analogie eines kulturellen Ökosystems ist vielleicht noch aufschlußreicher.

Welche Konsequenzen hat dies für unser praktisches Handeln? Es hat die Konsequenz, daß wir so kommunizieren und so handeln müssen, daß transversale Vernunft entstehen kann, nicht daß sie produziert wird. Dies impliziert, daß jede Denomination in der Entwicklung und Verbesserung ihrer eigenen Identität ihre Hauptaufgabe hat, an der vor allem diejenigen mitwirken müssen, die sich in einer Randposition befinden. Es beinhaltet auch, daß wir unser Wissen und unsere Orientierung in bezug auf die jeweils anderen Denominationen verbessern müssen und daß wir sie ihrem Selbstverständnis entsprechend verstehen, nicht jedoch mit dem Auge des Feindes zu sehen haben. Es beinhaltet, daß wir die Kanäle und die Codes für die Kommunikation zwischen den Denominationen verbessern und schließlich beinhaltet es, daß wir unsere Fähigkeit verbessern, uns zu gemeinsamem Handeln in Situationen Erster Hilfe zu vereinen und dabei Unterschiede der Denominationen und Eigeninteressen zurückstellen.

11. Schluß

Mein kurzer Beitrag über historische Beziehungen zwischen Religion und Erziehung im allgemeinen und zwischen christlicher Religion und europäischer Erziehung im Laufe des Modernisierungsprozesses im besonderen möchte ich wie folgt zusammenfassen:

1. Der Pluralismus der Weltanschauungen, der sich in Europa seit dem 15. Jahrhundert entwickelt hat, führte nicht nur zu einer Differenzierung zwischen christlichen und nichtchristlichen Weltanschauungs- und Glaubensgemeinschaften (Denominationen), er führte auch zur Differenzierung zwischen Anschauungen verschiedener christlicher Denominationen.
2. einzelne christliche Denominationen entwickelten eigene Pädagogiken, die theoretische Annahmen (z.B. über die Bildsamkeit

des Menschen), Empfehlungen für erzieherisches Handeln und typische institutionelle Maßnahmen enthielten.

3. Zudem entwickelte sich eine Anzahl prototypischer Verbindungen zwischen christlicher Religion und Erziehung (Koinzidenzen), die verschiedene Arten des Kulturtransfers zwischen relativ autonomen Denominationen innerhalb hoch differenzierter und pluralistischer westlicher Gesellschaften widerspiegeln.
4. Wenn wir akzeptieren, daß gültiges erzieherisches und religiöses Wissen nur innerhalb von Denominationen, nicht aber oberhalb, unterhalb oder daneben erzeugt werden kann, müssen wir Wege finden, die die Kommunikation und den Transfer von Wissen zwischen den Denominationen sicherstellen.
5. Der moderne (oder postmoderne) europäische Multikulturalismus sollte deshalb nicht als eine neue kulturelle Variante betrachtet werden, die aus dem Schmelztiegel internationaler Bürokratien entstehen, sondern begriffen werden als ein Ökosystem von friedlich und geschwisterlich wetteifernden Denominationen.
6. Je genauer sich Mitglieder dieser Denominationen ihrer eigenen Wurzeln vergewissern und je stärker sie bemüht sind, ein internes Gleichgewicht zwischen ihrer Religion, ihrer Moral, ihren anthropologischen Annahmen, ihren Wissensprozessen, ihren erzieherischen und politischen Praktiken, ihren Kommunikationsstilen und ihren institutionellen Regelungen herzustellen, um so wahrscheinlich ist es, daß sie in der Lage sein werden, andere zu beeinflussen und Einflüsse von anderen zu empfangen. Dies ist meiner Überzeugung nach der Weg, auf dem transversale Vernunft – und dies ist mein persönliches Verständnis vom Heiligen Geist – sich ausbreitet.
7. Christliche und pädagogische Denominationen sollten nicht zaghaft sein bei der Entwicklung und Anwendung von Werkzeugen, Strategien, Technologien und Institutionen, die dazu beitragen, Identität innerhalb der Denominationen und die Kommunikation zwischen ihnen zu verbessern, denn transversale Vernunft ist nicht der Gegner von Rationalität, sondern ihr Partner. Allerdings haben wir darauf zu achten, daß diese Werkzeuge, Strategien, Technologien und Institutionen nicht zu Denominationen eigener Art werden.

Literatur

Weniger, E., Die Eigenständigkeit der Erziehung in Theorie und Praxis. Probleme der Akademischen Lehrerbildung, Weinheim 1952.

Habermas, J., Theorie des kommunikativen Handelns. Band 1: Handlungsrationalität und gesellschaftliche A, Frankfurt a.M. 1981.

Niemeyer, A.H., Grundsätze der Erziehung und des Unterrichts für Eltern, Hauslehrer und Schulmänner. Erster Theil/Zweyter Theil, fünfte verbesserte, mit dem dritten Theil vermehrte Ausgabe, Halle 1805; Dritter Theil, Nachträge und Zusätze, Halle 1806.

Comenius, J.A., Pampaedia, hg. von D. Tschizewskij, Pädagogische Forschungen. Veröffentlichungen des Comenius-Instituts. Reihe: Editionen und Monographien, Band 5, 2., durchgesehene und verbesserte Auflage, Heidelberg 1965.

Welsch, W., Unsere postmoderne Moderne, 2., durchgesehene Auflage, VCH Acta Humaniora, 1988.

Pachtler, G.M., Ratio Studiorum et Institutiones Scholasticae Societatis Jesu per Germaniam olim vigentes collectae concinnatae dilucidatae, Tomus II, 1586/1599, in: Monumentae Germaniae Paedagogica. Schulordnungen, Schulbücher und pädagogische Miscellaneen aus den Landen deutscher Zunge, hg. von K. Kehrbach, Band V, Berlin 1887.

Michael Williams

Visionen gesellschaftsgestaltender Erziehungsziele: Ein Blick auf das zukünftige Europa

Dieser Beitrag wird vor dem Hintergrund eines dramatisch verwandelten Europas gehalten. Jahrelang lebten wir mit scheinbar etablierten Gewißheiten, die durch die starken politischen Grenzen zwischen Ost und West widergespiegelt wurden, sowie mit einander scharf widersprechenden Ideologien, die unterschiedliche Begriffsbestimmungen von Menschenrechten, Demokratie und Freiheit hervorgebracht haben. Diese Ideologien gebaren Wirtschaftssysteme, die jetzt von sozialistisch bestimmten Systemen auf kapitalistische, die zunehmend durch die Kräfte des Marktes bestimmt werden, umgestellt werden. Es ist klar, daß wir in Europa jetzt in turbulenten Zeiten leben, und daß die Gewißheiten von gestern durch die Ungewißheiten von morgen abgelöst werden. Wir hatten Ungewißheiten innerhalb der Struktur der Europäischen Gemeinschaft, und diese sind intensiviert worden durch die Veränderungen, die derzeit in Osteuropa stattfinden.

Diese Veränderungen haben uns veranlaßt, uns erneut einer Reihe von zentralen Fragen zuzuwenden, die schwer zu beantworten waren, und auch jetzt schwer beantwortbar bleiben werden. Darunter sind:

Was ist ein Europäer?
Warum reagieren wir unterschiedlich auf diese Frage?
Welche Prozesse unterstützen die Bildung eines Europäers?
Welche Rolle spielt die Schule bei der Förderung einer europäischen Identität?

Ich beabsichtige, mich auf die letztgenannten Fragen zu konzentrieren – Fragen über Bildungsprozesse und besonders über die Rolle der Schule. Bildungssysteme haben unzweifelhaft das Potential, einen gewichtigen Beitrag zur Definition des neuen Europas zu leisten. Man hört Erzieher oft erklären, daß die Bürger, die das Europa des kommenden Jahrhunderts definieren werden, sich schon jetzt in unseren Schulen befinden. Heutige Zeitpläne, Lehrpläne und Schulbücher müssen die europäischen Realitäten von morgen sehr genau in Rechnung stellen. Die Lehrer von morgen müssen dazu ermuntert werden, schon heute über die Art von Europa nachzudenken, in der die kommenden Generationen leben werden. Diese Behauptungen unterstellen, daß Unterrichten über Europa, was eine wichtige Ausgangsbasis ist, nicht ausreicht: Es ist auch notwendig, *für* Europa zu unterrichten. Unterrichten für Europa erfordert eine Hingabe an die Zukunft Europas, die sich von der passiveren Vorstellung des Unterrichtens über Europa unterscheidet.

Es ist jedoch unwahrscheinlich, daß Erzieher sich über die Eigenschaften einigen werden, die der vermeintlich neue Europäer haben sollte, und sie werden stark unterschiedliche Vorstellungen darüber haben, wie sich das neue Europa entwickeln sollte. Die, die stark föderalistische Ansichten haben, werden unterschiedliche Meinungen vertreten gegenüber jenen, die viel Wert auf Regionalismus und Nationalismus legen. Die Anschauungen werden auch geteilt sein hinsichtlich ihrer Präferenzen für bestimmte Wirtschaftssysteme und hinsichtlich ihrer Interessen für bestimmte kulturelle Eigenschaften, worunter Sprache, Kunst aber auch Bildung und Religion zu zählen sind. Was scheinbar unstrittig ist, ist, daß das neue Europa dem Wesen nach pluralistisch und multikulturell sein wird, und eine wichtige Herausforderung für Lehrer und Erzieher ist die Herstellung eines Gleichgewichts zwischen dem allgemeinen Konsens in puncto Ansichten und Verhaltensweisen und den Ansichten und Verhaltensweisen von Minderheiten und unorthodoxen Gruppierungen.

Diese unterschiedlichen Ansichten finden ihren Niederschlag in unterschiedlichen Bereichen des Bildungssystems. In Abb. 1 habe ich einige der hauptsächlichen Adressaten und Beteiligten der Bildungssysteme hervorgehoben.

In der mittleren Spalte sind drei Gruppen:

1. Lehrplanentwickler und Bildungspolitiker – wozu Politiker, Administratoren, Inspekteure und Berater auf den nationalen, regionalen und lokalen Ebenen zählen,

2. Lehrplan-Förderer – die Massenmedien, Schulbuchverlage, Museen, Entwicklungsprojekte und Lehrerausbilder,

3. Schulen – wozu Schuldirektoren und Lehrer, kommunale Gruppierungen und Eltern gehören.

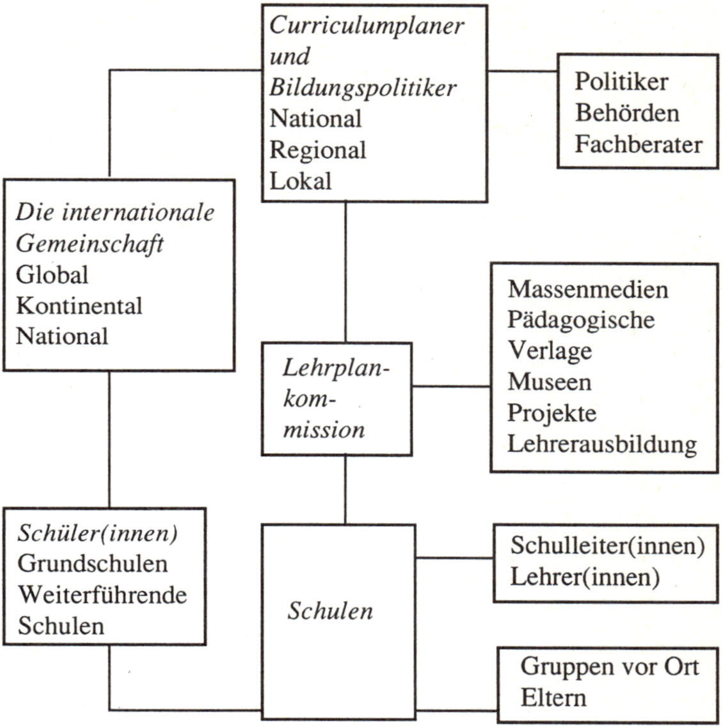

Schaubbild 1: Hauptbeteiligte und Betroffene

Links stehen zwei Kästchen, in denen die internationale Gemeinschaft und die Schüler sind. Beide sind sehr dynamisch – Schüler verändern sich aufgrund gesellschaftlichen Drucks, und die dramatischen Verwandlungen, die innerhalb der internationalen Gemeinschaft stattfinden, sind schon angesprochen worden. Erzieher können leicht ihren Standort in diesem Diagramm ausmachen. Einige werden in mehr als einem Kästchen zu finden sein. Einige werden unterschiedliche Funktionen wahrnehmen gemäß den besonderen Arbeitszusammenhängen, in denen sie sich jeweils befinden. Es ist nicht immer einfach, in unseren Begriffsbestimmungen und Handlungen konsequent zu sein. Ein Elternteil also, der in bestimmten gesellschaftlichen Gruppen aktiv ist, und zugleich Lehrer und Schulbuchautor ist, wird sich wahrscheinlich zwischen unterschiedlichen Loyalitäten hin- und hergerissen fühlen.

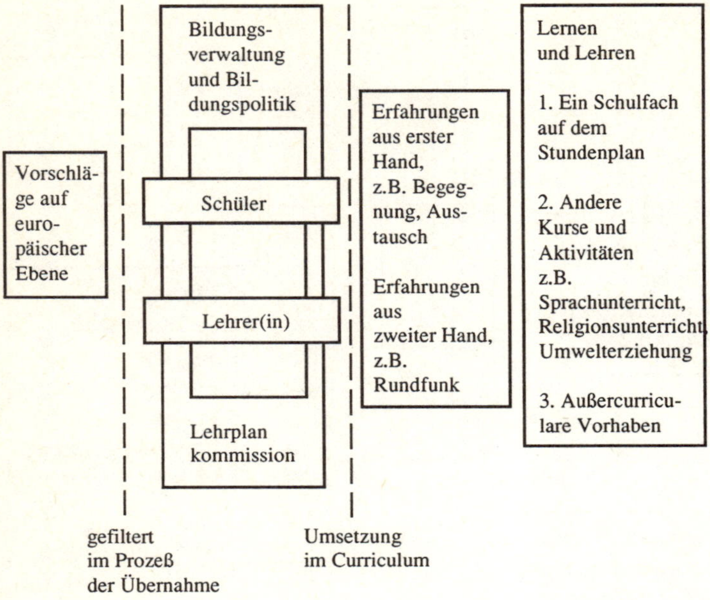

Schaubild 2: Vom Vorschlag zur Verwirklichung in der Praxis

Durch einen Blick auf Abbildung 2 können wir diesen Druck konzeptualisieren. Wir können das Diagramm auf der linken Seite betreten. Hier wird auf "Stimulanzen aus Europa" Bezug genommen. Diese Stimulanzen werden filtriert durch die in der zweiten Schachtel vertretenen Gruppen. In der Mitte steht die Schule mit den Schülern und Lehrern, während die Lehrplanentwickler, Bildungspolitiker und Lehrplan-Förderer am Rand stehen. Es sollte hervorgehoben werden, daß der Filtrierungsprozeß nicht einfach ist. Er wird durch zahlreiche Faktoren beeinflußt, darunter die persönlichen Eigenschaften und Lebenserfahrungen des Individuums. Viel hängt von den "Brillen" ab, die die Individuen benutzen, um ihre Wahrnehmung zu filtrieren. Jene, die Europa durch rosagetönte Brillen betrachten, werden eine andere Wahrnehmung haben als jene, die die Welt durch beschlagene bifokale Gläser sehen.

Die Aufgabe der Schule ist es, die Wahrnehmungen über Europa in Lehrpläne umzusetzen. Es gibt viel an Erfahrungen in Europa, auf denen man aufbauen kann. Wir können direkte und indirekte Erfahrungen belegen, die Kinder in verschiedenen europäischen Ländern gewonnen haben. Es gibt für junge Menschen eine Vielzahl von Gelegenheiten, durch formale Tätigkeiten wie Schüleraustausch sowie durch das breite Spektrum informeller Reise- und Arbeitserfahrungen, die in Europa alltäglich geworden sind, unmittelbare Erfahrungen zu sammeln. Es gibt auch viele Möglichkeiten, Erfahrungen aus zweiter Hand zu sammeln, wie man durch die Beliebtheit von internationaler Fernseh- und Radioübertragungen sehen kann. Die Schulen haben dann die Aufgabe, für die Schüler die Zeit freizumachen, damit sie über und für Europa lernen können. Die letzten Jahre weisen eine Wissens- und eine Erwartungsexplosion auf darüber, was richtigerweise in Schulen unterrichtet werden sollte. Schulen müssen Prioritäten setzen, obwohl es offensichtlich ist, daß die Spielräume, die Schulen und Lehrer hierfür haben, sehr stark variieren werden, je nachdem wieviel zentrale Kontrolle von außerhalb durch regionale und nationale Behörden ausgeübt wird.

Der Begriff der "europäischen Dimension" ist modisch geworden in Diskussionen über den Standort Europas in den schulischen Lehrplänen. Er besitzt den Vorzug, vage und fast undefinierbar zu sein. Wir können ihn benutzen, um alle abzudecken, was nachweisbar mit Europa zu tun hat, wie Europa auch immer definiert sein mag. Folglich haben einige Schulen mit Kursen experimentiert, die sich "Europa-Studien" nannten, aber diese Experimente waren selten und meist kurzlebig. Häufiger war es, daß die europäische Dimension aus etablierten Fächern hervorgegangen ist. Man muß eine Wahl treffen zwischen einem Modell, das auf der Durchdringung solcher Fächer wie Geschichte, Erdkunde, Musik, Kunst, neuere Fremdsprachen und Religionsunterricht durch die europäische Dimension, und einem anderen Modell, in dem Europa den etablierten Schulfächern "aufgesetzt" wird. Man muß erkennen, daß, welches Modell wir auch immer persönlich akzeptabler finden, es Konkurrenz durch andere Dimensionen, z.B. entwicklungsbezogene Erziehungsarbeit, Umweltpädagogik, Allgemeinbildung sowie auch von Informationstechnologien geben wird, die alle einflußreiche Advokaten haben, die sich ebenfalls um Zeitzuteilungen bemühen. Nicht überraschenderweise gibt es die, die argumentieren würden, daß der Lehrplan ohnehin schon überfrachtet ist, und daß die Lösung des Problems, Europa in die Schule hereinzubringen, darin besteht, ein besonderes Programm außerschulischer Aktivitäten einzurichten, d.h., aus Europa eine Option zu machen, der die Schüler nach der Schule nachgehen können, wenn sie wollen.

Im Kontext der Europäischen Gemeinschaft, des gemeinsamen Binnenmarkts, hat der Begriff "europäische Dimension" eine besondere Bedeutung. Eine Entschließung des Rates und des Kultusminister-Treffens innerhalb des Rates über die Europäische Dimension in Bildungsfragen wurde am 24. Mai 1988 (88/C 177/02) unterzeichnet. Vier Ziele wurden genannt:

- in jungen Menschen das Gefühl einer europäischen Identität zu stärken, ihnen den Wert der europäischen Zivilisation klarzumachen und ihnen das Fundament zu vermitteln, auf dem die europäischen Völker heute ihre Entwicklung aufbauen wollen, was insbesondere den Schutz der Prinzipien von Demokratie, sozialer Gerechtigkeit und Achtung der Menschenrechte (Kopenhagener Erklärung, April 1978) bedeutet,
- junge Menschen auf die Teilnahme an der wirtschaftlichen und sozialen Entwicklung der Gemeinschaft vorzubereiten und konkrete Fortschritte zu erzielen im Hinblick auf die europäische Vereinigung, wie es in der Einheitlichen Europäischen Akte steht,
- ihnen die Vorteile der Gemeinschaft bewußt zu machen, aber auch die Herausforderungen, die damit einhergehen, darzulegen, indem ihnen ein größeres wirtschaftliches und soziales Gebiet eröffnet wird,
- ihr Wissen um die Gemeinschaft und ihre Mitgliedsstaaten zu vergrößern hinsichtlich deren historischer, kultureller, wirtschaftlicher und gesellschaftlicher Aspekte sowie ihnen die Bedeutung der Zusammenarbeit der Mitgliedsstaaten der Europäischen Gemeinschaft mit den anderen Ländern Europas und der Welt nahezubringen.

Es folgt ein Aktionsprogramm, in dem die Mitgliedsstaaten übereinkommen, ihre derzeitige Politik für die Einbringung der europäischen Dimension in einem Dokument festzuhalten und signifikante Initiativen in allen Bildungssektoren anzuregen, die auf die Stärkung der europäischen Dimension in der Bildung hinzielen. Unter diesen Initiativen sind die europäische Dimension in den Schulfächern, die Herstellung von Unterrichtsmaterialien, die Lehrerausbildung sowie die Organisierung von internationalen Austauschprogrammen für Schüler, Lehrer und Eltern.

Die europäische Dimension kann folglich als das Produkt einer Reihe erzieherischer Prozesse angesehen werden. Diese Prozesse sind als Beiträge zu sehen, die jungen Menschen helfen, Europäer zu werden. Es ist möglich, diverse Adjektive dem Substantiv "Europäer" zuzuordnen. Also könnte man über "gute Europäer" oder "aktive Europäer" sprechen. Wir würden dann bald erkennen, wie schwierig es ist, Übereinstimmung hinsichtlich der Definitionen zu erzielen.

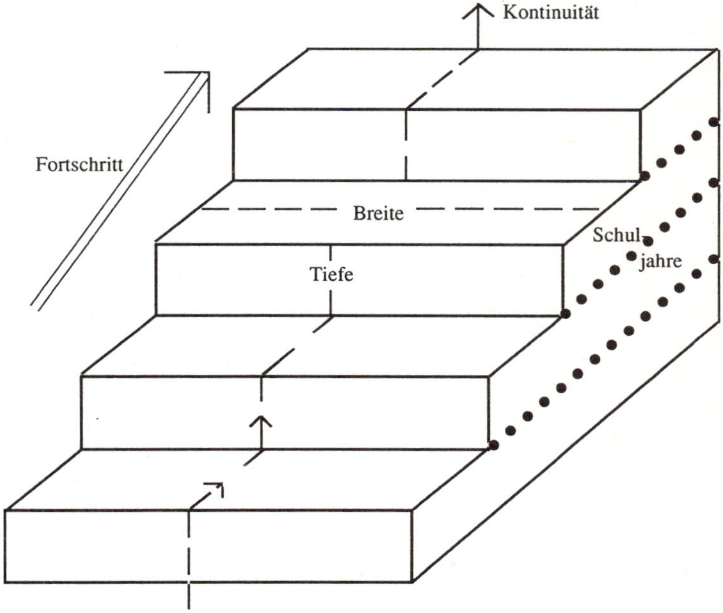

Schaubild 3: Die Curriculumtreppe

Aber wenden wir uns kurz den Prozessen zu. Ein Diagramm (Abb. 3) hilft, dies zu verdeutlichen. Es zeigt eine Treppe, die die Kinder heraufklettern müssen, während sie durchs Schulsystem gehen. Jede Stufe kann als ein Schuljahr betrachtet werden. Wenn das Kind älter wird, lernt er oder sie mehr dazu, und dies schlägt sich nieder in Veränderungen im Wissens-, Einstellungs- und Fertigkeiten-Repertoire des Schülers. Es ist notwendig, sich im Hinblick auf die europäische Dimension in bezug auf Wissen, Einstellungen und Fertigkeiten Klarheit zu verschaffen. Es wird ein Gleichgewicht zwischen diesen drei Elementen, aber auch zwischen den verschiedenen Fächern des Lehrplans benötigt. Europa ist natürlich nicht eine Sache, die man einfach an die Schreibtische der Lehrer moderner Sprachen delegieren kann. Es muß dafür Sorge getragen werden, daß Fragen von Tiefe und Breite Rechnung getragen wird. Es ist schwer zu bestimmen, wie ein Gleichgewicht hergestellt werden kann zwischen Fächern, die den ganzen Kontinent Europa umfassen und solchen, die sich nur auf kleine geographische Gebiete konzentrieren. Analog dazu die historischen Fächer: Wieviel Aufmerksamkeit soll bestimmten Ereignissen und Persönlichkeiten gelten, und wieviel den hauptsächlichen historischen Trends und den übergeordneten Ideologien? Wir müssen die Wichtigkeit der Differenzierung anerkennen, da einige Schüler die Treppe als leichtgängige Rolltreppe, andere sie als massive Hürde, die mühevoll Stufe für Stufe überwunden werden muß, empfinden werden. Wenn alle Schüler ungeachtet ihrer Befähigung ein Zugangsrecht auf einige Aspekte der europäischen Dimensionen haben sollen, dann erhält die Differenzierung hinsichtlich des Inhalts und der Unterrichtsmethoden eine beträchtliche Bedeutung. Dies deutet an, daß - wenn wir Europa in den Schulen ernstnehmen wollen - mehr auf den Planungsprozeß geachtet werden muß, der unternommen werden muß, um zu garantieren, daß eine Vielzahl wichtiger Fragen des Lehrplans angesprochen werden. Diese Planungsaufgabe erscheint abschreckend, und es ist leicht, entmutigt zu werden. Die wichtige Botschaft, die hieraus hervorgeht, ist, daß wir in dem, was wir befürworten möchten, realistisch sein müssen. Wir sollten uns der Gipfel bewußt sein, die zu erklimmen wir junge Menschen anhalten wollen, müssen aber auch akzeptieren, daß wir als Erzieher viel Zeit damit verbringen, in steinigen Niederungen herumzukrabbeln, von wo aus wir gelegentlich einen Blick auf die Gipfel durch die Wolken erhaschen.

Für jene, die Rat, Hilfe und Ermutigung suchen bei ihren Bemühungen um die europäische Dimension, gibt es keinen Mangel an Unterstützung, nicht zuletzt vom Europarat und den diversen Aktivitäten, die von der Europäischen Gemeinschaft gefördert werden. Sie sind wahrscheinlich alle mit den hauptsächlichen Bildungsprogrammen vertraut, die derzeit durch die Gemeinschaft gefördert werden. Hierzu zählen:

– das COMETT-Programm für innergemeinschaftliche Zusam-

menarbeit zwischen Universitäten und Industrie hinsichtlich der Ausbildung im technologischen Bereich;
- das ERASMUS-Programm: das EG-Aktionsschema für die Mobilität von Universitätsstudenten;
- das LINGUA-Programm für die Förderung von Fremdsprachenunterricht;
- und das TEMPUS-Programm, spezifisch zugeschnitten auf die Förderung der Entwicklung von Systemen der höheren Bildung in den Ländern Osteuropas, angefangen mit Polen und Ungarn.

Diese und andere Programme sind gut dotierte und ehrgeizige Programme, die zu einer Vielzahl an kooperativen Initiativen geführt haben, hauptsächlich in Institutionen der höheren Bildung, aber sie werden beginnen, die Schulen zu beeinflussen, wenn angehende Lehrer mit den Programmen zu tun bekommen und Fachlehrer ihre Arbeit im Bildungssektor aufnehmen, wobei sie die in EG-Programmen gemachten Erfahrungen mitbringen.

Neben diese Hauptprojekte müssen wir die gewöhnliche, tagtägliche Arbeit der Lehrer stellen. Wir können leicht mit den Wünschen von Lehrern sympathisieren, die in Europarat-Berichten von Lehrerseminaren und Symposien immer wieder vorkommen. Sie fordern Lehrplanentwickler dazu auf, ein breites Spektrum an Unterrichtsmaterialien zu entwerfen, vorzubereiten, herzustellen und zu verteilen; Beweise gelungener Praxis in Schulen und Lehrerausbildungseinrichtungen zu sammeln und zu verteilen; Gelegenheiten zu schaffen für die Herstellung von Verbindungen zwischen Lehrern und Schülern durch Korrespondenz und Austausch; Schulen zu helfen, die neuen Technologien umfassend zu benutzen; Netzwerke interessierter Spezialisten einzurichten und die Lasten überarbeiteter Lehrer zu erleichtern.

In einem Bericht für den Europarat schrieb ich 1986[1], daß abnehmende Entfernungen, die mit zunehmender Interdependenz von Völkern, Nationen, Nationalgruppen und ganzen Kontinenten einhergehen, die Notwendigkeit der Internationalisierung schulischer Lehrpläne zu einer Sache der höchsten Priorität machen. Dies ist kein neuer Schwerpunkt. Er ist wohlbekannt, findet viel Unter-

1 "Die Welt im europäischen Schulzimmer": Ein Diskussionspapier für ein Symposion, das vom Rat für Kulturelle Kooperation beim Europarat organisiert wurde, und das in Provoo, Finnland vom 1.-5. September 1986 stattfand.

stützung und kehrt alle Jahre wieder in der Rhetorik des zeitgenössischen Schulwesens. Kinder – so erinnert man uns häufig – müssen die Welt, in der wir leben und für die sie einen Anteil an Verantwortung werden tragen müssen, verstehen und darin einen Sinn sehen können. Sie müssen die reiche Kulturvielfalt, der sie in ihren lokalen Gemeinden begegnen, zelebrieren, und man muß ihnen helfen, die vielen Signale, die durch die Massenmedien auf sie einwirken, zu begreifen. Die Erinnerungsstützen sind kräftig und lautstark. Aber die Lücken zwischen Rhetorik und Handeln, zwischen Prinzipien und Praktiken sind oft riesig.

Zum Schluß möchte ich auf die fünf Ziele für zukünftige Zusammenarbeit zwischen den Mitgliedstaaten der EG hinweisen, die bei einem Treffen der Bildungsminister am 6. Oktober 1989 beschlossen wurden. In diesen Zielen erblicken wir eine politische Vision des Europas von morgen. Diese Ziele waren:

ein multikultuerelles Europa,
ein mobiles Europa,
ein Europa der Ausbildung,
ein Europa der Fertigkeiten
und ein weltoffenes Europa.

Wenn man Sie darum bitten würde, Ihre Ziele für das Europa von morgen zu benennen, fände Sie diese Liste ausreichend? Was wären Ihre Prioritäten? Wie können sie in Ziele für die Schule umgesetzt werden? Ist dies alles doch nur ein Beispiel politischer Rhetorik, oder gibt es eine reelle Möglichkeit, sie zu realisieren. Wenn sie realisiert werden, reichen sie dann aus? Stellen sie solche Konzepte wie ein "fürsorgliches Europa", ein "Europa der Wohlfahrt" oder ein "Europa der Versöhnung" in Rechnung?

Giorgio Girardet

Offene Erziehung in einer multikulturellen Gesellschaft

Zwei Vorbemerkungen: Ich bin kein Berufspädagoge, sondern nur ein Theologe, ein "Praktiker", der die Veränderungen der Gesellschaft verstehen und ihre Folgen und Tragweite erwägen möchte.

Ich bin ein Italiener, der evangelisch ist. Von meiner Nationalität und von meinem evangelisch-protestantisch-Sein sehe ich die Probleme unseres Kontinents in einer besonderen Perspektive, die mit der Geschichte meines Landes zusammenhängt.

Italien hat zwei geografisch-kulturelle Merkmale, die für unsere Frage der Erziehung wichtig sind: (1) die geschichtliche und jahrtausendelange Verwurzelung der katholischen Kirche in unserem Lande und (2) seine Grenzposition zwischen Norden und Süden. Es gibt natürlich noch viele andere Probleme und Merkmale, die wir mit den europäischen Ländern gemeinsam haben. Man spricht zum Beispiel oft von einem dritten Merkmal, von dem "Kontrast" zwischen einer modernen und entwickelten Industrie und einem noch vorindustriellen gesellschaftlichen Gewerbe, das durch "Schutzbefohlene" und Mafia gekennzeichnet ist. Das stimmt; aber dies ist eine Entwicklung, die es in einem gewissen Ausmaß auch in anderen Ländern gibt: es handelt sich vielleicht mehr um einen quantitativen als qualitativen Unterschied. Ich bleibe bei den beiden Hauptmerkmalen: die entscheidende Rolle der katholischen Institutionen und die Grenzsituation am Mittelmeer. Die erste hat vor allem eine geschichtliche Dimension, ist aber von großer Bedeutung für die Gegenwart und die Zukunft (und ist in Italien besser bekannt als im Ausland); der zweiten sind sich die Italiener weniger bewußt, aber sie gehört mehr und mehr zur heutigen Problematik unseres Landes.

Die katholische Institution: Ich spreche absichtlich von der Institution. Italien ist nicht nur ein katholisches Land, wie Polen oder Irland. Dies ist es natürlich auch. Seine Besonderheit aber besteht in der spezifischen, geschichtlichen und kulturellen Präsenz einer

Kirche, die gleichzeitig eine wichtige politische und gesellschaftliche Wirklichkeit ist, direkt im Herzen der italienischen Öffentlichkeit. Sie ist eine besondere, autonome Wirklichkeit, ist fast wie ein Staat innerhalb des Staates: es gab und gibt Momente, in denen sie eine große politische Macht darstellt. Sie ist, wie alle Mächte von Machtwillen und Verteidigungsreflexen bewegt; aber sonst ist sie eine Art politische Partei sui generis.

Ganz konkret: dem Heiligen Stuhl (dem Vatikan) wird eine Souveränität besonderer Art zuerkannt, als Subjekt internationalen Rechtes. Er unterhält diplomatische Vertretungen in den meisten Staaten, bei den Vereinten Nationen und der Helsinki Konferenz. Es ist aber ein Staat ohne ein eigenes Staatsgebiet. Die Vatikanstadt ist formell von großer Bedeutung, politisch aber nur von symbolischer. Im Hinblick auf die "irdischen" Angelegenheiten ist sie vom italienischen Staat total abhängig.

Der Heilige Stuhl braucht also eine eigenen materielle Basis, um dem Papst und der Kirche die "geistliche" Freiheit zu sichern; er kann sie nur im italienischen Staat finden, der schon immer für diese Aufgabe bereit war und ist. Diese materielle Basis zu sichern und zu verteidigen ist die erste Sorge und Aufgabe der katholischen Kirche in Italien: ihr ist die katholische Kirche in Italien mit ihren Bischöfen, Theologen, Evangelisationsarbeit und ökumenischen Bestrebungen untergeordnet. Für die katholische Kirche sind heute die Schwierigkeiten und Gefahren größer geworden. Wo gestern ein Abkommen mit einer Regierung, ein Konkordat zwischen souveränen Mächten genügte, muß man heute mit der Volkssouveränität rechnen, und das bedeutet politische Organisationen, Medien, kulturelle Einflüsse zur Verfügung zu haben. Es geht nicht mehr so sehr um eine direkt politische oder wirtschaftliche Präsenz, aber um die delikate Frage der Öffentlichkeit und des "Ich-bin-auch-dabei". Man sieht das besonders bei der Frage des neuen Konkordates von 1984 und seinen Folgen für den religiösen Unterricht.

Der italienische Staat und die politischen Parteien rechnen also mit dieser nationalen und religiösen Erbschaft und sind bereit, deren Preis zu zahlen, indem sie der katholischen Kirche besondere Privilegien einräumen: besonders auf einigen wirtschaftlichen Gebieten, in den charitativen Institutionen und in der Schule. In den meisten Hinsichten ist Italien allerdings ein total säkularisierter Staat. Die Folgen dieses stillschweigenden Abkommens zwischen Staat und Kirche sind, daß, wo immer religiöse Angelegenheiten ins Spiel kommen, für sie nur die katholische Kirche zuständig ist, sie ist gleichsam generell für diesen Bereich beauftragt.

Die Folge ist, daß man in Italien in älteren Konzepten des Verhältnisses von Staat und Kirche steckenbleibt. Die "Laizisten" (das ist ein echter Ausdruck italienischen politischen Jargons) verharren auf aufklärerischen Positionen: sie stehen Religion und religiösen Fragen im Prinzip gleichgültig gegenüber, sind jedoch bereit, der katholischen Kirche das Monopol in Fragen der Religion einzuräumen: sie bewegen sich also zwischen Gleichgültigkeit gegenüber der Religion und Vollmacht für die katholische Kirche. So ist man in Italien noch in altmodisch anmutende Auseinandersetzungen zwischen Staat und Kirche verwickelt. Der Mangel an interkonfessionellen und interreligiösen Debatten verhindert Änderungen an dieser Situation.

Andererseits ist diese Situation auch für die "katholische Welt" (ein zweites Wort des politischen Jargons) nicht leicht. Kulturell fühlen sich die Katholiken noch immer als "Partner", als "Gegenüber" zum Staat und der "laizistischen" Kultur und nicht als ein Teil der Nation. Dazu stehen sie unter der strikten Kontrolle des Vatikans, viel strikter als in anderen katholischen Ländern. Der Heilige Stuhl und der Papst (der auch Primas Italiens ist) halten die italienischen Katholiken unter Kontrolle. Bischöfe, Theologen, Bewegungen und katholische Organisationen kennen eine stillschweigende aber feste Grenze, wo immer die "weltlichen" oder institutionellen Interessen der katholischen Kirche im Spiel sind. Gerade in der Frage des Religionsunterrichts und des neu eingeführten Kirchensteuersystems ist die Verteidigung des privilegierten Status der katholischen Kirche massiv, auch bei denen, die sonst auf den Gebieten der Parteipolitik oder des Friedens oder der Dritten Welt gemäßigte kritische Positionen einnehmen. Die Folge ist, daß die italienischen Katholiken eine nur begrenzte Freiheit genießen: eine offene Frage für die Theologie und die Ökumene. Es war nicht zufällig, daß die ökumenische Versammlung von Basel 1989 mit nur geringem Interesse vom Vatikan verfolgt und praktisch allein dem Kardinal Martini überlassen wurde (das bedeutet Desinteresse, weil er jetzt in Italien isoliert ist). Die Konferenz von Seoul wurde offen von der vatikanischen Presse und vom Papst selbst boykottiert.

Aber diese Probleme sind nicht wirklich zentral in unserer Öffentlichkeit. In der Regel zeigt die katholische Kirche eine gute

Bereitschaft, mit dem Staat zusammenzuarbeiten. Sie ist in die Wirtschaft und in die allgemeinen politischen Interessen integriert und beschränkt sich auf die Fragen der Ethik und die Betreuung der Schwachen, zum Beispiel im Kampf gegen die Drogen und für die Drogensüchtigen. Sie nimmt Anteil an der internationalen, militärischen und Umwelt-Politik der italienischen Regierung, auch in den Friedensfragen. Als katholische Kreise und Gruppen einer radikaleren Linie folgten, wurden sie von der Hierarchie sofort abgewiesen.

Man muß auch wissen, daß der durchschnittliche Italiener auch wenn er tief säkularisiert ist, doch der katholischen Kirche symbolisch treu bleibt. Er hört gerne den Papst, gehorcht ihm aber nicht. Für ihn – wenn ich nicht unehrbietig bin – ist die katholische Kirche so etwas wie ein Teil der italienischen Landschaft. Um so schwieriger und isolierter ist die Situation der wenigen Intellektuellen, Lehrer und Politiker, die aus demokratischen und verfassungsmäßigen Gründen für eine wirkliche Trennung von Kirche und Staat eintreten. Noch weniger wiegen die konfessionellen Minderheiten auf der Waagschale.

Der heiße Punkt bleibt die Frage des Konkordats von 1984, des sogenannten neuen Konkordats, besonders bei seiner Anwendung: bei der Kirchensteuer und dem Religionsunterricht.

Kirchensteuer ist nicht das eigentliche Wort. Sie ist eher eine Abzweigung von 0,08 Prozent von der allgemeinen Einkommensteuer, die von jedem Steuerzahler frei für die katholische Kirche oder den Staat bestimmt wird. Also ist sie nicht zusätzlich und formell freiwillig wie in West-Deutschland. Der Staat gibt der katholischen Kirche einen Beitrag für ihren Kultus, aber nur in dem Maß, das von den einzelnen Bürgern bestimmt wird. Eine Art Volksabstimmung, ob der Staat die katholische Kirche finanzieren muß. Zu einem späteren Zeitpunkt durften auch die nichtkatholischen Konfessionen an dieser Teilung des staatlichen Geldes teilnehmen, allerdings nur die, die dieses System akzeptierten. Die Kritik der "Laizisten" und der Protestanten ist, daß in dieser Weise der Staat die Kirche(n) finanziere, was er übrigens offen und verdeckt immer getan habe. Dies sei aber nicht seine Aufgabe.

Ähnlich sieht es bei der Frage des Religionsunterrichts aus. Einen katholischen Religionsunterricht gab es immer in unserem Land – von der Kirche erteilt und vom Staate bezahlt. Aus den oben erwähnten allgemeinen geschichtlichen Gründen und besonders wegen des Konkordats von 1929, entsprach dieses System einer starken Diskriminierung der Nicht-Katholiken. In demokratischen kreisen strebte man eine wirkliche Freiwilligkeit des katholischen Unterrichts in zusätzlichen Stunden und möglichst unter der finanziellen Verantwortung der katholischen Kirche an. Das ließ sich aber nicht durchsetzen. Was in konfessionsgemischten Ländern normal ist, wo keine Kirche eine politische Alleinherrschaft hat, gibt in Italien Grund für Streit. Das Konkordat von 1984 war eine große Enttäuschung. theoretisch steht jetzt zwar der katholische Unterricht zur freien Wahl: die Schüler aber, die sich nicht für ihn entscheiden, werden diskriminiert und zu einem nicht näher definierten "alternativen" Unterricht gezwungen. Sie müssen in allen Fällen in der Schule bleiben. Es ist allen klar, daß das ein Mittel ist, um die meisten Schüler psychologisch zur Teilnahme am katholischen Unterricht zu zwingen. Die Nicht-Katholiken hielten dies Verfahren aber für einen unwürdigen Trick, um die Kontrolle der katholischen Kirche auf die Schule – und die Gesellschaft – zu sichern. Dazu muß man auch wissen, daß im Rahmen des Konkordats die Verhandlungen über die italienische Schule und was die italienischen Schüler lernen oder nicht lernen müssen, nicht etwa über die italienischen Bischöfe geführt wurden, sondern direkt vom Heiligen Stuhl – also von einer übernationalen Institution – gesteuert wurden.

Die Folge dieser Situation ist ein bleibendes Mißtrauen vieler Italiener gegenüber der katholischen Kirche und allen Religionen und die bleibende Trennung der kulturellen und politischen Initiativen zwischen "katholisch" und "laizistisch". Das ist ein Problem auch für uns Protestanten. Wir fühlen uns beileibe nicht immer ganz wohl und hundertprozentig mit den "Laizisten" einverstanden. Wir sollten und könnten vielleicht eine Vermittlung versuchen, aber unsere Kräfte reichten bis jetzt nicht für diese Aufgabe. Wir könnten eventuell nur auf der europäischen Ebene eine Lösung finden.

Wenn man nichts an dieser Situation ändert, werden wir bald sehen, daß die Katholiken in Italien als alleinzuständig für alle Fragen der Weltreligionen anerkannt werden: es werden die katholischen Bischöfe sein, die für die Information und Erziehung in bezug auf Islam und Buddhismus als kompetent gelten werden.

Das zweite Kennzeichen Italiens ist seine *Grenzsituation am nördlichen Ufer des Mittelmeeres*. Es stimmt zwar nicht, was viele im Ausland denken, daß Süditalien schon zum Süden gehört. Es gibt natürlich Unterschiede unter den Regionen Italiens, wie in andren Ländern, und der Süden hat besondere Probleme. Aber im ganzen gehört unser Land zum Klub der industrialisierten Staaten.

Die wirkliche Frage ist die unmittelbare Nähe zu den nordafrikanisch-moslemischen Völkern. Das Land ist offen, die Küste kann nicht total kontrolliert und geschlossen werden. Unsere Wirtschaft hat die Türen aufgemacht. Die Einwanderer kommen und finden Arbeit. Die Politiker wissen das sehr gut: darum auch ihre Vorsicht bei den Fragen des mittleren Ostens und ihre Politik der Vermittlung gegenüber den Arabern. Darum aber auch ein allgemeines diffuses Unbehagen vieler Italiener vor der Welle der Einwanderer mit der Gefahr eines Aufkommens von Rassismus.

In Italien ist man heute in dieser Frage wirklich ratlos. Zu den vielen Veränderungen, die unser Land in den letzten Jahrzehnten erlebt hat, kommt jetzt die komplizierte Frage der Immigration der vielen Afrikaner und Philippiner in unseren Städten. Wir tun uns umso schwerer damit, als wir keine direkte Erfahrung mit den Problemen der Entwicklungsländer gehabt haben. Ich weiß kaum von Diskussionen (in der großen Öffentlichkeit, nicht bei Experten) über Strategien der Entwicklung und eine Politik der Immigration. Umso freier bleibt der Spielraum für die italienischen Industriekonzerne, die gerne – und mit staatlichen Beiträgen – ihre Güter in die Länder der Dritten Welt exportieren.

Unsere derzeitigen Schwierigkeiten stehen im Zusammenhang mit unserer unglücklichen kolonialen Vergangenheit und unserem kulturellen Provinzialismus. Auch direkte Erfahrungen, etwa der freiwilligen Arbeiter in der dritten Welt, sind kaum vorhanden und (sie auch!) unter Christen und Nichtchristen geteilt: katholische Missionen oder Initiativen der Gewerkschaften.

Wie ist die erzieherische Situation dadurch beeinflußt? Sie ist durch eine *Neigung zum Konservatismus* gekennzeichnet, der hinter dem Schleier der rapiden Erneuerung und der äußerlichen Modernisierung noch ziemlich stark wirkt.

Traditionell ist die Erziehung, wie in anderen Ländern, an drei Faktoren gebunden: die Familie, die Schule und die Medien. Dazu spielt bei uns auch noch die (katholische) Kirche eine Rolle. Alle drei (vier) sind konservativ, in verschiedener Weise und unterschiedlichem Ausmaß.

Für Italien muß man dazu unterstreichen, daß der Einfluß der Familie noch stark ist, stärker als sonst in Europa und das bis hin zum Erwachsenenalter. Die Familie hat festen Bestand als eine Konsum- und Produktionseinheit, und die Kontrolle der Eltern in den wirtschaftlichen, politischen (nicht ethischen!) und Konsum-Angelegenheiten bleibt stark; auch in den Beziehungen zur Kirche und bei der Beurteilung der Probleme der Dritten Welt. Die Schule (besonders die mittlere und höhere Stufe) war schon immer traditionell-humanistisch orientiert. Die Pflichtschule (Volksschule bis zum 10. Jahr) ist offener, kann aber keinen nachhaltigen Einfluß ausüben.

Es gibt natürlich auch noch andere Faktoren, besonders politische und religiöse Gruppen und Initiativen. Ich muß hier unsere "Föderation", den Bund der evangelischen Kirchen in Italien erwähnen, der eine Abteilung für die Fragen der Flüchtlinge und der Einwanderer hat. Außer in der laufenden Betreuungsarbeit, spielt sie, zusammen mit katholischen Schwesterorganisationen, eine politische Rolle, mit Beratung und Lobby-Tätigkeit in der Gesetzgebung und zu Fragen der Erziehung. Als Beispiel nenne ich ein Heft: "Diverso come me" (Andersgeartet ... als ich") für die Volksschule.

Ich komme zu zwei Schlußüberlegungen. Die *erste* ist sehr kurz. Es ist schwierig für Italien überhaupt an eine weitergehende Öffnung zu Europa zu denken, wenn die katholische Welt an dieser Öffnung nicht beteiligt ist. Ich möchte also die Christen Europas und besonders die Katholiken ermuntern, dem italienischen Katholizismus eine größere Aufmerksamkeit zu schenken, ihn nicht sich selbst zu überlassen. Wir brauchen intereuropäische Kontakte, Orte in Europa, wo man frei über die Religion, die Kirche – die verschiedenen Kirchen – diskutiert. Wir brauchen viele Treffen wie Basel. Nicht nur im Interesse der Italiener: es wird kein neues Europa geben, wenn sich die katholische Kirche – in ihrem Haupt und ihren Gliedern – nicht erneuert. Dazu kann nur der Einfluß und der Druck der Christen und besonders der Katholiken aller Länder helfen.

Die *zweite* Schlußüberlegung ist auch kurz: einfache Überlegungen zu der neuen theologischen Situation. Auch die Theologie muß sich verändern. In den christlichen Kirchen sind wir in unserer christlich-europäischen Welt befangen. Zum Beispiel war der Islam auch psychologisch für uns jahrhundertelang die Grenze; mit ihm hat sich die christliche Theologie bis auf die letzten Jahre nicht wirklich auseinandergesetzt. (Die Neigung zum Gespräch war gering, sogar mit dem christlichen Osten!). Die nichteuropäischen

Völker wurden entweder ignoriert oder – später – fast nur noch als Objekte der Mission betrachtet. Das ist keine Kritik an der Mission und an ihren großen kulturellen Leistungen, aber wir können die Tatsache nicht übersehen, daß die christliche Theologie sich kaum ein anderes Ziel gesetzt hat, als die Assimilierung, die kulturelle und religiöse Gleichgestaltung der anderen. Jesus Christus als Zentrum bedeutete praktisch, daß wir und die westliche Zivilisation der Mittelpunkt waren. Wiederum ist das keine Kritik, sondern solche Einsicht eher ein Grund für eine theologische Erneuerung. Dialog, Öffnung zu dem Anderen, zur Welt, zur Umwelt. Dies sind heute, auch in der Theologie, Gemeinplätze geworden. Man muß aber, meiner Meinung nach, zu einer *Theologie der Weltverantwortung* kommen, die sich nicht mehr nur an Europa, oder den industriellen Staaten orientiert, sondern wirklich an einer weltweiten, ja kosmologischen Dimension. Die "Anderen", die "Andersgearteten" sollen Subjekte des theologischen Denkens sein.

Einen ersten Versuch in dieser Richtung fand man in den letzten Jahren in der lateinamerikanischen Theologie der Befreiung, aber sie war nur deshalb für uns akzeptabel, weil die Grundlagen ihres Denkens doch noch im Westen und in Europa verankert waren: Die Theologen der Befreiung haben sozusagen vermittelt zwischen der kulturellen europäischen Erbschaft und der Situation der neukolonialen Unterdrückung und Ausbeutung. Sie waren Subjekte der Theologie, aber ein Subjekt, das uns viel zu ähnlich ist.

Wie kann man aber Mit-Subjekte der Theologie in den nichtchristlichen Kulturen und Religionen finden? Wird nicht unser Wahrheitsanspruch – zusammen mit den Wahrheitsansprüchen der anderen – ein unüberwindbares Hindernis sein? Kann man sich wirklich von den Konzepten und Voraussetzungen lösen, die die moderne – und christliche – Zivilisation gebildet haben, um sozusagen am Punkte Null wieder anfangen zu können? Kann man (wie bei einem Schiffbruch) nur sich selbst, die eigene Seele, retten, ein nacktes Verhältnis zu Jesus Christus, wobei alles sonst, unsere Geschichte und theologischen Konzeptionen in Frage gestellt werden würden? Müssen wir nicht lernen, daß wir keine endgültige Wahrheit besitzen, noch besitzen können und daß alles immer neu zur Diskussion offen bleibt, indem alles, wirklich alles, unter dem Gericht Gottes steht? Nur die Dialektik Gericht-Gnade bleibt: alles andere muß in Frage gestellt werden.

So ist die Geschichte, und gerade die Geschichte unserer Tage, der Ort, wo das Gericht Gottes offenbar wird. Von daher dürfen wir – vielleicht – aufs Neue anfangen: Wenn wir zuerst den richtigen Ausgangspunkt suchen und einnehmen, das heißt Solidarität mit den Letzten, den Armen, mit denen, die nach Gerechtigkeit schreien. Das bedeutet, daß wir, daß die Kirchen politisch nicht mehr zur selbstverständlichen Unterstützung des "status quo" und der industriellen-christlichen Länder dienen dürfen. Kirchen und Christen müssen Abstand zu den bestehenden Ordnungen und ihren Entwicklungsmodellen nehmen, eine Differenzierung, eine dialektische Stellung suchen. Es gibt hie und da Anzeichen, daß das passiert.

Pädagogisch ist dieses eine produktive Stellung: nicht Anpassung an die bestehende Gesellschaft, sondern kritische Erziehung, die nach Veränderung, nach Gerechtigkeit und Liebe strebt. eine Erziehung, die sich nicht total mit der Gesellschaft identifiziert. Eine solche Erziehung kann wirklich aufbauend und fruchtbar wirken, auch im Hinblick auf ein künftiges gemeinsames "Haus Europa".

Jan van Lin

Christliche Erziehung in einem multireligiösen Westeuropa

Muslimische Kinder in christlichen Schulen in Westeuropa

In diesem Augenblick hat die westeuropäische Bevölkerung wieder einen so starken multireligiösen Charakter wie seit den Tagen des Kaisers Konstantins nicht mehr. Millionen von andersgläubigen Kindern besuchen christliche Schulen. Welche Herausforderung für Kirche und Schule wohnt dieser neuen Situation inne? Welche neue Aufgabe für Theologie und Bildung liegt in der Zukunft? Bei meiner Suche nach einer Antwort auf diese Fragen erlege ich mir gewisse thematische und geographische Beschränkungen auf. Thematisch kreist mein Beitrag um die Herausforderung und die Aufgabe für Kirche und Schule, für Theologie und Bildung, die sich aus der Tatsache ableiten, daß zahlreiche *Kinder muslimischer Herkunft* christliche Schulen besuchen. Ich sehe keine Möglichkeit, innerhalb der mir zugebilligten Seiten meine Aufmerksamkeit auch jenen Kindern zu widmen, deren Eltern Juden, Hindus oder Buddhisten sind. Die Gruppe "Kinder" schließt hier – und auch im weiteren Verlauf dieses Beitrags – ebenfalls die schnell wachsende Zahl muslimischer Jugendlicher ein, die die extrem wichtige "zweite und dritte Generation der Muslime" in Westeuropa bilden. Unter "*christlichen Schulen*" und "*christlicher Erziehung*" verstehe ich im Zusammenhang mit diesem Symposion all jene Bildungsformen, für die kirchliche Körperschaften im weitesten Wortsinn (mit)verantwortlich zeichnen. Geographisch richte ich aus demselben Grund meinen Augenmerk ausschließlich auf *Westeuropa*, wo die Gegenwart von Muslimen historisch besehen ein relativ neues Phänomen ist. Eine ganz andere Situation herrscht z.B. in Ländern wie Jugoslawien, Griechenland, Rumänien, Bulgarien und der Sowjetunion vor, wo Kirche und Theologie sich seit Jahrhunderten der Herausforderung stellen, ihre Einstellung den Muslimen gegenüber zu bestimmen, die dort leben.

Herausforderung an Kirche und Schule

Das Bild, das Muslime in der arabischen Welt und jenseits davon vom "christlichen Europa" haben, wird derzeit im wesentlichen von den Berichten bestimmt, die sie von ihren Glaubensbrüdern erhalten, die hier leben und arbeiten. Wenn unsere islamischen Mitbürger ihre Familien in ihren Herkunftsländern besuchen, was viele Tausende von ihnen gelegentlich tun, so nehmen sie naturgemäß mehr als nur ein mit Gütern überlastetes Auto mit zum Beweis dafür, daß auch sie, wenngleich in bescheidenem Umfang, am materiellen Reichtum Westeuropas teilhaben, das ich um der Kürze willen im weiteren als Europa bezeichnen werde. Sie nehmen ebenfalls ihre Erfahrungen mit, wie sie hier behandelt werden, ihre Erfahrungen eines Europas, das so vielen Muslimen den Eindruck einer gottlosen Gesellschaft vermittelt. Natürlich reden sie hierüber mit ihren Familien und ihren Freunden. Welche Geschichten werden muslimische Kinder, die christliche Schulen in Europa besuchen, den Kindern in der Türkei, in Tunesien, Algerien und Marokko erzählen? Mit welcher Art von Geschichten werden muslimische Kinder nach ihrem Aufenthalt mit Familie und Freunden zurückkehren? Wie wird man auf sie innerhalb des christlichen Bildungswesens reagieren?

Ich weiß nicht, welche Fragen die Familien, Freunde und Bekannte diesen muslimischen Kindern stellen werden. Ich weiß nicht, welche Geschichten erzählt werden. Aber ich kann für mich einige Fragen formulieren, von denen ich möchte, daß die Kinder sie dergestalt beantworten würden, daß ich sagen könnte: "diese Geschichten können sie ruhig dort erzählen". Geschichten, die deutlich machen, daß ihre islamische Glaubensüberzeugung innerhalb des christlichen Bildungswesens voll akzeptiert wird; daß der Islam in christlichen Schulen jedem unterrichtet wird, der dies wünscht; daß christliche Erziehung in diesem Teil der Welt der Tatsache besonders stark Rechnung trägt, daß seine Schüler – Christen und Muslime – Träger des multireligiösen Europas der Zukunft sein werden, daß sie ihnen aus diesem Grund im jungen Alter die Gelegenheit geben will, das Miteinanderleben, das Zusammenarbeiten und besonders das Zusammenglauben als Menschen unterschiedlichen Glaubens zu üben. Geschichten, die zum Vorschein bringen, daß Europa eine Reihe christlicher Schulmodelle kennt, wo eine Generation von Jungen und Mädchen mit unterschiedlichen religiösen Überzeugungen professionell geschult und ausgebildet wird, die zusammen am Anfang des nächsten Jahrtausends ein Europa garantieren werden, in dem Menschen unterschiedlicher Nationen und Rassen in Frieden miteinander gemäß ihren eigenen Kulturen und Religionen werden leben können. Modellschulen, deren Resultate an andere christliche Schulen als nachahmungswerte Vorbilder weitergegeben werden können. Schulen, in denen Kinder christlicher und islamischer Herkunft, die mit dem Glauben des jeweils anderen vertraut sind, zusammen lernen und spielen können; in denen Kinder lernen, die vorbehaltslos an ihrem Glauben festhalten, daß der Gott der Christen auch der Gott der Muslime ist und auch umgekehrt; in denen islamische und christliche Kinder einen Glaubensraum erhalten in dem sie sich gegenseitig in ihrem jeweiligen Glauben bestärken. "Traumhafte Schulen", in denen eine Generation von Mädchen und Jungen aufwächst, die in den ersten Jahren des nächsten Jahrtausends imstande sein wird, einem radikalen Wandel den ersten Impuls zu geben, der eine völlig neue Situation initiieren wird: aus dem christlichen Europa, egal wie säkularisiert, wird ein neues Europa wachsen, das seine ideologischen Prinzipien, seine normativen Richtlinien nicht länger fast ausschließlich aus dem gesellschaftlichen, kulturellen und politischen Umfeld des christlichen Glaubens hernimmt, sondern auch aus den religiösen Überzeugungen der Muslime. Christen und Muslime haben hierauf ein Anrecht. Das neue Europa hat hierauf ein Anrecht.

Ich glaube, daß wir uns in diesem ganzen Bereich dessen nicht bewußt genug sein können, daß innerhalb von wenigen Jahrzehnten die islamischen Kinder, die derzeit christliche Schulen in Europa besuchen, zu den offensichtlichsten und geeignetsten Brückenbauern zwischen Europa und der islamischen/arabischen Welt und auch umgekehrt gehören könnten, sowohl im politischen als auch im religiösen Bereich. Werden diese Kinder in den christlichen Schulen, die sie heute in Europa besuchen, die Gelegenheit erhalten, sich auf ihre künftige Aufgabe als Brückenbauer vorzubereiten, und dies nicht nur im religiösen, sondern auch im politischen Bereich, denn für den Islam sind dies untrennbare Realitäten? Das

Europa von morgen braucht heute dringend ein christliches Bildungswesen, das Kinder islamischer und christlicher, arabischer und europäischer Herkunft in den Stand setzt, dialog-orientierte Beziehungen auf der religiösen und politischen Ebene einzuüben, die in sich eine dauerhafte Friedensgarantie sowohl innerhalb von Europa als auch in bezug auf die arabische/islamische Welt tragen.

Im Kontext dieses Beitrags verstehe ich Schulen als "Übungsgelände für dialog-orientierte Beziehungen" wenn sie *erstens* christlichen und islamischen Kindern die Möglichkeit anbieten, gemäß ihrer religiösen Tradition eine religiöse Sozialisation zu bekommen, *zweitens* wenn sie ihnen Gelegenheit gibt, eine Einstellung zu praktizieren, die Wissen um und Achtung für die jeweils andere religiöse Überzeugung zeigt, *drittens* wenn sie ihnen die Fähigkeit vermitteln, miteinander im Dialog zu treten über Fragen, die ihren Glauben und ihr tägliches Leben betreffen, *viertens* wenn sie die Überzeugung vertreten, daß Muslime und Christen vor der Aufgabe stehen, sich gegenseitig in ihrem Glauben zu bestärken, sich wo immer möglich gegenseitig zu ermutigen sowie – wo es nötig sein sollte – sich gegenseitig kritische Fragen zu stellen, und *fünftens* wenn sie solcher Art sind, die an diese Kinder die missionarische Begeisterung weitergibt, zusammen vor anderen die Hoffnung zu bezeugen, die in ihnen lebt.

"Dialog-orientierte Beziehungen zu praktizieren" ist meiner Meinung nach eine der zentralen Herausforderungen, vor denen Kirche und Schule derzeit innerhalb der multireligiösen Gesellschaft Europas stehen. Sie sind diejenigen, die dafür (mit)verantwortlich sind, ob "ihre" Schulen "Test-Äcker", "experimentelle Felder", "Versuchsgelände", "Pilot-Projekte" für dialog-orientierte Beziehungen zwischen Kindern von sowohl christlicher als auch islamischer Herkunft sind. Dies gilt nicht nur für Schulen, die von Kindern mit einem islamischen oder sonstigen religiösen Hintergrund besucht werden, sondern auch auf eigene Art für Schulen, in denen es keine solchen Kinder gibt.

Auf dem Weg zu einer theologischen Grundlegung

Was ist die theologische Grundlage meiner Herangehensweise? Die von mir umrissene Sichtweise einer christlichen Erziehung im multireligiösen Europa basiert auf einem theologischen Religionsverständnis, welches die Möglichkeit einer solchen Sichtweise in sich trägt. Innerhalb der heutigen theologia religionum gibt es eine Strömung, die es für wohlbegründet und gerechtfertigt hält, als Ausgangspunkt zu nehmen, daß Gott in seiner Heilsgeschichte das Menschenheil auch außerhalb von Jesus Christus und der Kirche realisiert. Als Unterbau dieser Sichtweise dient ein Verständnis von Jesus Christus, das den Wunsch hat, an seiner einmaligen und normativen Bedeutung für Christen festzuhalten, das aber diesen normativen Charakter als nicht in gleicher Weise anwendbar bei Personen sieht, die einen anderen als den christlichen Glauben bekennen. Um diese Herangehensweise an die Beziehung von Christen zu Menschen mit anderen Religionen gut zu verstehen, ist es wichtig, klar zu sehen, auf welcher Betrachtungsweise von Jesus Christus sie basiert.

Jesus Christus. Der Name "Jesus Christus" impliziert ein Bekenntnis; das Bekenntnis nämlich, daß der gekreuzigte Jesus der versprochene Messias, der Christus, der eschatologisch Gesalbte des Herrn ist. "Daher erkenne das ganze Haus Israel mit Gewißheit, daß Gott ihn sowohl zum Herrn als auch zum Christus gemacht hat, diesen Jesus, den ihr an den Pfahl brachtet." (Apg 2,36; Vgl. auch Röm 1,3-4) In ihrer Begegnung mit Jesus erfuhren die Jünger, daß sie es mit Gott zu tun hatten. Jesus handelte wie Gott; Gott handelt, genau wie Jesus es tat. In ihm gibt es Heil in Gottes Stellvertretung. Die Auferstehungserfahrung der Jünger Jesu war für dieses Bekenntnis von entscheidender Bedeutung. Jesu Auferstehung war für sie "der Beweis", daß ihr unauslöschbarer Eindruck richtig war: in Jesus war die heilbringende und befreiende Kraft Gottes sichtbar und fühlbar geworden. Jesus war für sie das Ebenbild Gottes. Für sie hatte der Mensch Jesus alles mit dem quintessentiellen Sein, mit dem Wesen Gottes zu tun. Seine Beziehung zu Gott war solcherart, daß er ihn als "Vater" ansprach. Die Erfahrung dieser existentiellen Beziehung zu Gott war der bestimmende Faktor in seinem Leben. Sie war das ganze Fundament, das seine Existenz trug.

Benutzten nicht die Gefolgsleute Jesu solche Ausdrücke wie "Sohn Gottes", "Gott der Sohn", "fleischgewordener Gott" und "Gott-Mensch", um diese Erfahrung von Jesus als von Gott gesandtem Menschen in Worte zu fassen? Benutzten sie nicht in derselben Weise Beschreibungen von Jesus als "Messias" und "Gottes Gesalbter"? Zeigen solche Wendungen nicht vor allem an, welch religiöse Bedeutung Jesus für seine Jünger wie für die ersten

Gemeinden hatte? War es nicht ihre religiöse Erfahrung mit Jesus, die seine Gefolgsleute veranlaßte, ihn als "einzig gezeugten Sohn Gottes" zu bekennen, wie das christliche Credo dies formuliert?

Das christliche "Credo". Die Antworten, die die Konzile von Nicaea (325), Konstantinopel (381), Ephesos (431) und Chalkedon (451) auf Fragen gaben, die Menschen in jenen Tagen über Jesus gestellt hatten, bildeten durch die Epochen das Fundament von allem, was Christen über ihn bekennen. In seinem Bekenntnis Christi legte das Konzil von Nicaea fest, daß Jesu Eigenschaft, mit Gottvater eins in der Substanz zu sein, mit dem menschlichen Charakter Jesu kombiniert werden konnte. Gleichzeitig aber ließ das Konzil offen, wie die Beziehung zwischen Gott und Jesus gesehen werden kann. Die Diskussion dieses Punktes wurde nach den Konzilien von Konstantinopel und Ephesos fortgesetzt bis zum Konzil von Chalkedon, wo die Beteiligten bekannten, daß Jesus mit Gottvater eins in der Substanz ist hinsichtlich seiner Göttlichkeit und eins in der Substanz ist mit uns hinsichtlich seiner Menschlichkeit. Der Hauptzweck dieser Bekenntnisse über Christus war, an der grundlegenden Inspiration des Neuen Testaments hinsichtlich Jesus festzuhalten, die das Heil in Jesus in Gottes Stellvertretung beinhaltet. *In Jesus* steht Gott persönlich auf unserer Seite im Leben. Dies ist schließlich der Tenor des Nicaeanischen Dogmas. Denn es bestätigt, daß der *Mensch Jesus* konsubstantiell ist mit Gottvater. Das Konzil von Chalkedon, das über Nicaea hinaus seine wahre Menschlichkeit betonen wollte, erklärte gleichzeitig hiermit, daß dieser Mensch voll auf der Seite Gottes steht. Also unterstreicht Nicaea das "Heil in Gottes Stellvertretung" (das seinen Ausdruck in Jesus findet), indessen Chalkedon das Heil in Jesus betont (das jedoch in Gottes Stellvertretung gesehen wird). Also liegt der Fokus beider Erklärungen auf dem einen, ungeteilten "Jesus Christus" (Schillebeeckx, 1974, S. 463).

Das Christusbekenntnis von Nicaea wurde formuliert, um die Meinungsunterschiede über Jesus Christus, die immerzu unter Christen aufkamen, innerhalb der Grenzen dessen zu halten, die gemäß dem christlichen Glauben für zulässig erachtet werden mußten. Die Konzile von Konstantinopel und Ephesos entwickelten das Nicaenische Bekenntnis über Jesus Christus weiter. Das anschließende Bekenntnis Christi von Chalkedon war das Endergebnis einer Diskussion, die viele Jahrzehnte gedauert hatte, und die den christlichen Glauben und die Kirche bis aufs Fundament erschüttert hatte. Die Konzile wollten feststellen, wie die Menschen die Heilige Schrift lesen müßten, wenn sie an Gottes Offenbarung in Jesus festhalten wollten.

Wenn dies tatsächlich die Absicht jener Konzile war, was ist dann anschließend passiert mit der christlichen Art, von Jesus zu sprechen? Wie konnte aus dem Begriff "Sohn Gottes" der Begriff "Gott, der Sohn" werden? Wie konnte aus "eins in der Substanz mit dem Vater" eine ontologische Identität mit ihm werden? Ist dies ein unbeabsichtigtes Resultat der Art, wie speziell das Konzil von Konstantinopel versucht hat, auf Fragen zu antworten, die immer wieder hinsichtlich Christi "Eins-Sein in der Substanz mit dem Vater und von derselben Substanz wie wir Menschen" aufgekommen waren? Erlangte nicht tatsächlich das "Eins-Sein in der Substanz mit dem Vater" den Primat über das "Von-derselben-Substanz-wie-die-Menschen-Sein"? Das Konzil von Konstantinopel lehnte eine eindeutige Antwort auf diese Frage ab. Es wollte eine Barriere gegen jene errichten, die "eine Trennung machen zwischen der Menschlichkeit Jesu und der Göttlichkeit des Ewigen Sohnes" (Logister, 1987, S. 222). Aber blieb es nicht dennoch die vorherrschende Betrachtungsweise, daß er, der im Fleische gekreuzigt wurde, einer der Heiligen Dreieinigkeit ist? Die Benutzung der Terminologie "einer der Heiligen Dreieinigkeit" könnte zu Mißverständnissen führen. Könnte diese Terminologie nicht zu einem Verständnis von Jesus als einem Wesen führen, das teils Mensch und teils Gott ist? Es könnte den Eindruck erwecken, "daß der göttliche Aspekt letztlich der einzige wichtige Faktor ist und daß man nicht oder kaum von einem menschlichen Leben Jesu sprechen kann" (Logister, 1987, S. 222). Es könnte zu der Unterstellung führen, daß in Jesus etwas vom vollständigen, wahren Menschsein fehlt. Ist dies nicht tatsächlich schon geschehen, als die Kirchenväter in ihren Christologien anfingen, über Jesus ausschließlich als göttliche Person zu sprechen mit einer "menschlichen" und einer "göttlichen" Natur? Ist nicht auf diese Weise Jesu Eins-Sein in der Substanz mit dem Vater überbetont worden mit dem Ergebnis, daß sein wahres Menschsein unterbetont wurde?

Hat die Tatsache, daß Jesus bis heute als Gottes Sohn verstanden wurde, als die zweite Person der Heiligen Dreieinigkeit, und daß die Menschen im wörtlichen Sinn des Begriffs über die Göttlichkeit Jesu sprechen, nicht zumindest teilweise ihre Ursache darin, daß auf diese Weise gesprochen wird? War diese ungleichgewichtige

Christologie nicht Ursache und Fundament für vieles aus der Theologie der Religionen?

Einmalig, nicht normativ. Für Christen ist Jesus die entscheidende und definitive Offenbarung Gottes. Er zeigte ihnen in Gottes Auftrag und in seinem Namen, was Menschen wirklich sein können, und sein sollen. Über Jesus so zu sprechen, wie das hier geschieht, heißt, das auszudrücken, was die ersten Jünger Jesu im tiefsten ihres inneren Selbst bei ihrer Begegnung mit Jesus erfuhren. Es ist hier eine Sprache des Glaubens, die gesprochen wird. Es betrifft ein Glaubensbekenntnis, in dem das überwältigende Osterlebnis noch nachklingt: Gott selber autorisiert Geburt, Leben und Tod des Mannes Jesus von Nazareth als Sakrament der Begegnung mit Gott. Die ersten Christen waren so tief von diesem Jesus betroffen, daß nur Wendungen wie "der einzige Mittler", "der einzig gezeugte Sohn Gottes" (Joh, 1,14), "niemand kommt zum Vater außer durch mich" (Joh, 14,6), "so, wie alle Menschen in Adam sterben, so werden in Christus alle Menschen lebendig gemacht" (1 Kor, 15,22), "(er begab sich) ... mit seinem eigenen Blut ein für allemal in das Heilige und erlangte für uns eine ewige Befreiung" (Hebr 9,12) gut genug waren, um zu vermitteln, was in ihnen nach Tod und Auferstehung Jesu vorging (Knitter, 1985, S. 151, 182). Es ist hier eine Sache von Glaubensbekenntnissen, die anzeigen, wie einmalig Jesus für die ersten Christen war, und nach ihnen für die ganze christliche Gemeinschaft durch alle Zeit.

Das Jesus-Verständnis, das hier entfaltet wird, schließt nicht unbedingt ein, daß Jesus der einzige Weg zum Heil für alle Menschen ist, der einzige von Gott gesandte Mittler, der zwischen Gott und der sündigen Menschheit vermittelt. Was in der Begegnung mit Jesus geschah, kann auch im Kontakt mit anderen Mittlern geschehen. Also können auch ihre Gefolgschaften durch sie Gottes heilende und befreiende Teilnahme an Menschen erfahren, die die ersten Christen durch Jesus erfuhren. Eine dergestalt offene Einstellung gegenüber der Möglichkeit, daß es neben Jesus auch andere Personen gibt, die in Gottes Auftrag und Namen unter Menschen auf eine offenbarende und befreiende Weise leben muß, nicht eine Einschränkung seitens Christen in ihrer totalen Hingabe an Jesus implizieren (Knitter, 1985, S. 200-201), durch den, soweit es sie betrifft, die "innere Seite" von Gott selber gesprochen hat. Für Christen hat Jesus eine dauerhafte konstitutive Bedeutung für die alsbaldige Herbeiführung des Reiches Gottes (Schillebeeckx, 1986,

S. 24). Für Christen ist er Gottes entscheidende und definitive (Schillebeeckx, 1986, S. 22), Gottes einmalige und normative Offenbarung. Christen können und dürfen, soweit es sie selbst betrifft, Jesus den Christus zum Mittelpunkt der Geschichte machen, aber ohne behaupten zu können oder zu müssen, daß die historische Offenbarung des Heils im Auftrag Gottes durch Jesus die Gottesfrage erschöpft (Schillebeeckx, 1986, S. 24). Für Christen ist er Gottes entscheidende und definitive (Schillebeeckx, 1986, S. 22), Gottes einmalige und normative Offenbarung. Christen können und dürfen, soweit es sie selbst betrifft, Jesus den Christus zum Mittelpunkt der Geschichte machen, aber ohne behaupten zu können oder zu müssen, daß die historische Offenbarung des Heils im Auftrag Gotts durch Jesus die Gottesfrage erschöpft (Schillebeckx, 1986, S. 10), und daß er der einzige Weg zu Gott ist. Als Mensch entschleiert Jesus sicherlich Gott. Aber in ihm bleibt Gott weiterhin verschleiert. Als Mensch kann Jesus Gott nicht völlig offenbaren. Wie einmal das Verhältnis zwischen Gott und Jesus auch sein mag, er bleibt eine kontingente Erscheinungsform Gottes. Das historische "Ereignis" Jesus schließt die Existenz anderer Wege, die zu Gott führen, nicht aus. Aus diesem Grund kann er auch nicht als die einzige göttliche Norm für menschliches Verhalten verabsolutiert werden. Gott offenbarte sich nicht erschöpfend in Jesus Christus. Auch tat er dies nicht ausschließlich. Kein Mensch und keine Religion können für sich eine exklusive Offenbarung geltend machen. Die Heilsgeschichte kann nicht auf die Geschichte des Christentums reduziert werden (Schillerbeeckx, 1986, S. 14).

Wenn all dies wahr ist, scheint es kein Zeichen der Untreue an Gottes Offenbarung in Jesus Christus zu sein, wenn Christen Jesus als historisch bestimmte Offenbarung Gottes ansehen und vom Glauben überzeugt sind, daß im Verlauf der Geschichte Gott die Initiative ergriffen hat und noch ergreift, um Menschen zu begegnen, auch ohne die Mittlerschaft Jesu. Christen können für sich ihren Glauben als Weg zum Heil annehmen und gleichzeitig anerkennen, daß andere Religionen Menschen auch ans Heil heranführen können. Denn in diesen anderen religiösen Traditionen versuchen die Menschen auch, immer auf ihre Weise, auf Gottes aktive Gegenwart unter ihnen zu antworten.

Vom Glauben überzeugt, daß Jesus als Sakrament der Begegnung mit Gott eine universelle Bedeutung besitzt, werden Christen diese religiöse Überzeugung mit anderen teilen wollen, die einen anderen Glauben bekennen. Umgekehrt gilt dies auch für Menschen anderen Glaubens, die durch ihre eigenen besonderen Offenbarungen ihre eigenen Gotteserfahrungen erhalten haben (Hick, 1977, S. 180). "Religionen und Kirchen sind die Anamnese, d.h. die lebendige Erinnerung unter uns von diesem universellen, "unhörbaren", aber aktiven Heilswillen und absoluter, heilsamer Gegenwart Gottes in der Menschheitsgeschichte" (Schillebeeckx, 1986, S. 37). Christen und Menschen anderer Religionen sind also aufgerufen, auf der Grundlage ihrer religiösen Überzeugung voreinander Zeugenschaft abzulegen über die Erlösung, die sie in Gottes Auftrag erfahren haben (Anders geloven, Samen leven, 1982, S. 45-47). Die religiöse Überzeugung von Christen sowie von Menschen anderer Religionen ist ein Zeichen des Heils, ist aber nicht das Heil an sich. Immer sprechen die Gläubigen der verschiedenen Religionen in ihrer eigenen Glaubenssprache von Gottes schöpferischer Tätigkeit in der Geschichte, die auf das Heil der Menschheit hinzielt. Sie machen das "Wort" Gottes hörbar: Nicht erschöpfend, nicht ohne zu stottern, nicht ohne Fehler und Versagen. So verstanden, sind Christen und Menschen anderer Religionen zusammen Pilger auf dem Wege zu Gott. Auf dem Weg dahin erzählen sie einander über ihre jeweiligen Erfahrungen mit Gott. Um Begrifflichkeiten anzuwenden, die unter Christen geläufig sind, können sie voreinander Zeugenschaft ablegen, daß Gott bei ihnen gewesen ist, um sie von Leid und Sünde zu befreien. Denn ist es nicht wahr, daß Gott gegenwärtig ist und sein befreiendes Wort spricht, wo immer die Durstigen zu trinken bekommen, die Armen Gerechtigkeit erfahren und die Gefangenen befreit werden? Wo immer Menschen auf diese Weise miteinander umgehen, dort manifestiert sich Gott; dort bekommt Gott Hand und Fuß in der Menschheitsgeschichte; dort schreiben Menschen die Geschichte Gottes. Und es ist wirklich von keinerlei Bedeutung, ob diese Menschen Christen, Muslime oder Hindus sind. Aber wo immer dies unter Menschen nicht geschieht, dort entartet Gott zu einem anderen Götzen, sowohl unter Christen als auch unter Muslimen und Hindus.

Eine Zukunft voller Spannung

Es gehört zu der Aufgabe, zu der Mission der christlichen Kirchen, der Theologie und der christlichen Erziehung in Europa, weiterhin das Bekenntnis der Einmaligkeit der Geburt, des Todes und der Auferstehung von Jesus dem Christus zu garantieren. Gleichzeitig werden sie aber gebeten, anzuerkennen, daß Gott ebenfalls – ohne Christi Mittlerschaft – aktiv präsent ist unter Menschen anderer Religionen, um ihr Heil zu gewährleisten. Das zeitgenössische Verständnis von Menschen anderer Religionen und ihren religiösen Traditionen, sowohl auf römisch-katholischer als auch auf protestantischer Seite, findet präzise in jenem Spannungsgebiet zwischen diesen beiden Konfessionen statt. Auf der Grundlage von in den Niederlanden gewonnenen Erfahrungen weiß ich, wieviel Spannung durch eine "theologia religionum" erzeugt werden kann, wie sie von mir in diesem Beitrag entfaltet wurde. Diese Spannungen drohen bisweilen in den Kirchen, Theologien und in der christlichen Erziehung so stark zu werden, daß Christen zunehmend darüber besorgt sind, wie lange sie noch die Einheit unter sich werden aufrechterhalten können. Können christliche Schulen eine Theologie, so wie sie hier entwickelt worden ist, als authentisch und legitimerweise evangelisch und christlich akzeptieren? Können wir die Spannungen, die durch die Beantwortung dieser Frage auftreten werden, miteinander aushalten?

Wo Christen weitreichende Differenzen hinsichtlich ihrer Ansichten über das korrekte Verständnis der Beziehungen zwischen Christen und Menschen anderer Religionen, und insbesondere Muslimen haben sowie über die Konsequenzen, die diese für die christliche Erziehung in einem religiös pluralistischen Europa nach sich ziehen, wird ihre Einheit einem immensen Druck ausgesetzt. Man mag zu Recht darüber besorgt sein, aber diese Sorge sollte nicht zu einem vorzeitigen Abbruch dieser theologischen Debatte führen. Sie darf ebenfalls nicht zur Entlassung von kirchlichen Mitarbeitern führen, die im Bereich der christlich-islamischen Begegnung arbeiten und die in den Augen gewisser Kirchenführer zu weit gegangen sind, oder zur Entfernung von Lehrern, die in ihren Schulen eine bestimmte Art der Begegnung praktizieren, die laut gewissen Schulgremien nicht geduldet werden kann.

Meiner Meinung nach zeigt uns Kardinal Joseph Tomko, Präfekt der Kongregation für die Evangelisierung der Völker, den korrekten Weg, als Christen diese Spannungen untereinander auszuhalten, in einer im Oktober 1988 auf einem missionswissenschaftlichen Kongreß zum Thema "Heil heute" in Rom gehaltener Ansprache. Der Kardinal entschied sich für eine kritische Betrachtung der Theologie der Religionen, so wie sie von den Theologen Knitter, Panikar, Amaladoss und Kavunkal angeregt worden ist, und so wie ich sie in diesem Beitrag entwickelt habe. Der Kardinal beendete seine Rede auf eine Art, die ich respektieren kann. Er schloß seine kritische Betrachtung nicht mit einer Verurteilung ab, sondern mit einem Aufruf, weiterhin zusammen eine Reihe fundamentaler Fragen im Bereich der Theologie der Religionen zu reflektieren, für die bisher keine gemeinsame christliche Antwort gefunden worden ist. Auf diese Weise bleibt die theologische Diskussion offen, wie sie auch sein muß.

Bibliographie

Raad van Kerken in Nederland: Anders geloven Samen Leven. I. Amersfoort 1982.

J. Hick: The Myth of God Incarnate. London 1977.

P. Knitter: No Other Name? A Critical Survey of Christian Attitudes Toward the World Religions. New York 1985.

J. van Lin: Jesus Christus en andersgeborigen in Nederland. Kampen 1989.

W. Logister: Een mensenleven door God getekend. Inleiding in de christologie. Averbode/Kampen 1987.

W. Logister: Het unieke van Jezus – een systematische vingeroefening. In: Tijdschrift voor Theologie 28, 1988, S. 247-271.

E. Schillebeeckx: Als politiek niet alles is ... Jezus in de Westerse cultuur. Baarn 1986.

E. Schillebeeckx: Identiteit, eigenheid en universaliteit van Gods heil in Jezus. In: Tijdschrift voor Theologie 30, 1990, S. 259-275.

E. Schillebeeckx: Jezus. Het verhaal van een levende. Bloemendaal 1974.

J. Tomko: Missionary Challenges to the Theology of Salvation. In: Omnis Terra, December 1988, S. 541-553.

Susanne Heine

Theologische Kriterien für die Erziehungsfrage

1. Vorwort

> ... von Schöpfer und Geschöpf kann keine Ähnlichkeit ausgesagt werden, ohne daß sie eine größere Unähnlichkeit zwischen beiden einschlösse.
> *4. Laterankonzil 1215*[1]

Nach theologischen Kriterien von Erziehung zu fragen, bedeutet eine spezifische Blickrichtung, die ich in drei Punkten kurz vorausschicken möchte:

a) Theologisch denken und sprechen heißt, von Gott her denken und sprechen, von Gottes Wirklichkeit, Gottes Willen und Gottes Handeln her. Quelle und "Gegenstand" ist daher Gottes Offenbarung, also Gott selbst, wie und inwieweit er sich erkennen läßt, bezogen auf eine jeweils konkrete Geschichte. Gott bleibt daher immer mehr, als er von sich zu erkennen gibt, und mehr, als wir von ihm zu erkennen vermögen. Gottes Wirklichkeit und menschliche Glaubenslehre, also Theologie, können daher nie identisch sein. In diese Grenze ist auch mein Beitrag gesetzt.

b) Theologisch denken und sprechen bedeutet, nicht in Kategorien des empirisch Faßbaren zu denken und zu sprechen. Gott ist nicht gegenständliche Wirklichkeit in dieser Welt, sondern Sinngrund der Welt als Schöpfung. Theologie orientiert sich daher am Sinnverstehen. Es geht um Erkenntnis und Verwirklichung von Sinn. Dabei zeigt sich, daß die Sollens- und Zukunftsvisionen der Offenbarungsschriften auf die Menschen hin ausgerichtet sind: Offenbarung geschieht um der Menschen willen, um eines Lebens in Ge-

1 *Denzinger-Schönmetzer* (1965/806): "Qiua inter creatorem et creaturam non potest similitudo notari, quin inter eos maior sit dissimilitudo notanda".

rechtigkeit, Frieden und Erfüllung willen. Gott zeigt sich als ein Gott für uns. Dem korrespondiert von seiten der Menschen der Glaube als Haltung des Vertrauens. Es geht hier also darum, sich über Glaubensmotive hinsichtlich der erzieherischen Aufgabe zu verständigen, von Person zu Person, von Subjekt zu Subjekt, von Mensch zu Mensch. Sinnverstehen ereignet sich intersubjektiv, interpersonal.[2]

c) Unsere Sprache ist menschliche Sprache, die ihre Sprachbilder aus der erfahrbaren Wirklichkeit schöpft. Denken und Sprechen hängen zusammen, und insofern Gott unser Denken überschreitet, überschreitet er auch unsere Sprache. So ist unsere menschliche Sprache z.B. an das Genus gebunden und spiegelt damit die menschliche Existenz in Zweigeschlechtlichkeit wieder. Aber Gott ist weder männlich noch weiblich.

Wo in angemessener Weise von und auch zu Gott gesprochen werden soll, ist es daher notwendig sich bewußt zu machen, daß Gottesrede immer nur analoge Rede sein kann: Gott ist und handelt "wie".

Für unser Thema ist von besonderem Interesse, daß die Eltern-Kind-Beziehung durch die Tradition hindurch eine sehr wichtige und immer wiederkehrende Analogie darstellt. Sie hat ihre Genese in der Exilszeit des israelitischen Volkes und geht Hand in Hand mit der Entstehung des strengen Monotheismus.[3] Der Prophet Deutero-

---

2 Vgl. dazu Emerich *Coreth*, Grundfragen der Hermeneutik, Frankfurt 1969: "Überdies gibt es Bereiche der Wirklichkeit, die nicht dinghaft-gegenständlicher Art sind. Wenn die neuzeitliche Philosophie erkenntnistheoretisch fast ausschließlich am gegenständlichen, naturwissenschaftlichen Leitbild orientiert war, so sind ihr weite Bereiche des Seins verschlossen geblieben. Der ganze, für das menschliche Dasein so zentrale Bereich des personalen Seins und des personalen Bezugs konnte nicht gesehen und beachtet werden. ... Der personale Bezug von Mensch zu Mensch ... ist nicht mehr im eigentlichen Sinn ein Verhältnis von Subjekt und Objekt, sondern ein Verhältnis von Subjekt zu Subjekt, von Ich und Du. Daraus ergeben sich ganz andere Strukturen und Kategorien als in einem starren Subjekt-Objekt-Schema..." (S. 112/113). Theologische Verstehensprozesse ereignen sich also nicht zwischen Person und "Glaubensgegenstand", sondern zwischen Personen und deren glaubenden Verstehensversuchen der Offenbarungswahrheit.

3 Vgl. Ernst *Haag* (Hg.), Gott, der einzige, Quaestiones Disputatae 104, Freiburg 1985.

jesaja ist dafür das signifikante Beispiel: Der Gott der Väter wandelt sich zum Gott als Vater und Mutter.[4] Gott, der eine, repräsentiert Vater und Mutter und damit die umfassende Elternschaft des Menschengeschlechts. Dies jedoch im Sinne der Analogie: Er ist weder mit einem menschlichen Vater, noch mit einer menschlichen Mutter identisch.

Das Anderssein Gottes, die Zäsur zwischen Gott und Mensch, sind das Bollwerk gegen alle Arten des "theokratischen Kurzschlusses" als die Identifikation von Gott-Vater und menschlichem Vater, Gott/Göttin-Mutter und menschlicher Mutter.[5] Alle Aussagen in den Offenbarungsschriften über das erzieherische Verhältnis sind daher unter solchen Grenzbestimmungen zu betrachten. Von diesen theologischen Prämissen gehe ich aus, da ich nach theologischen Kriterien gefragt worden bin.

II.

> Geliebt ist der Mensch, denn er ist im Ebenbilde erschaffen worden; aus besonderer Liebe ist ihm kundgetan worden, daß er im Ebenbild erschaffen worden sei. ...
> *Traktat Aboth III, 18*[6]

Theologisch denken heißt, wie gesagt, die Welt unter dem Aspekt der Schöpfung zu betrachten. Demnach ist die Welt und sind auch die Menschen kein Zufallsprodukt, sondern entspringen sie dem guten Willen Gottes, haben sie ihr Fundament in einem Sinnganzen, einer Sinnordnung. Im Rahmen solcher Sinnordnung heißt es in Genesis 1, daß der Mensch als Mann und Frau im Ebenbilde Gottes geschaffen worden ist. Von keinem anderen Lebewesen wird solches ausgesagt.

Damit unterscheiden sich Pflanzen und Tiere als Geschöpfe Gottes von den Menschen als Geschöpfen Gottes. Pflanzen ent-

---

4 Näheres dazu: Susanne Heine, Wiederbelebung der Göttinnen?, 2.A., Göttingen 1990, S. 33-34; 37.

5 A.a.O., S. 20; S. 43-49.

6 Aus: L. *Goldschmidt*, Der Babylonische Talmud, Bd. 9, Berlin 1934, S. 673.

wickeln sich und Tiere folgen in ihrem Verhalten einer gleichsam eingefleischten Natur, denn sie können nicht anders "handeln" als in ihnen angelegt ist. Nur auf diesem Hintergrund ist z.B. die Klage des Propheten Jeremia zu verstehen, wenn er sagt, die Zugvögel wüßten um die Zeit des Abfluges, nur der Mensch kenne nicht die Ordnung Gottes (Jer 8,7). Nur auf diesem Hintergrund ist zu verstehen, warum die große Vision Jeremias für das Ende der geschichtlichen Menschentage darin besteht, daß Gott sein Gesetz, seine ethische Weisung, in die fleischlichen Herzen schreiben werde (Jer 31,31), damit auch die Menschen – eines Tages – dem Ruf ihrer inneren Natur folgen können, ohne einer Ermahnung zu bedürfen.

Die Erfüllung solcher Vision steht bis heute noch aus, denn im Gegensatz zu den übrigen Geschöpfen ist der Mensch als Mann und Frau in eine relative Freiheit gesetzt, Ebenbild Gottes darin, einen eigenen Willen zu haben, vor Entscheidungen gestellt zu sein, was immer bedeutet, aus Alternativen wählen zu müssen und für die getroffene Wahl letztlich selbst verantwortlich zu sein. Die Alternative ist die zwischen Gut und Böse, zwischen Gerechtigkeit und Ungerechtigkeit, Friedensliebe und Zwietracht, Barmherzigkeit und Rachsucht. Die Freiheit der Menschen, die aus der Ebenbildlichkeit und damit aus der besonderen Nähe zu Gott resultiert, ist keine absolute, denn dann wäre sie geschichtslos. Dieser Freiheit korrespondiert daher die Verantwortlichkeit. Menschen müssen Rechenschaft ablegen können nicht nur über ihre faktischen Handlungen, sondern auch über ihre Haltungen, Einstellungen, Gesinnungen, aus denen alles Handeln erfließt.

Der Mensch vor Gott als Mann und Frau wird so Person, "Subjekt", seiner selbst mächtig und als solcher gefragt, nicht irgendwelchen Willkürakten Gottes ausgesetzt, ist nicht getrieben von numinosen Mächten, nicht abhängig vom exakten Vollzug heiliger Riten. Das Judentum, die Wurzel, die auch das Christentum trägt, hat im Grunde nicht versucht, die mit solcher Freiheit gegebene Problematik des Menschen aufzulösen oder den Widerstreit zwischen Gut und Böse zu harmonisieren, sondern diese Wahrheit des Wirklichen im ethischen Dilemma akzeptiert und aus der Schöpferhand Gottes entgegengenommen. Nicht daß die jüdischen Ausleger darüber nicht reflektiert hätten, wie der längere Streit zwischen den Schulen des Hillel und des Schammai zeigt: Wäre es angesichts so vieler menschlicher Untaten nicht besser gewesen, den Menschen nicht zu erschaffen?, so lautet die Frage. Man kam darin überein, daß es besser gewesen wäre, den Menschen nicht zu erschaffen. Da er aber erschaffen wurde, sollte er seine früheren Taten erforschen und seine künftigen bedenken.[7] Die Antwort auf die Erschaffung der Menschen als sich in Freiheit motivierenden Wesen ist die Aufforderung, verantwortlich zu handeln.

Die im Glauben an den guten Willen des Schöpfergottes gründende Anthropologie, die sich übrigens auf weite Traditionsstrekken mit der philosophischen Anthropologie deckt, sollte daher auch die Basis bilden für alle erzieherischen Bemühungen. Dies ist ein *erstes theologisches Kriterium* für die Erziehungsaufgabe, daß die Menschwerdung der Menschen deren eigenständige Verantwortlichkeit zum Ziel hat, selbst zu erkennen, selbst zu entscheiden, selbst zu handeln und selbst die Folgen zu tragen, selbst mit den Folgen umzugehen. Auch christliche Erziehung darf somit keine Erziehung zur Untertanenmentalität, zum gebrochenen Rückgrat, zum würdelosen und blinden Gehorsam sein, denn das Selbst- und Personsein gehört zum schöpfungsmäßen Wesen alles Menschlichen, das sich entwickeln können muß, das gefördert sein will, weil es im Keim vorhanden ist, aber Zeit braucht, um zu wachsen. Erziehung meint Freiheit für de Widerspruch von seiten derer, die erzogen werden, wie von seiten derer, die erziehen. – Widerspruch und Widerstand, nicht Gewalt.

Diese Eigenständigkeit gilt auch hinsichtlich des Glaubens. Die Inhalte des Glaubens lassen sich nicht auf ein bloßes Wissen von ..., auf Informationen über etwas ... reduzieren. Glaube ist kein anlernbarer Bildungsinhalt, sondern eine Haltung, ein Motivationsgrund fürs Handeln, eine Überzeugung, die aus eigenständiger Erkenntnis resultiert und sich wenn, dann als solche Ausdruck verschafft. Der Bestimmung des Menschen zur Freiheit entspricht der Lernmodus der Aneignung, des selbsttätigen Erwerbs von Einsicht und Erkenntnis, nicht das Antrainieren von Lehrwissen oder die Indoktrination. Dies ist ein *zweites theologisches Kriterium* für die Erziehungsaufgabe, an die von seiten der Kirchen auch im Kontext der staatlichen europäischen Schulen erinnert werden darf.[8]

---

7 Traktat *Erubin* 1,2 (Fol. 13b), in: L. *Goldschmidt*, Der Babylonische Talmud, Bd. 2, Berlin 1930, S. 37-38.

8 Der Lernmodus der Aneignung ist kein ausschließlich theologisches Kriterium, sondern bildet die Basis einer Pädagogik und Didaktik, die sich

III.

Es gibt keinen gerechten Menschen auf Erden, der nur Gutes täte und sich niemals verfehlte.
Prediger 7,21

Wiewohl auf Freiheit und Verantwortlichkeit hin angelegt, muß solche Anlage erst entwickelt, entfaltet, gebildet werden, was nicht ohne Erziehung und absichtliche Einflußnahme auf ein Kind geschehen kann. Aber wie sieht diese Einflußnahme aus? In welcher Form wird sie vollzogen? Kann sie ohne Ermahnung, ohne Druck und ohne Zwang geschehen? Immanuel Kant hat diese Fragen als das größte Problem der Erziehung angesprochen, wie man nämlich "die Unterwerfung unter den gesetzlichen Zwang mit der Fähigkeit, sich seiner Freiheit zu bedienen, vereinigen könne. Denn Zwang ist nötig!", so sagt er und fährt fort: "Wie kultiviere ich die Freiheit bei dem Zwange? Ich soll meinen Zögling gewöhnen, einen Zwang seiner Freiheit zu dulden, und soll ihn selbst zugleich anführen, seine Freiheit gut zu gebrauchen".[9]

Immanuel Kant hat zwar großes Zutrauen gegenüber der Vernunft- und Moralentwicklung des Menschen, in dem zunächst nur die "Keime zum Guten" liegen, und spricht angesichts der Erfahrung des menschlichen Ungenügens in Sachen Verantwortlichkeit doch auch vom natürlichen "Hange zum Bösen in der menschlichen Natur",[10] womit wir wieder bei der Theologie wären.

Die Frage, woher das sogenannte Böse kommt, hat die Menschheit wohl schon von Anbeginn an beschäftigt. Die Antworten sind sehr verschieden ausgefallen: von dämonischen Mächten, aus den

---

an der Moralfähigkeit des Menschen im Sinne der praktischen Philosophie orientieren. Zu denken ist dabei etwa an die Schule von Theodor *Litt* (z.B. Josef Derbolav). Unter theologischem Aspekt kann sich – nach meinem Urteil – die Erziehungs- und Bildungsaufgabe sinnvoll nur mit diesem Modell verbinden, nicht hingegen z.B. mit normativen, lerntheoretischen oder kybernetischen Didaktikpositionen.

9 Immanuel *Kant*, Über Pädagogik (1803), in: *Kant* Werke, hg. v. W. *Weischedel*, Bd. 10, Darmstadt 1968, S. 711.

10 Immanuel *Kant*, Die Religion innerhalb der Grenzen der bloßen Vernunft, 1. Stück/II (1793), in: s.o. Anm. 9, Bd. 7, S. 675 ff. *Kant* spricht in diesem Zusammenhang sogar vom "peccatum originarium" (S. 679).

niederen Trieben der Menschen. Die biblische Tradition folgt der Logik der sich aus der Ebenbildlichkeit ergebenden Freiheit. Gott hat sich in den Menschen ein ihn erkennendes und ihm antwortendes Gegenüber geschaffen, einen Ansprechpartner. Dazu bedarf es des Personseins und der Freiheit bzw. der Freiwilligkeit, die nur im Rahmen von Alternativen wirklich sind, und dies bedeutet, daß Menschen nicht nur Gutes, sondern auch Böses wollen und tun können, was sich mit der Erfahrung deckt.

Dem entsprechen von seiten Gottes ebenfalls zwei Haltungen: er ist gerecht und barmherzig. Weil er barmherzig ist, läßt er die Menschen in ihrem Dilemma der Freiheit nicht allein und sagt er ihnen, was sie tun sollen, gibt er ihnen die Tora, die ethische Weisung, die sich einerseits als Rechtsordnung für die Praxis des Zusammenlebens ausdrückt, andererseits als Ordnung des Gottesdienstes, also für die sichtbare Gestaltung der Gottesbeziehung. Aus Barmherzigkeit will Gott Recht und Gerechtigkeit, und weil er gerecht ist, unterscheidet er zwischen Menschen, die Gutes wollen und tun, und solchen, die sich verfehlen. Und weiter: Weil er barmherzig ist, läßt er auch die ärgsten Missetäter nicht fallen, sondern sucht sie zur Umkehr zu bewegen durch Güte und Nachsicht.

Haltung und Handeln der Menschen und Haltung und Handeln Gottes sind auf diese Weise engstens miteinander verbunden, was in der jüdischen Tradition noch durch die Aufforderung zur Nachahmung Gottes verstärkt wird, eine Tradition, die sich im Neuen Testament fortsetzt.[11] Die Menschen sollen Gott nachahmen und ihm nacheifern, das lieben, was Gott liebt, und das hassen, was Gott haßt. Immer besteht das Ziel darin, daß Menschen von sich aus gerecht sein wollen, was sich in der Nachahmung Gottes vollendet, im Gleichförmigwerden des menschlichen Herzens mit dem Willen Gottes. Dies ist ein *drittes Kriterium* für die erzieherische Aufgabe.

Entsprechend heißt es auch in der matthäischen Fassung der Bergpredigt: Ihr sollt vollkommen sein, wie euer Vater im Himmel vollkommen ist (5,48). Dennoch bleibt ein Unterschied zwischen Anspruch und Wirklichkeit, göttlicher Vollkommenheit und menschlichen Bemühungen. Auf diesem Hintergrund entfaltet die Tora ihre zwingende, zur Rechenschaft ziehende Seite, geht es nicht ab

11 Vgl. Andreas *Nissen*, Gott und der Nächste im antiken Judentum. Untersuchungen zum Doppelgebot der Liebe, Tübingen 1974, S. 69 ff.

ohne Widerstand und Konfrontation, auch nicht ohne Druck auf das Gewissen, worin sich ein *viertes Kriterium* zeigt, denn sonst wäre kein Unterschied zwischen denen, die gerecht und friedliebend sein wollen, und solchen, die ein "verkehrtes Herz" haben.

In diesem Zusammenhang wird die Elternanalogie bedeutsam. Wenn Gott so handelt, dann handelt er wie Eltern an ihren Kindern: er liebt sie und entläßt sie nicht aus seiner Fürsorge, aber er belehrt sie auch, warnt sie, weist sie zurecht, zieht sie zur Rechenschaft, damit sie verantwortungsbewußte Menschen werden.

Wer erzieht, seien es Eltern oder Lehrende, kann dies in rechter Weise nur im Lebenskontext der eigenen Nachahmung Gottes tun. Aber auch die Erziehenden bleiben Zöglinge Gottes. Das bedeutet Identität mit dem Handeln Gottes und zugleich Nicht-Identität, erziehende Menschen sollen handeln wie Gott und sind doch Gott nicht gleich, weil selbst einer lebenslangen Erziehung bedürftig. Das *fünfte theologische Kriterium* für die Erziehungsaufgabe möchte ich daher in die Formel von der Erziehungsbedürftigkeit der Erziehenden fassen.

Erzieherisch handeln im Bewußtsein, daß alles, was Kinder erwarten und brauchen, auch ein erwachsenes Leben als Kindschaft Gottes bestimmt, bedeutet zu wissen, wie schwer es ist, zwischen Gottes Willen und menschlichem Wollen, zwischen berechtigten Ansprüchen und willkürlichen zu unterscheiden; bedeutet: von den Kindern, wo sie aufrichtig bemüht sind, lernen, ebenso von ihrem Angewiesensein auf Vergebung, Zuspruch und Trost; bedeutet: nicht richten, strafen oder gar verwerfen aus eigener Machtvollkommenheit, weil da ein Unterschied bleibt zwischen Gott und Mensch; bedeutet schließlich: gemeinsam trauern können über Grenzen, Verfehlung und Irrtum, gemeinsam Lernprozesse durchschreiten.

Aber es bleibt der Unterschied zwischen Kindern und Erwachsenen. Zwischen Erziehenden und Zöglingen, sagt Martin Buber,

---

12 Martin *Buber*, Über das Erzieherische, in: Werke Bd. 1, München 1962, S. 804 f. Vgl. dazu Carl R. *Rogers* im Gespräch mit Martin *Buber* (1957), in: Schulfach Religion, hgg. v. W. *Frank* u. S. *Heine*, H. 1/2, Wien 1983, S. 33-59. In diesem Gespräch argumentiert Martin *Buber* gegen Carl *Rogers* ausführlich, warum das Gefälle zwischen einem hilfsbedürftigen Patienten und einem helfenden Therapeuten kein gleichgewichtiger Dialog sein könne, was der Ungleichgewichtigkeit zwischen Erzieher und Zögling entspricht.

besteht keine volle Mutualität, keine volle Gegenseitigkeit.[12] Kinder sind angewiesener, und daraus entsteht ein Gefälle im erzieherischen Handeln, mit dem besonders sensibel und verantwortungsvoll umgegangen werden muß. Ebenso besteht keine volle Mutualität zwischen Gott und Mensch, aber der Glaube lebt aus der Gewißheit, daß auch Gott mit diesem Gefälle sensibel umgeht. Wenn Martin Buber meint, Erziehende sollten nachfühlen können, "wie das tut", erzogen zu werden,[13] dann kann per analogiam geschlossen werden, daß auch Gott weiß, wie schwer und schmerzlich es ist, ein Mensch zu werden und zu bleiben.

Solche theologischen Kriterien für die Erziehungsaufgabe bedeuten für Gesellschaft wie Kirche, mit den menschlichen Grenzen zu rechnen. Und gerade den Kirchen scheint es zuweilen schwer zu fallen, das Prozeßhafte menschlicher Existenz zu akzeptieren, mit Scheitern und Krisen, Irrtum und Verfehlung zu rechnen, die jeden Lebensweg begleiten. Die theologischen Kriterien für die Erziehungsaufgabe im besonderen sollten zu einer ebenso realistischen wie zutrauenden Haltung herausfordern, denn niemand wird als vollkommener Mensch geboren und alles Wachsen, Reifen und Lernen geschieht durch Krisen hindurch, vor denen auch und gerade eine angelernte Glaubenswahrheit nicht bewahrt. Gefragt ist daher ein Umgang mit solchen Krisen, der die Hoffnung nicht aufgibt, daß Erkenntnis möglich und Neuanfang wirklich werden können. Zur Realistik würde auch gehören, die Grenzen der eigenen erzieherischen Geduld, der Belastbarkeit und Phantasie mitzubedenken, wenn eine Erziehungsaufgabe scheitert, aber doch im Vertrauen auf Gottes Handeln nicht zu verzweifeln. Vielleicht gibt es andere Menschen, andere Umstände, neue Erfahrungen, die dem aussichtslos Scheinenden eine Zukunft eröffnen. Wenn dies für einzelne Personen, für Familien und Schulen von Bedeutung ist,

---

13 Schon im Neuen Testament lassen sich zwei Formen von Christologie unterscheiden; eine, die sich im Sinne der Nachfolge an Jesus als Vorbild für die christliche Lebenspraxis orientiert, und eine andere, in der Christus als präexistenter Logos und damit zugleich als erster Mensch der neuen Schöpfung erscheint ("Kosmischer Christus"). Der verstehende Zugang zu letzterer, die in Beziehung zur Natur bzw. zur neugeschaffenen Natur steht, ist uns heute eher verschlossen, da wir noch immer stark in der Wirkungsgeschichte der aufklärerisch-moralisierenden Interpretation des geschichtlichen Jesus stehen. Vgl. Andreas *Rössler*, Steht Gottes Himmel allen offen? Zum Symbol des kosmischen Christus, Stuttgart 1990 (eher populär).

dann könnten sich Überlegungen für das Zusammenleben im "Haus Europa" unter dem Aspekt des Umgangs mit Krisen, vergangenen und gegenwärtigen, anschließen. Zwar lassen sich individuelle und gesamtgesellschaftliche Lebenskontexte nicht einfach zueinander in eine simple Parallele setzen, aber es geht allemal in beiden Bereichen um die Person, deren Einsicht und überlegtes Handeln gefragt sind.

IV.

> So spricht der Herr: Ich werde meine Gesetze in ihr Herz geben und in ihre Gedanken schreiben, und ihrer Verfehlungen und ihrer Gesetzlosikeiten nie mehr gedenken. Wo es aber dafür Vergebung gibt, braucht es für die Verfehlung kein Opfer mehr.
> *Hebräer 10,16-18*

Die bisherigen theologischen Reflexionen kreisten um die Offenbarungswahrheit der jüdischen Bibel, die dem christlichen Bekenntnis zugrunde liegt und entscheidende Kriterien auch für eine christliche Erziehung enthält. Aber: Gibt es dazu noch so etwas wie christlich-theologische Kriterien für die Erziehungsaufgabe?

Im Mittelpunkt des christlichen Bekenntnisses steht Jesus von Nazareth, der Mensch, aus Gottes Geist geboren, der in die Nachfolge ruft, in ein radikales Leben im Dienste des Gotteswillens, das alle menschlichen Bindungen, wie Besitz, Haus, Familie, hinter sich läßt. Einerseits findet hier der jüdische Anspruch der Nachahmung Gottes erneut Gestalt, andererseits ist ein starker asketischer Zug erkennbar, der seinen Grund in den für viele Menschen der damaligen Zeit lebensbedrohlichen und demütigenden sozial-politischen Verhältnissen haben mag: Nachfolge Jesu als radikales Tun des Gotteswillens in einer Extremsituation.

Und doch ist dieses Lebensmodell, sosehr es sich konkreten Umständen verdankt, zum Grundparadigma einer christlichen Existenz geworden und hat es Spannungen für diejenigen erzeugt, die Christen sein wollten, ohne ihre seßhafte Lebensform und ihre Familie aufzugeben. Kann also die entschlossene Nachfolge Jesu theologische Kriterien für die erzieherische Aufgabe bieten? In einer Hinsicht ja: Jesus war selbst ein Kind, das sich seinen Eltern entzogen hatte, um einen eigenen Weg, den Weg seiner eigenen Überzeugung zu gehen, nämlich Gott mehr zu dienen als den Menschen. Wie wir aus dem Markusevangelium hören, hat seine Familie ihn erst nicht verstanden (Mk 3,20-21). Nachfolge Jesu kann für Eltern und Erziehende heißen, die ihnen anvertrauten Kinder ihre womöglich auch radikalen Wege suchen und gehen lassen, sie loslassen und befreien von den Bildern, die sie sich von der Zukunft der ihnen Anvertrauten gemacht haben. Dieser Gedanke steht auf des Messers Schneide zur Gleichgültigkeit und zur Preisgabe, aber beides ist damit nicht gemeint. Gemeint ist: Entscheidungen der Kinder können ein Lernprozeß für die Eltern und Erziehenden sein, ein *sechstes theologisches Kriterium*.

Nun, das Leben Jesu endete nicht in der Weise, wie Eltern es für ihre Kinder wünschen. Über Jahrhunderte haben Künstler diesem Schmerz besonders der Mutter Maria in der "Pieta" Ausdruck gegeben: Der frühe Tod eines Kindes, der sich sogar hat voraussehen, aber nicht verhindern lassen, und der die Eltern in die Rolle der ohnmächtigen Zuschauer drängt – Maria, die Mutter, und Gott, den Vater.

Es wäre dem christlichen Bekenntnis jedoch nicht zur Gänze entsprechend, Jesus nur als den Mann aus Nazareth und treuen Erfüller des Gotteswillens zu verstehen. Wo von Christlichem die Rede ist, wird Christologie thematisiert, die Überzeugung, daß Gott in Jesus von Nazareth Mensch geworden ist und sich damit hat in die menschliche Geschichte verstricken lassen bis hin zum Leiden an menschlicher und todbringender Ungerechtigkeit. Das *siebente theologische Kriterium* verweist daher auf die Verbundenheit Gottes mit den Menschen sogar in Extremsituationen, will damit zugleich Annahme der Freiheit des Menschen auch dort, wo sie sich in völliger Abkehr von der Gerechtigkeit äußert: auf der Seite der Opfer stehen und die Umkehr der Täter nie ausschließen.

Zu den besonders hilflosen Opfern menschlichen Unrechts zählen die Kinder. Gott wird Sohn, Gott wird Kind, nicht nur geliebtes Kind, sondern auch gepeinigtes Kind. Nicht um das Opfer zu rechtfertigen – dieses Interpretament hat wohl auch unheilvolle Geschichte gemacht –, sondern um keinen Bereich menschlicher Erfahrung, auch nicht den von Gewalt- und Willkürakten, von der Gegenwart Gottes und seinem Veränderungswillen auszunehmen.

Gott ist da, auch wo Gewalt geschieht; er kann Gewalt nicht verhindern, sonst müßte er den Menschen die Freiheit rauben, aber er zieht zur Rechenschaft und fordert Umkehr auch von denen, die Kinder gängeln und quälen unter Berufung auf menschliche Institutionen wie das Eltern- und Erzieheramt. Gericht wird angesagt denjenigen, die im Sinne des theokratischen Kurzschlusses und d.h. im Namen Gottes das erzieherische Gefälle ausnützen, um zu unterwerfen, Würde und Entscheidungsfreiheit zu nehmen, eigenständige Erkenntnis zu unterbinden, Hoffnung auf Veränderung preiszugeben und in Eigenmächtigkeit vor Gericht zu stellen, vor ein Gericht, das mit der erzieherischen Ermahnung Gottes nichts zu tun hat, weil es menschliche, irrtums- und machtanfällige Urteile abgibt. Das Kreuz ist Spiegel und Mahnmal, Zeichen der göttlichen Gegenwart und Trost in einem, Zeichen gegen die Angst.[14]

Angst vor Leiden und Tod, eigene und stellvertretende, sind keine guten Voraussetzungen für ein je gegenwärtig erfülltes Leben. Die Angst der Eltern und Erzieher nimmt auch den Kindern die Freude an ihrer kindlichen Gegenwart.[15] Wieviel Energie wird nicht für die Planung einer sicheren Zukunft der Kinder verbraucht, und um wieviel größer muß die Verzweiflung sein, wenn Unverfügbares einen Strich durch solche Rechnung macht! Es mag vermessen erscheinen, dies in den Zusammenhang der neutestamentlichen Christologie zu stellen, und doch ist es einer ihrer Aspekte. Ein Aspekt, kein Reservat, denn die jüdische Leidensgeschichte als Praxis durchlittenen Vertrauens in Gott ist Bezeugung dafür, daß theologische Theorie und gelebte Praxis voneinander nicht ableitbar, und die theologischen Abgrenzungen zwischen den Religionen durchlässig, durchscheinend sind für die Gegenwart des einen und einzigen Gottes. Einen Weg in Gewißheit zu gehen, ohne durch einen möglichen und faktischen schrecklichen Ausgang daran irre zu werden, macht die Lebendigkeit aus, die Lebendigkeit eines

14 Darauf hat der polnische Erzieher Janusz *Korczak* immer wieder und sehr massiv mit der Forderung des "Rechtes des Kindes auf seinen eigenen Tod" hingewiesen: "Aus Furcht, der Tod könnte uns das Kind entreißen, entziehen wir es dem Leben; um seinen Tod zu verhindern, lassen wir es nicht richtig leben"; aus: Wie man ein Kind lieben soll, hgg. v. E. *Heimpel* u. H. *Roos*, 3.A., Göttingen 1979, S. 40 u. 44.

15 Ein erschütterndes Beispiel dafür ist der Roman von André *Schwarz-Bart*, Der letzte der Gerechten, Frankfurt 1960, S. 395-397.

Menschen und – in Analogie – die Lebendigkeit Gottes Dies sei als *achtes theologisches Kriterium* für die Erziehungsaufgabe angeführt.

V.

> Ich weiß, daß du selber in der Farbe, in der Bewegung, im Duft, im Piepsen eines Kükens und im Gebet der Sterne ein von Herzen kommendes, für alle verständliches Märchen erzählst, das jeder anders empfindet – du verheimlichst und verhehlst nicht.
> *Janusz Korczak, Gebet*[16]

Zu den theologischen Kriterien für die erzieherische Aufgabe zählt noch ein letzter Bereich, der des gestalthaften Ausdrucks von Glaube und Gewißheit. Gewißheit und Vertrauen finden Ausdruck und Gestalt in Gottesdienst, Feier und Fest, in gemeinsamem Gebet, in der Formung des Familienlebens bis hin zur Bedeutung von Gegenständen: die Kerze, das Buch, die Ikone, ... Alles Weltlich von der eigengesetzlichen Entfaltung der Natur bis zum menschlichen Kunstwerk kann in den Dienst der sichtbaren Darstellung glaubenden Vertrauens genommen werden. Alles Menschliche, umso mehr alles sichtbar Gegenständliche bleibt dem Mißverständnis, der unzutreffenden Interpretation ausgesetzt, kann den Eindruck erwecken, man klammere sich an eine greifbare Wahrheit, an das heilige Buch als Garantie für unfehlbare Entscheidungen, an den regelmäßigen Gottesdienstbesuch als Garantie für die göttliche Gegenwart. Nichts kann garantiert werden, aber alles kann Ausdruck des Vertrauens und der Hoffnung sein.

Ein *neuntes theologisches Kriterium* für die erzieherische Aufgabe besteht daher im Gestalten und in der Einübung der Kontemplation, des Durchschauens gegenständlicher Wirklichkeit auf deren transzendente Bedeutung hin. Wer hat der Pflanze die Kraft zum Wachsen gegeben? Was spricht aus der Kerze, die brennt,

---

16 Janusz *Korczak*, Allein mit Gott. Gebete eines Menschen, der nicht betet, Gütersloh 1980, S. 63.

Licht gibt und sich dabei verzehrt? Was will damit ausgedrückt sein, wenn ein Tag in der Woche der Muße gewidmet ist, dem Gebet und der Feier von Gottes Barmherzigkeit? Nichts Alltägliches muß immer alltäglich blieben, alles kann zum Zeichen werden dafür, daß wir uns selbst und einander einem Vorausgesetzten verdanken.

Gerade Kinder haben ein feines Gespür für alle Arten der Heuchelei, dafür, daß solche symbolhaften Handlungen hohl und leer sein können oder Ausdruck der Angst, des Festhaltens an Äußerlichem, weil innerer Sinn fehlt. Eigenverantwortung und strebendes Bemühen, Gott nachzuahmen, bleiben vor falschem Gebrauch und Mißdeutung ebensowenig verschont, wie der gestalthafte Ausdruck von Haltungen. Zur erzieherischen Aufgabe der Kirche gehört daher, Echtheit und Glaubwürdigkeit ihres Ausdrucks laufend selbstkritisch zu überprüfen.

VI.

> Gott ist das beladenste aller Menschenworte ... Es trägt ihrer aller Fingerspur und ihrer aller Blut.
> *Martin Buber*[17]

Bei alldem ist mir bewußt, daß viele Menschen, darunter besonders solche, die christlich-kirchlich erzogen worden sind, diesen Gott ganz anders erfahren haben, als einen Gott des Krieges nämlich, des unbarmherzigen Gerichts und des bitteren Opfers, den sie fürchten, meiden oder gar verfluchen. Aber ist das wirklich der eine Gott der biblischen Offenbarung? Ist der sogenannte "Schreckensgott von Sinai" nicht eher eine Projektion menschlicher Abwege? "Gott ist das beladenste aller Menschenworte", sagt Martin Buber, "Es trägt ihrer aller Fingerspur und ihrer aller Blut". Für diese Gefahr sollten die Kirchen ganz besonders sensibel sein, sensibler noch einmal in einer immer pluraler werdenden Welt.

Gerade dort, wo Vertrauen in den göttlichen Sinngrund der Welt als Schöpfung lebendig ist, muß für Gott nicht gekämpft werden,

17 Martin *Buber*, Begegnung. Autobiographische Fragmente, Stuttgart 1960, S. 43.

damit auch nicht gegen die Gottlosen oder die Andersgläubigen. Das gilt nicht nur für die Christen, aber als Christin spreche ich hier nur für sie. Für ein zusammenwachsendes, multikulturelles und multireligiöses Europa wäre noch einmal neu darüber nachzudenken, was Gottes Absolutheitsanspruch für menschliches Handeln bedeutet. Denn dieser Absolutheitsanspruch ist ein göttlicher und kann daher mit keinen menschlichen Absolutheitsansprüchen je identisch werden, denn das hieße, die mühsamen Bruchstücke unserer bescheidenen menschlichen Erkenntnis an die Stelle Gottes setzen und das Ganze von Wahrheit, das uns vorausgesetzt bleibt, dadurch verleugnen.

Gottes Wesen und Wille aber liegen nicht so einfach greifbar und eindeutig zuhanden, so daß es genügen würde nachzulesen, was in der Bibel steht. Das alles muß erst verstanden und das heißt ausgelegt werden in den je eigenen Lebenskontext von Menschen hinein. Es gibt das Mißverstehen, den Unwillen zu verstehen, die Grenzen des Verstehens oder die Auslegung im Dienste menschlicher allzu menschlicher Zwecke. Schon die biblischen Texte sind das Ergebnis von Verstehensbemühungen, und die erneute Auslegung dieser Texte hat inzwischen schon eine Geschichte von vielen Hunderten von Jahren. Und doch steht jeder neugeborene Mensch vor der ihm innewohnenden Notwendigkeit, sich einen Reim für das Leben zu machen, nach dessen Grund und Sinn zu fragen. Auslegung, immer wieder neue Auslegung, theologisch zu fragen und zu denken, bleiben eine unabweisbare Aufgabe.

Daher besteht zwischen Theologie und Pädagogik ein enges Verwandtschaftsverhältnis. Denn beide orientieren sich an Sinn, Normen und Ansprüchen, daran, wie es in dieser Welt und in der Gemeinschaft der Menschen sein soll, an der Vision des Vollkommenen. Beide, Theologie und Pädagogik, laufen daher auch leicht Gefahr, ihre Ziele der Wirklichkeit aufzuzwingen und darin unmenschlich zu werden, so daß sich die Ganzheit des Sinnhaften unter der Hand zum Totalitären verwandelt. Für Theologie und Kirchen erscheint diese Gefahr noch einmal verstärkt, denn sie sind nicht nur auf den Menschen bezogen, sondern auf Gott als ein Absolutes gegenüber allem endlich Relativen. Es wäre für eine religiöse Erziehung in einem immer vielfältiger und bunter werdenden Europa verhängnisvoll, würden sich Theologie und Kirchen in einen Hort totalitärer Ansprüche verwandeln aus Angst vor Kriterienlosigkeit, die zugegebenermaßen durchaus auch wirklich ist.

Aber die christliche theologische Tradition hat genug eigene Kriterien, die sie einbringen kann als notwendige Fermente, um an der Gestaltung Europas mitzuwirken. Manchmal will es mir scheinen als hätten gerade die Theologen, die doch Gott so nahe sind, tagtäglich mit den heiligen Schriften befaßt, eine besondere Angst, Gott zu verlieren. Dem gegenüber wäre das Vertrauen in die weltumfassende Wirklichkeit Gottes das theologische Grundkriterium, das es zu vermitteln gälte.

Daher: Tun wir, was wir können hinsichtlich unserer eigenen Verantwortungsfähigkeit, auch in den Versuchen, die Wege Gottes zu begreifen. Aber auch: Üben wir uns in der Haltung, Gott aus der Verantwortung für diese Welt nicht auszuklammern. Wir können nicht für alles verantwortlich sein, am wenigsten für das Wohlbefinden Gottes. Gott wird vieles wissen, das uns verschlossen ist. Eine solche Haltung kann zu Leichtsinn und blindem Vertrauen führen, was mir allerdings für unsere Tage nicht die größte Gefahr zu sein scheint. Die Überforderung unserer Verantwortungsfähigkeit dadurch, daß die Lebensräume sich bis zur Unüberblickbarkeit erweitern, plagt uns mehr. Umso notwendiger wäre es, sich der Erziehung Gottes zum Vertrauen in den Sinngrund der Welt auszusetzen, wobei es nicht leicht ist, vieles einfach offen und stehen zu lassen. Theologen und Lehrende tun sich damit möglicherweise sogar besonders schwer, weil sie sich aus einem starken Verantwortungsgefühl heraus zu dem entschieden haben, was sie sind und ihnen die Hingabe dadurch vielleicht nicht mehr so leicht zu Gebote steht. Gottes Erziehung zu einer vertrauensvollen Haltung kann auch sehr schmerzvoll sein, aber von wachsender Bedeutung innerhalb demokratischer Gesellschaftsformen, die von der durchaus auch notwendigen harten Arbeit am menschlichen Fortschritt geprägt sind.

Anhang I

Neun theologische Kriterien für die Erziehungsaufgabe in Thesenform

I Die Eigenständigkeit des Menschen
Der Mensch ist Gott ein Gegenüber und damit eine Person, der in Erkenntnis, Entscheidung und Handeln Eigenständigkeit und Selbstverantwortung zukommt. Erziehung soll diese Eigenständigkeit entfalten helfen, nicht einschränken.

II Lernmodus der Aneignung
Menschen sind erkenntnisfähig in bezug auf die Welt, sich selbst und die Glaubensstradition. Erziehung und Bildung sollen daher nicht bloß auf Information und Wissensinhalte hin ausgerichtet sein, sondern auf selbsttätige Aneignung.

III Haltungsorientierung
Die Haltung eines Menschen bildet die Grundlage bewußten Handelns, birgt also die Handlungsmotive. Ethische Weisungen sollen daher nicht als äußerer Zwang verstanden und praktiziert werden, sondern stehen in Bezug zur Verantwortungsfähigkeit, deren Orientierung am Handeln Gottes (Nachahmung Gottes) nur freiwillig sein kann.

IV Widerstand und Konfrontation
Das ethische Dilemma des Menschen besteht darin, daß die angestrebte Vervollkommnung nicht erreicht werden kann. Von daher begründet sich der Widerstands- und Konfrontationscharakter der ethischen Weisungen, sowie die Notwendigkeit, Rechenschaft abzulegen.

V Die Erziehungsbedürftigkeit der Erziehenden
Das unter These IV Gesagte gilt nicht nur für Kinder, sondern überhaupt für den Menschen, also auch für die Erziehenden. Erziehende sollen daher das Bewußtsein dafür nicht verlieren, daß sie in einem lebenslangen Prozeß der Selbsterziehung stehen; auch Erwachsene bleiben in diesem Sinne Kinder Gottes.

VI Kinder als Lernprozeß für Erziehende
Eltern und Erziehende können die Wege der ihnen Anvertrauten nicht verfügen, müssen diese unter Umständen radikalere Wege

gehen lassen als sie selbst verstehen und gehen (Nachfolge Jesu). Erziehende sollen daher annehmen, daß ihnen die Wege der Zöglinge zum Lernprozeß werden können.

VII Unterbrechung des Täter-Opfer-Kreislaufs
Der Weg Gottes in die Geschichte bis in Extremsituationen menschlichen Opfermachens will Opfer wie Täter aus ihrem unheilvollen Circulus viciosus befreien. Erziehende sollten bedenken, wie schnell sie Täter und wie schnell ihre Zöglinge Opfer werden können. Das erzieherische Gefälle will sensibel gehandhabt sein.

VIII Grundgewißheit
Die Angst vor Leiden und Tod kann Eltern und Erziehenden, damit auch den Kindern, die Freude an der erfüllten Gegenwart nehmen und damit die Lebendigkeit. Die Leidensgeschichte Christi, aber auch die des jüdischen Volkes können als Zeugnis dafür stehen, daß es zum Leben hilft, die Zukunft in Gottes Hand zu legen.

IX Glaubwürdigkeit des gestalthaften Ausdrucks
Gewißheit drückt sich auch in der sichtbaren Gestalt von Gottesdienst, Festen und Symbolen aus. Religiöse Erziehung sollte zur Kontemplation solchen gestalthaften Ausdrucks hinführen, sowie selbständiges und kreatives Gestalten einüben. Nur ein lebendiges Vertrauen in Gottes Gegenwart vermag zu verhindern, daß das Gestaltete nicht zur hohlen Form wird.

Anhang II

Kommentar zur Diskussion

Um meine Ausführungen noch einmal zu verdeutlichen, möchte ich aus der an den Vortrag anschließenden Diskussion zwei kritische Stellungnahmen herausgreifen und kurz darauf eingehen.

1. Mein Beitrag sei zu spekulativ und daher zu wenig an der Realität orientiert.
Diese Kritik ist berechtigt, hängt aber mit der spezifischen Aufgabe zusammen, die mir gestellt wurde, nämlich ausdrücklich nach den *theologischen Kriterien* für die Erziehungsaufgabe zu fragen. Realitätsorientiert könnte Theologie nur unter dem Aspekt soziologi-

scher bzw. psychologischer Phänomenologie rezipiert werden. Dies widerspricht jedoch wieder dem Selbstverständnis von Theologie, die von einer klaren Prämisse ausgeht, nämlich der Selbstoffenbarung Gottes im Zeugnis der biblischen Schriften.

Daher bewegen sich meine Aussagen notwendigerweise auf der Ebene der "positiven Religion", der eben von Sinnaussagen und Sollensvisionen. In diesem Zusammenhang wurde auch das Urteil laut, ich verträte einen "konservativen" Standpunkt. Von der Fragestellung her argumentiere ich im Bereich der "Innensicht", also des gläubigen Selbstverständnisses, nicht im Bereich einer Phänomene beobachtenden "Außensicht". Sofern jede Form von "Innensicht" mit der Zuschreibung "konservativ" belegt wird, kann mein Beitrag als "konservativ" gelten. Das würde aber dann heißen, daß alles Sprechen aus dem Selbstverständnis des Glaubens heraus konservativ sein muß .Dieser Schluß kann jedoch schon deshalb nicht zwingend sein, da – auch phänomenologisch betrachtet – glaubende Menschen durchaus nicht immer konservativ und d.h. die bestehenden Verhältnisse bestätigend auftreten. Die prophetische Tradition bzw. die Jesusbewegung können dafür als Beispiel stehen. Die Zuschreibung "konservativ" und "nicht konservativ", also kritisch, ist in diesem Zusammenhang unpassend. Gerade weil sich der Glaube von seinem Selbstverständnis her auf der Ebene von Sinnaussagen und Sollensvisionen bewegt, impliziert er grundsätzlich eine der jeweiligen Realität widerständige Haltung.

Daß göttliche Offenbarung bzw. Glaube und menschliche Geschichte nicht kongruent sind, ist mir sehr wohl bewußt, und dies soll auch noch einmal betont werden. Eine vordergründige Kongruenz im Sinne der Legitimation realer Verhältnisse durch einen sogenannten "theokratischen Kurzschluß" habe ich ausdrücklich zurückgewiesen.

2. Alles, was ich im Zusammenhang der biblischen Tradition über den Menschen und die Erziehungsaufgabe ausgesagt hätte, sei auch ohne den theologischen Kontext gültig, weshalb dieser sich erübrige. Deshalb ließe sich für die Frage der Erziehung von der Theologie her nichts Neues, kein Erkenntniszuwachs gewinnen.

Auch dieser kritische Einwand hat seine Berechtigung, weshalb ich auch darauf hinwies, daß die biblische Anthropologie sich weitgehend mit der philosophischen Anthropologie deckt. Theologisch gesprochen: Wenn Gott sich den Menschen zeigt, sich ihnen offenbart, dann können diese Menschen keine anderen sein als die, welche auch Vernunfterkenntnis zu erfassen vermag.

Aber solches ist in der Tradition theologischen Nachdenkens nicht selbstverständlich, wenn ich etwa an den pietistischen Pädagogen A.H. Francke denke, der es sich zur Aufgabe gemacht hatte, den Willen seiner Zöglinge zu brechen, um diese für die göttliche Offenbarung umso empfänglicher zu machen. Deshalb ist es mir wichtig zu zeigen, daß theologische und philosophische Anthropologie nicht auseinanderklaffen, denn dies würde bedeuten, den Menschen selbst zu zerreißen. Wiederum theologisch gesprochen: Der Mensch, der die göttliche Offenbarung zu verstehen versucht, ist "wesensmäßig" kein anderer Mensch als der, der sich solchem Verstehenwollen verweigert. Glaubende sind also keine besseren Menschen, solche, die nicht glauben, keine schlechteren. Daraus ergibt sich, daß die Bemühung um Verantwortlichkeit und Humanität kein Reservat für gläubige Menschen darstellt, wohl aber, daß der Begründungszusammenhang, in dem jene Bemühung steht, ein jeweils anderer ist. Auf der Ebene der Verantwortungsfähigkeit können und sollen jedoch Christen und Humanisten sich finden.

Im theologischen Zusammenhang kommt jedoch etwas Spezifisches hinzu. Beide, Christen und Humanisten erreichen, wenn sie es ernst meinen, den Punkt, wo die Grenze der Bemühung um Verantwortlichkeit erkennbar wird. Was ein Humanist als anthropologische Unzugänglichkeit oder "ethisches Paradox" verstehen mag, ist für einen gläubigen Menschen in einer vorausgesetzten Ganzheit "aufgehoben", auch und gerade wenn sich diese Ganzheit der konkreten Verwirklichung entzieht. Hier kommt das zum Tragen, was ich Vertrauen und Gewißheit genannt habe, ein Vertrauen, das in der Überzeugung gründet, es gebe einen Fortgang der Geschichte auch unabhängig von menschlichem Tun. Auf der theologischen Inhaltsebene geht es hier um das Wirken Gottes, auf der menschlichen Haltungsebene um eine Gelassenheit, die das Verantwortlich- und Tätigsein durch Offenlassen und Hingabe ergänzt. Letzteres findet im gestalthaften Handeln seinen Ausdruck. Verantwortliches Handeln ist kein Spezifikum der religiösen Sphäre, wiewohl davon auch nicht abtrennbar. Die religiöse Sphäre mag vielleicht etwas dazu beitragen, daß wir uns nicht in Überanstrengung verkrampfen, sondern einen Ausgleich finden zwischen Zupacken und Loslassen.

Herbert Schultze

Die Sicht der Kirchen zu den europäischen Problemen

Vorbemerkung

Kirche ist eigentlich immer erst in zweiter Linie kontinental, z.B. europäisch. In erster Linie ist sie entweder lokal, die Kirche von Neustadt oder Altendorf, wo man sonntags zum Gottesdienst geht, oder sie ist – als Institution wie als Idee – weltweit: überall wo Christen leben, ist Kirche.

Es ist unserem Thema angemessen, den Begriff Kirche in einem weiten und offenen Sinn zu gebrauchen. Initiativen, Interventionen und andere Beiträge zu Europa angehenden Fragen gehen von den verschiedenen Konfessionen und Denominationen aus, haben ihren Ursprung zuweilen zu Institutionen und offiziellen Gremien, in anderen Fällen wiederum in eher informellen Gruppierungen oder auch im Denken und Handeln einzelner Personen.

Für eine lange Zeit hat sich die Kirche – als Institution wie im Bewußtsein vieler ihrer Gläubigen – vorwiegend westlich dargestellt und für ihre Gedankenwelt europäischen Zentren den Vorrang eingeräumt, nämlich Rom, Konstantinopel/Byzanz, Wittenberg, Genf, Canterbury usw. Missionare, die nach Lateinamerika, Afrika und Asien gingen, brachten den Menschen dort die Botschaft des Evangeliums, europäische Lebensart und politische wie wirtschaftliche Vorherrschaft des Westens in einem einzigen Paket eingeschnürt. Diese Tatsache ist unabhängig von dem, in einzelnen Regionen ganz unterschiedlichen, Vorrang bestimmter Motive.

Es ist zwar richtig, wenn darauf hingewiesen wird, daß die Anfänge der Kirche sehr bald und gründlich europäisch geprägt wurden und daß abendländische Kultur in ihrer ganzen Vielfalt – Kunst, Architektur, Wissenschaft, Literatur, Zivilisation usw. – ohne Kirche und Christentum sich nicht so entwickelt hätte, wie wir dies an vielen Zeugnissen bis heute wahrnehmen. Es ist aber ebenfalls richtig, daß das politische Europa in vielerlei Erscheinungsformen damit nur bedingt und eher indirekt zu tun hat. Das Europa der Europäischen Gemeinschaft in Brüssel, Luxemburg und Straßburg, der weitergefaßte Europarat mit seinen Kultur- und Menschenrechtsaktivitäten und schließlich das "gemeinsame europäische Haus", in welchem Osteuropa und Westeuropa zusammenwachsen sollen, – alle diese Realisierungen und Gestaltungen von Europa verdanken ihre Existenz u.a. Motiven, die jenseits einer Idee des Abendlandes liegen.

Auf dem Hintergrund dieser, zum Teil nur andeutenden, Skizze sind nun eine Reihe von christlichen Initiativen und kirchlichen Einrichtungen zu würdigen, die sich auf Europa richten, mit speziell europäischen Fragen befassen.

1. Beiträge der Theologie zu schulischer Bildung in Europa – Premiere und zugleich Weiterführung eines Erbes

Es kann wohl mit Fug und Recht eine Premiere genannt werden, daß 150 Theologen und Pädagogen evangelischer, anglikanischer, römisch-katholischer und orthodoxer Konfession aus 19 Ländern West- und Osteuropas im September 1990 Empfehlungen für die schulische Bildung in Europa formulierten. Auch der Kontext dieser Initiative verdient Beachtung, nämlich daß jene Theologen und Pädagogen nicht nur den Kontakt mit autorisierten Vertretern ihrer Kirchen suchten, sondern auch auf die Meinungen jüdischer und muslimischer Vertreter sowie humanistischer Philosophen und Erzieher hörten.

Es schmälert das Neue dieser Initiative nicht, wenn wir den Vorgang zugleich im Zusammenhang früherer kirchlicher Äußerungen und Aktivitäten zu europäischen Angelegenheiten sehen. Denn es liegt in dieser Hinsicht ein Erbe, nicht nur aus den Jahren nach dem zweiten Weltkrieg, sondern auch aus früherer Zeit, vor. Von beidem soll hier die Rede sein.

Mit der generellen Hervorhebung der humanen Dimension der Bildung, einschließlich der religiösen Orientierung, in dem Loccumer Text vom September 1990 haben die Autoren eine Sprache gewählt, die sich bemerkenswert von jener in den Dokumenten der Europäischen Kommission zu Bildungsfragen unterscheidet. Zwar räumt die Kommission in Brüssel den Bildungsfragen Priorität ein und geht damit über Absichtsbekundungen der frühen Jahre der Gemeinschaft hinaus, was zu begrüßen ist. Doch verstehen sich die Loccumer Autoren, über Konfessions- und Ländergrenzen hinweg, betont als Anwalt von Kindern und Jugendlichen in Europa. Sie leisten damit einen unverwechselbar christlichen Beitrag, der ebenso unzweideutig auf die im Gang befindlichen europäischen politischen Prozesse gerichtet ist Damit stehen sie im Einklang mit nahezu allen kirchlichen Stellungnahmen der letzten Jahrzehnte. Darüberhinaus nehmen sie drei wichtige Motive auf, die Christen schon vor Jahrhunderten zu öffentlichen Äußerungen veranlaßten, nämlich

- Das Motiv, ein friedliches Zusammenleben der Menschen Europas vorzubereiten,
- das Motiv, junge Menschen zu einem verantwortlichen Umgang mit Gottes Schöpfung zu erziehen, und
- das Motiv, die Freiheit einzelner Menschen und von Gruppen durch Toleranz zu sichern.

2. Viele Organisationen – zögerliche Ansätze der Koordinierung

Die meisten der heute in Europa tätigen (evangelischen, katholischen und überkonfessionellen) ökumenischen Organisationen, Gremien und Einrichtungen entstanden bald nach dem Zweiten Weltkrieg, einige gehen auf Ursprünge nach dem Ersten Weltkrieg zurück, nur wenige sind älter. Der Gedanke der Versöhnung über nationale Grenzen um Christi willen und der Vorsatz gegenseitiger Beratung und Zusammenarbeit angesichts bis dahin nicht gekannter Herausforderungen eines neuen Zeitalters standen bei den meisten Gründungen im Vordergrund. Es gab auch Gründe der Zweckmäßigkeit, nämlich Reaktionen auf neue politische Konstellationen.

Nicht nur Laien, die als Lehrerinnen und Lehrer, Bibliothekarinnen und Bibliothekare, Gewerkschafterinnen und Gewerkschafter oder aus anderen Tätigkeitsfeldern Veranstaltungen dieser Organisationen besuchen, fragen zuweilen: Wer macht hier eigentlich was? Und: Worin unterscheidet sich die eine Organisation von einer anderen? Auch kirchliche Mitarbeiterinnen und Mitarbeiter kennen solche Fragen. Allerdings dürfen wir nicht übersehen, daß eine zu perfekte Organisation in eine Menschenverachtung führen kann, wie sie George Orwell in seinem Buch "1984" dargestellt hat. Das beeindruckende Orwell-Colloquium des Europarates im Jahre 1984 hat gezeigt, daß den Visionen Orwells zum Teil erfolgreich entgegengewirkt werden konnte, daß die Herausforderung jedoch weiter besteht. Vielfalt ist zunächst einmal Reichtum. Eine Organisation zuviel ist weniger schlimm als eine solche zuwenig, die dringend gebraucht wird, dringend um der Menschen willen.

Im Versuch, Übersicht zu gewinnen, können wir folgende Organisationen und Einrichtungen unterscheiden:

a) Organisationen und Einrichtungen in direktem Zusammenhang mit der institutionellen Zusammenarbeit der Kirchen, z.B. europabezogene Veranstaltungen des Ökumenischen Rates der Kirchen (ÖRK) und die Konferenz Europäischer Kirchen (KEK):

Die Errichtung eines Weltrates der Kirchen, durch den Kriegsausbruch aufgehalten, fand mit der ersten Vollversammlung 1948 in Amsterdam statt, im zerstörten und innerlich zerrissenen Europa, in der Stadt, deren bedeutende jüdische Gemeinschaft Opfer der Schergen des nationalsozialistischen Vernichtungsprogrammes wurde, in dem Heimatland von Willem A. Visser t'Hooft und andren Pionieren der ökumenischen Bewegung. Ökumenisch ist seit jenem Anfang auf Trümmern und mit so verletzten Teilnehmern vieles geschehen. Beim Schlußgottesdienst 1948 in Amsterdam feierte man gemeinsam das Abendmahl, das war ein großer Schritt vorwärts, freilich wegen der Lehrdifferenzen an acht Altären, das zeigte die Begrenztheit des damals Erreichten. Dieser Anfang in Europa ebnete vielem in dem alten Kontinent den Weg.

So kam es bald zur Bildung der Konferenz der Europäischen Kirchen, wo man zunächst immer wieder an den Unterschieden in theologischen Grundfragen innehielt. Doch manches mühsame Ringen sollte sich recht praktisch lohnen. In der kirchlichen und geistlichen Begleitung des Helsinki-Prozesses kommt der KEK große Bedeutung zu. Von den ersten noch bescheidenen vertrauensbildenden Maßnahmen über Schritte zum Schutz der Menschenrechte bis zur Pariser Erklärung (1990) des Friedens in Europa wurden die Lebensfragen unseres Kontinents theologisch bedacht und in den gottesdienstlichen Horizont so unterschiedlicher Kirchen gerückt.

b) Zusammenschlüsse von Vertretern gleicher oder verwandter kirchlicher Arbeitsgebiete, z.B. Europäischer Leiterkreis/Directors

Association (der neu geschaffenen Einrichtung evangelischer Akademien), Europäische Arbeitsgemeinschaft für Evangelische Erwachsenenbildung (EAEE), European Conference of Christian Education (ECCE);

Die Pläne für die Errichtung der kirchlichen (evangelischen wie katholischen) Akademien waren bereits vor dem Kriegsende entwickelt worden. Stichworte wie jene des "mündigen Bürgers", der "mündigen Welt" und einer "Theologie des Laientums" signalisieren das so oder ähnlich angestrebte Programm: Partizipation von Christen in allen Bereichen einer "anders gewordenen Welt" (Eberhard Müller), Resistenz gegen verbrecherische Ideologen (so die Gründer der niederländischen Akademie Kerk en Wereld/Kirche und Welt), eigenständige Verantwortung von Laien in und für die Kirchen.

Ein langer, auch heute unabgeschlossener Prozeß hatte begonnen. Daß dies von Beginn an im europäischen Kontext geschah, verlieh diesem Prozeß eine Qualität, die über – in sich wichtige – Versöhnungsaktivitäten hinausreicht. Dies trifft für die EAEE ebenfalls zu.

Die vor mehr als 200 Jahren begonnene Arbeit in Sonntagsschulen breitete sich rasch aus, auch in den damaligen Kolonialgebieten in anderen Kontinenten. Über die heute bekannten Kindergottesdienste hinaus hatten die frühen Sonntagsschulen eminente soziale und Bildungsfunktionen. Für die in der Manufaktur und dann Industrie gebrauchten Kinder war die Sonntagsschularbeit die einzige Chance minimale Bildung zu erwerben. Seitdem haben sich überall grundlegende Veränderungen vollzogen, und die Arbeit wurde entsprechend modifiziert. Der "Weltrat für christliche Erziehung" war die Plattform für einen Austausch von Erfahrungen und Ideen. Seine Stunde hatte geschlagen, als auf Beschluß der Vollversammlung des ÖRK in Uppsala und nach einer weltweiten Konferenz über Erziehungsfragen in Lima (1970) das Bildungsbüro beim Weltkirchenrat (Subunit of Education) in Genf eingerichtet wurde. Die Europäer im Weltrat für christliche Erziehung beschlossen weiterzumachen. Die ECCE wurde geschaffen und entwickelte sich zu einem wichtigen Forum der in Ost- und Westeuropa Verantwortlichen für kirchliche Arbeit mit Kindern (und zum Teil auch Jugendlichen).

c) Zusammenarbeit (aus den oder) der Kirchen gegenüber europäischen Institutionen, z.B. Konferenz der europäischen Kirchen Rhein, Ecumenical Commission for Church and Society in Europe (ECCSE) in Brüssel und mit Büro in Straßburg;

Die ECCSE ist ein interessantes Beispiel dafür, wie aus spontanen und informellen Anfängen eine Organisation entstehen kann. Es begann nämlich mit Zusammenkünften europäischer Beamten in Brüssel, Gedankenaustausch und Gottesdiensten, derer sich ein belgischer Theologe annahm. Die wichtigen politischen und administrativen Funktionen von Teilnehmern motivierten diesen Kreis, an ihre Kirchenleitungen zu appellieren, sich den europäischen Prozessen zu widmen. So wurde die ECCSE ein offizielles Gremium.

d) Auf schulische Bildung bezogene Zusammenschlüsse (mit mehr oder weniger kirchlicher Bindung), z.B. Intereuropean Commission on Church and School (ICCS), European Forum for Teachers of Religious Education (EFTRE), Internationaler Verband Evangelischer Erzieher (IV);

Der internationale Verband wurde nach dem ersten Weltkrieg von niederländischen Pädagogen aus protestantischen Schulvereinen als Geste der Versöhnung gegenüber ihren deutschen Kollegen gegründet. Es handelt sich um einen sogenannten Dachverband, dessen Mitglieder selbst Verbände sind. Deutsche Mitglieder sind z.B. die Evangelischen Schulbünde und die Arbeitsgemeinschaft Evangelischer Erzieher (AEED, Dachverband evangelischer Lehrer-, Erzieher- und Religionslehrerverbände). U.a. finden sich schweizerische und französische Verbände auf der Mitgliederliste.

EFTRE, jüngste Gründung in diesem Feld, verdankt seine Existenz einer Initiative des Finnischen Religionslehrerverbandes zu grenzüberschreitender Fortbildung für Religionspädagogen an Schulen und Hochschulen.

Mitglieder der ICCS, die 1958 gegründet wurde, sind kirchliche und staatliche Einrichtungen sowie Organisationen, die für das Verhältnis zwischen Kirche und Schule Verantwortung tragen bzw. sich mit Fragen des Religionsunterrichts beschäftigen Die Mitglieder kommen zunächst aus allen Ländern Westeuropas. Bei einzelnen Aktivitäten waren seit Jahrzehnten Vertreter aus osteuropäischen Ländern beteiligt Seit 1989 hat die Ausweitung der Mitgliederschaft nach Osteuropa, z.B. mit der CSFR, Ungarn und Rumänien begonnen.

Seit einiger Zeit gibt es Koordinierungsbemühungen zwischen den Organisationen, die sich mit Fragen schulischer Bildung befassen.

e) Aktivitäten und andere Kontakte im Rahmen von Vereinigungen wie Gustav-Adolf-Werk, CVJM usw.;

f) Aktivitäten und Kontakte im Rahmen europäischer Programme wie ERASMUS oder TEMPUS usw.;

g) schließlich frei vereinbarte, meistens zeitlich begrenzte Vorhaben zwischen einzelnen Gemeinden, Kirchenkreisen/Dekanaten usw., einzelnen Schulen, Schulbezirken usw. auf grenzüberschreitende "Euregio"-Gebiete (z.B. zwischen den Niederlanden, Belgien und der Bundesrepublik bei Aachen sowie am Niederrhein oder zwischen Frankreich, der Schweiz und Deutschland am Oberrhein) bezogene Aktivitäten und ähnliches.

In allen hier genannten Fällen *kann* sich eine Art von Wechselwirkung zwischen nationalem und europäischem Geschehen entwickeln. Auch wo dies nicht der Fall ist, werden einzelne in einer Organisation oder an einer Veranstaltung beteiligte Menschen Erfahrungen machen, die sie in die Zukunft weitertragen oder ausbauen möchten. In dem Maße, in dem diese Christenmenschen für solche Gedanken Bundesgenossen finden, wird die Zahl der Christen, die an einem künftigen Europa mitbauen, wachsen.

Eine nicht zu unterschätzende Rolle bei der Motivierung junger Menschen für eine Zusammenarbeit von Christen in Europa wie für einen Einsatz für andere Menschen über nationale Grenzen hinaus spielen Orden und ordensähnliche Kommunitäten wie die im französischen Taizé oder jene auf der schottischen Insel Iona. Die wechselseitige Abhängigkeit von Sammlung, z.B. in gottesdienstlichen Feiern, und Sendung, z.B. in soziale Brennpunkte in Städten und über nationale Grenzen hinaus, die Offenheit für alle, die diese Kommunitäten besuchen, und die Bereitschaft, für den Frieden zu wirken, tragen zur Anziehungskraft solcher Einrichtungen bei.

Aktuelle politische Vorgänge lösen zuweilen kirchliche Stellungnahmen zur europäischen Frage oder auch kirchliche Veranstaltungen aus. Das war z.B. vor den ersten Direktwahlen zum Europäischen Parlament im Jahre 1979, vor allem aber auf verschiedenen Stufen des bereits erwähnten KSZE-Prozesses der Fall. Als vor einigen Jahren, unter deutscher Präsidentschaft das Thema "Europa im Unterricht" aus der Sicht verschiedener Schulfächer beschrieben wurde, erschien in der Bundesrepublik das Arbeitsheft "Junge Christen in Europa", in dem z.B. ein längeres Kapitel dem Versöhnungswerk der Kommunität von Taizé gewidmet war. Als das Konzept des einheitlichen Europäischen Marktes beschlossen war, legte die ECCSE eine Stellungnahme dazu vor.

Auch von kirchlichen Programmen gingen Einflüsse auf europäische Aktivitäten aus. Veranstaltungen des so genannten Konziliaren Prozesses für Gerechtigkeit, Frieden und Bewahrung der Schöpfung haben eine ganze Reihe von europäischen Kontakten gefördert. Dabei war in verschiedenen Ländern eine unterschiedliche Intensität zu beobachten. Während das Thema z.B. in den Niederlanden und in Deutschland in größerer Breite verfolgt wurde, war die Aufmerksamkeit dafür in Großbritannien auf bestimmte Gruppen begrenzt. Einige der Aktivitäten vollzogen sich in kirchlichen Kontexten, andere daneben her.

3. Kirche und Europa – national und konfessionell unterschiedliche Facetten eines Themas

Die konfessions-demographische Lage in einem Lande bestimmt den jeweiligen Blickwinkel, unter dem die europäische Frage betrachtet wird. In Österreich und der Bundesrepublik spielt der konfessionelle Proporz aus historischen Gründen eine größere Rolle, entsprechend auf "Ausgewogenheit" ausgerichtete Perspektiven bestimmen die europäischen Intentionen. In Griechenland, aber auch in der Republik Rußland ist der Ausgangspunkt durch das orthodoxe Kirchentum bestimmt und die Perspektive mit korrespondierenden Ordnungskonzepten verbunden. So wie die Heilige Liturgie für die Gläubigen die Verbindung zur immerwährenden himmlischen Liturgie herstellt, so erwarten die orthodoxe Kirche und ihre Mitglieder von der staatlichen und gesellschaftlichen Ordnung, daß sie Abbild der himmlischen Ordnung sind. Eine ähnlich konsequente Prägung bewirkt in Norwegen ein überwiegend homogenes Luthertum. Wenn sich die europäischen Bildungsminister treffen, vertritt ihr norwegischer Kollege das "Ministerium für Kirche und Erziehung". In Italien bestimmen der Begriff und die Vorstellung einer (römisch-katholischen) italienischen Kultur den Blick auf unser Thema. Nach der Verfassung ist das Land pluralistisch und der Staat neutral, aber im herrschenden Verständnis des kulturellen Erbes gibt es eine Tradition, die von dem großen Römischen Reich mit seinen vielen Zeugnissen bis in die Konzilsaula von Sankt Peter reicht. Diese Tradition wird in manchem Schulbuch gespiegelt. Ihr entspricht es, daß Religionsunterricht in Schulen selbstverständlich ist, und daß dieser selbstverständlich katholisch ist. Juden und Protestanten gehören zu den Dissidenten gegen diese Regelungen. Doch letztere lehnten das Angebot eines protestantischen Religionsunterrichts, nach Diskussionen in allen Gemeinden mit Beschluß ihrer Generalsynode, ausdrücklich ab. Einen objektiven Unterricht, weder katholisch noch evangelisch gebunden, könnten sie sich eher vorstellen.

Die nur angedeuteten Beispiele unterstreichen, daß "die Sicht der Kirchen zu den europäischen Problemen" eine höchst vielschichtige Größe sein *muß*. Dies kommt vollends auf dem Gebiet schulischer Bildung zum Tragen. Schweden z.B. hat mit der Einführung der *schwedischen* Gesamtschule im Jahre 1962 entschlossen und endgültig Abschied genommen von der Unterweisung der Jugend des Volkes in Luthers Katechismus im Rahmen der öffentlichen Schule. In unmittelbarer Konsequenz aus diesem Ereignis wurde ein beeindruckendes *Programm kirchlicher Taufunterweisung* eingeführt, bald danach ein solches der *Konfirmandenarbeit*, schließlich eines für *Kinder und Familie*. Als auch in diesem Land die Zahl der Einwanderer aus anderen Kulturen und Religionen zunahm, hat man versucht, von "europäischen Erfahrungen" zu lernen und sich diese über das *Midland Religious Education Centre in Westhill Birmingham* zugänglich gemacht.

Derlei Vielfalt kultureller Traditionen kann nicht nur unter dem Dach nationaler oder föderaler Kulturhoheit blieben. Sie verdient Aufmerksamkeit, wenn die fortschreitende Anerkennung der Diplome und Ausbildungsgänge an die Bereiche ethischer und wertorientierender Bildung rühren wird. Dann kommt auch in den Blick, daß das Volk im Königreich der Niederlande nach hundertjährigem Schulstreit für die *Erziehungshoheit der Eltern* den Verfassungsrang erstritten hat. Jede einzelne Schule hat auf Grund des Votums der Eltern, im Schulvorstand, die freie Entscheidung über den eigenen Religionslehrplan. Dies gilt für zwei Drittel der Schulen des Landes, die protestantischen und die römisch-katholischen: das letzte Drittel wird von lokalen bzw. Regionalbehörden getragen. Aber für alle niederländischen Grundschulen ist das Fach "Geistliche Strömungen" als nicht-konfessionsgebundener Unterricht und Vorbereitung der Kinder auf das Zusammenleben in einer multikulturellen Gesellschaft verpflichtend.

In Frankreich ist der Vorrang des Europathemas für die Schulen mit einem unnachahmlich nationalen Akzent verbunden, aber Kirchen und Religionsgemeinschaften sind grundsätzlich private religiöse Vereinigungen. "Religion" ist im Französischen per Definition und im allgemeinen Sprachgebrauch etwas Privates, nicht Öffentliches – auch nichts für die Schule. Eine Ausnahme bilden aufgrund der geschichtlichen Entwicklung das Elsaß und das Departement Moselle. Dort haben die lutherische und die reformierte Kirche in Elsaß und Lothringen eine Katechetische Kommission gegründet. In einer von dieser Kommission herausgegebenen Serie von Unterrichtsbüchern wird neben national naheliegenden Themen wie Albert Schweitzer, Aufhebung des Edikts von Nantes, Oberlin u.a. Kenntnis von der lutherischen Weltfamilie und Bonhoeffer als Beispiel für alle Christen vermittelt. Letzteres übrigens so fachlich begründet und didaktisch geschickt wie in keinem deutschen Lehr- und Lernmaterial.

Ein weiterer Aspekt unseres Themas ist der Unterricht für Kinder religiöser Minderheiten. Es ist bekannt, daß in der Bundesrepublik, z.B. beim Schulausschuß der Kultusministerkonferenz, Bemühungen um einen Unterricht für muslimische Kinder stattfinden,die zuweilen auch auf Probleme stoßen. In Griechenland wiederum ist eindeutig orthodox christlicher Religionsunterricht so selbstverständlich, daß er niemals in der Verfassung des Landes genannt worden ist. Im gleichen Land gibt es aber auch das innerhalb Europas am besten ausgebaute muslimische Schulsystem, einschließlich der Einrichtungen zur Lehrerausbildung.

Nationale Traditionen und die aktuelle religions-demographische Lage tragen maßgeblich dazu bei, welche europäische Perspektiven in einem Land entwickelt werden. Evangelische und katholische Kirchen und Organisationen haben je nach der gegebenen Situation Anteil an der Gestaltung der Bildungseinrichtungen. Freikirchen sind in nahezu allen europäischen Ländern in einer Minderheitssituation. Ihr Beitrag zum Bildungsgeschehen, insbesondere zu schulischem Religionsunterricht, wird kaum gewürdigt.

In der Bundesrepublik Österreich gibt es für einige Freikirchen das Recht auf eigenen Religionsunterricht in öffentlichen Schulen und staatlich geförderten Privatschulen. In der Bundesrepublik Deutschland werden freikirchliche Religionslehrerinnen und Religionslehrer, ihre Schülerinnen und Schüler von den evangelischen Landeskirchen gegenüber den staatlichen Instanzen vertreten. Zuweilen sollen freikirchliche Lehrkräfte erklären, nicht für die eigene Kirche werben zu wollen. In Großbritannien sind eine ganze Reihe von methodistischen und baptistischen Lehrerinnen und Lehrern Schulleiter von Schulen der Kirchen von England, welche – nach dem dualen System – Bestandteil des öffentlichen Schulwesens sind. In Schweden existiert eine “Ökumenische Schulkommission”, in der freikirchliche Mitglieder gleichberechtigt mitarbeiten.

Diese Kommission ist ein unabhängiges Beratungsorgan. In Italien bilden die Methodisten mit den Waldensern eine Kirchengemeinschaft. Die Baptisten sind hier enge Kooperationspartner. In der Öffentlichkeitsarbeit ihrer kleinen, aber sehr aktiven Gemeinden sind sie Vorreiter einer Beschäftigung von Christen mit den Weltreligionen. Diese kurzen Bemerkungen mögen unterstreichen, daß das verbreitete Schweigen über die Freikirchen deren Bedeutung für Europa und seine Bildungseinrichtungen nicht gerecht wird.

Insgesamt spiegelt das vielschichtige Bild der gegenwärtigen Christenheit in Europa die gleichen drei Motive, die in der Vergangenheit schon einmal das Verhältnis von Kirche und Europa bestimmt hatten. Ein Blick in diese Vergangenheit aus aktuellem Anlaß mag das unterstreichen.

4. Friedliches Zusammenleben, Verantwortung für die geschaffene Welt und Toleranz – Aufgaben der Christen für ein künftiges Europa

1693 erschien eine Schrift mit dem Titel "Essay über den gegenwärtigen und zukünftigen Frieden in Europa". Darin wird die Einigung unseres Kontinents vorgeschlagen. Ein Europa-Parlament mit 90 Mitgliedern soll über alle Streitfragen mit Dreiviertelmehrheit entscheiden. Verfasser der Schrift war der englische Quäkerführer *William Penn*. Gründer jenes Staates ohne Sklavenhaltung und Rassendiskriminierung in der Neuen Welt, der seinen Namen trägt: Pennsylvania.

Kirchen, Freikirchen und christliche Gruppen erfahren, wie auch andere religiöse Gemeinschaften (z.B. Juden und Muslime), auf eigene Weise, daß politische Vorgänge gedeihliches menschliches Zusammenleben fördern oder hindern können. Während des Ersten Weltkrieges, vor allem nach seinem Ende haben etwa der Schwede Nathan Söderblom und der Brite William Temple wirksame Impulse zu Versöhnung und Frieden gestiftet. Auch damals haben die Quäker, aber auch christliche Initiativgruppen z.B. in der Schweiz und in den Niederlanden sich auf bewundernswerte Weise praktisch engagiert. Die zwischen Dietrich Bonhoeffer und dem Bischof von Chichester, George Bell, verabredeten Aktivitäten zur Rettung Verfolgter gehören für die Zeit vor und im Zweiten Weltkrieg in diesen Bereich. Es ist europäischen Ökumenikern zu verdanken, daß das belastete und belastende Erbe aus der Nazizeit in Kirche und Theologie für das Inland wie das Ausland erheblich überzeugender aufgearbeitet worden ist, als man dies der deutschen Justiz bescheinigen könnte. Der Kredit an Vertrauen, den Kirchen und Christen in früher sozialistischen Ländern Europas genießen, ist maßgeblich durch die Bewährung der ökumenischen Bewegung gedeckt.

Im gleichen Jahr wie William Penns Schrift erschien *John Lockes* Abhandlung "Gedanken über die Erziehung" und vier Jahre davor, 1689, veröffentlichte der englische Philosoph gleich drei für unser Thema belangreiche Werke, den "Essay über die menschliche Erkenntnis (bzw. den menschlichen Verstand)", "Zwei Abhandlungen über das Regieren" und seinen "Brief über die Toleranz". Es kann hier nur kurz angedeutet werden, wie eng für Locke die berührten Gebiete, nämlich Erkenntnistheorie, Politik, Bildung und Religion zusammenhängen. Nach ihm leitet sich politische Macht von einem Vertrag ursprünglich freier Individuen her, die "zu ihrem Guten und zur Bewahrung ihres Eigentums" einen Teil ihrer natürlichen "Macht" an die Gesamtheit "abgeben". Politische Macht beruht auf Delegation und bedarf daher der Zustimmung der Regierten. Das Denken des Menschen ist Voraussetzung für auf Vernunft begründetes Handeln. Deshalb sollen Kindern und Jugendlichen in der Erziehung von Anfang an – je nach ihren Begabungen und Möglichkeiten – Gründe für das gegeben werden, was ihnen beigebracht wird. Daß "die Einsichtigkeit des Christentums" in der Heiligen Schrift überliefert sei, hat Locke später in einer Schrift des Jahres 1695 dargelegt. Streitigkeiten zwischen christlichen Gruppierungen versucht der Philosoph und Theologe durch Zurückführung auf wenige Grundüberzeugungen, wie Schöpfung, Messianität Jesu und ewiges Leben, gegenstandslos zu machen. "Kirchen sind für Locke freiwillige Zusammenschlüsse von Gläubigen" (Günter R. Schmidt). Den Staat hat nur deren Verhalten als Bürger zu interessieren.

Solche Überlegungen haben für Europa folgenreiche Entwicklungen eingeleitet. Als Beispiele seien die Toleranzgesetze Josephs II für die Habsburger Monarchie und jene Friedrichs II für Preußen genannt. Eine hübsche Pointe ist es, daß die Beamten der österreichischen Kronländer dafür Sorge trugen, daß Josephs Toleranz die Autorität des Staates nicht zu sehr einschränkte, während die preußischen Oberbeamten das Verdienst haben, daß Friedrichs Gesetze sich in der Praxis nicht als diskriminierend auswirkten.

Die heute geltenden Standards der Religionsfreiheit ermöglichen es, Europa in allen seinen Ländern, mit den Wanderungsbewegungen aus anderen Kulturen und Religionen fertig zu werden, bei ärgerlichen, ja empörenden und verletzenden aktuellen Herausforderungen nicht die Contenance zu verlieren. Manches, was heute möglich ist, wäre John Locke zu weit gegangen. Aber er hat den Samen gelegt, dessen Aufgehen die heutige Situation ermöglicht hat.

Der letzte Grund dafür, daß sich Christen und Kirchen sinnvoll für Europa und seine Menschen einsetzen, und daß junge Menschen zu solchem Einsatz gebildet und befähigt werden sollen, hat unüberholbar der Universalwissenschaftler, Pädagoge und Bischof der Bömischen Brüder *Jan Komensky* oder Johan Amos Comenius vorgetragen: Wir Menschen, zumal wir Christen, sind beauftragt, als vernünftige, rechtschaffene und fromme Wesen an Gottes Schöpfungsplan mitzuarbeiten: "vernünftig können wir aber nur werden, wenn wir alle Dinge und Mitgeschöpfe *kennen*, *benennen* und recht zu *behandeln* lernen" (Hans Scheuerl).

Comenius hat diese seine Forderung eingelöst. Zusätzlich zu seinen kirchlichen Ämtern stand er als Bildungsreformer, aber auch als Diplomat oder politischer Berater in böhmischen, englischen, schwedischen, polnischen, rumänischen und niederländischen Diensten. Wo er fortschrittlich war, z.B. in seinem Schulbuchansatz, ist er zum Teil bis heute noch nicht überholt. In anderen Dingen, z.B. in seinem Weltbild, blieb er zum Teil hinter seiner eigenen Zeit zurück. Dieser Mann, der persönlich und mit seiner Kirche sehr viel Leid erfahren hat, hat sich nie dazu verführen lassen, seinen Einsatz für ein besseres Europa und sein Ethos für eine dahin zielende Bildung mit seinem seelsorgerlichen Bemühen zu verwechseln oder das eine dem andren dienstbar zu machen, also zu mißbrauchen.

Die von Comenius, Penn und Locke formulierten Ziele bedeuten, jedes auf seine Weise, die Eröffnung neuer Perspektiven, sowohl für Europa wie für schulische Bildung in Europa. Diese Perspektiven sind durch die Entwicklung in den seitdem vergangenen Jahrhunderten nicht überholt worden. Gegenwärtige Äußerungen von Kirchen und christlichen Organisationen, von denen wir einige genannt haben, sprechen dafür, daß das Streben nach friedlichem Zusammenleben, Verantwortung für die geschaffene Welt und Toleranz weiterhin auf der Tagesordnung bleiben. Das Plädoyer für die humane Dimension der Bildung, einschließlich der religiösen Orientierung, in Europa liegt in der Linie der genannten Perspektiven. Die Vielfalt in den Ländern und Kirchen Europas verspricht gegenseitige Bereicherung bei der Verwirklichung der Ziele.

Günter Linnenbrink

Fallt nicht falschen Alternativen anheim

Predigt zu 1. Thess. 5, 14-24

1. Ermahnungen zu Anfang – hört man darauf?

Die soeben verlesenen Sätze aus dem Brief (ältester) des Apostels Paulus an seine Gemeindeglieder in Thessaloniki klingen in unseren Ohren wohl noch nach wie ein langer Mahnkatalog. Die eine Ermahnung leuchtet unmittelbar ein, die andere ist schon etwas problematisch, die dritte – allezeit fröhlich zu sein – läßt schon die Stirn runzeln.

Überhaupt: Wenn jemand ganz unvermittelt eine längere Reihe von Ermahnungen über einen gleichsam ausschüttet, hält sich die Hör- und Aufnahmebereitschaft, selbst bei Gutwilligen, in Grenzen.

Damit der Apostel bei uns nicht in den Ruf eines Moralapostels gerät, zwei kurze Hinweise:

a) Wir haben hier das Briefende gehört – die Grüße habe ich ausgelassen. Am Anfang dieses Briefes steht der Dank, und zwar nicht nur allgemein, gleichsam als Übergangsfloskel, um zur eigentlichen Sache zu kommen. Nein: Paulus dankt ganz konkret für die vorbildliche und tatkräftige Art, wie die Gemeinde das Evangelium aufgenommen hat und jetzt lebt.

Er erwähnt ausdrücklich ihren ausgezeichneten Ruf in der näheren und weiteren Umgebung.

b) Paulus schreibt nicht als ein Außenstehender, sondern als einer, der sich eng mit dieser Gemeinde verbunden weiß, sich bei ihr zu Hause gefühlt hat und noch fühlt. Er kennt ihre Situation genau. Als ihr Freund und Bruder schreibt er ihnen.

Ermahnungen, die unvermittelt ergehen, womöglich auch noch von einem Außenseiter kommen, stoßen ab, verschrecken eher oder machen trotzig. Ermahnungen, die von einem Freund kommen, der

vertraut ist mit unserer Lage, der uns versteht, haben die Chance, aufmerksames Gehör zu finden.
Betrachten wir also den Apostel Paulus als einen uns wohlvertrauten Briefschreiber, den Loccumern hier nicht unbekannt. Mehr noch: Nehmen wir ihn als Freund und Ratgeber, der sich mit uns in Christus verbunden weiß und vor Gott dafür dankt, "daß wir das Wort der göttlichen Predigt (in den zurückliegenden Zeiten) nicht als Menschenwort aufgenommen haben, sondern als das, was es in Wahrheit ist, Gottes Wort, das in uns wirkt, die wir glauben." (1. Thess. 2,13)

2. Gemeindeaufbau nach Paulus

2.1 Vor fünf Jahren waren hier in Loccum, in der Ev. Akademie, etliche Frauen und Männer unserer hannoverschen Landeskirche zusammengekommen, um über den künftigen Weg unserer Kirche zu beraten.

Welchen Weg soll die Kirche in unserer Zeit gehen?

Sollen wir um der Eindeutigkeit des christlichen Profils willen entschlossen den Weg der verbindlichen Gemeinschaft gehen und deshalb uns stärker auf uns selbst zurückziehen? Konzentration auf die klassischen Aufgaben der Kirche: Gottesdienst, Seelsorge, gemeindliche Diakonie, Evangelisation?

Oder sollen wir die Botschaft von Gottes Barmherzigkeit in Christus, die allen Menschen angeboten ist, auf alle nur vertretbare Weise und in alle erreichbaren Lebens- und gesellschaftlichen Zusammenhänge hinein vermitteln?

Fortsetzung und Intensivierung der funktionalen Dienste unserer Kirche wie Kirchlicher Dienst in der Arbeitswelt, Akademiearbeit, Religionsunterricht in Schulen etc.?

In einer Sondertagung unserer Landessynode zum Thema "Zukunft der Kirche" haben wir uns dann darauf verständigt, unseren Weg als Volkskirche, d.h. als eine Kirche, die ihr Zeugnis und ihre öffentliche Verantwortung für alle Menschen in unserer Gesellschaft weiter wahrzunehmen sich verpflichtet sieht, zu gehen, und zwar freibleibend, ohne klerikale Bevormundung, jedoch in klarer und erkennbarer Bindung an ihren Herrn.

Ist dies eigentlich eine sich wechselseitig ausschließende Alternative? Oder ist nicht beides als sich wechselseitig ergänzend zu sehen?

2.2 Helfen uns bei dieser Entscheidung die Ermahnungen des Apostels? ich denke schon.

Was ist ihr Ziel? Der Aufbau der Gemeinde.

- Wenn wir als Glieder der Kirche Jesu Christi leben wollen, so versteht es sich wohl von selbst, daß man nicht bewußt und absichtlich auf Kosten von anderen und deren Arbeit sich's gut sein läßt und/oder ein sexuell ausschweifendes Leben führt. Das ist "unordentlich" im Sinne des Paulus, nicht das unaufgeräumte Zimmer, die dürftigen Hausarbeitsmappen für die Schule, die reichlich legere Kleidung o.ä. Wer sich so unordentlich verhält, gehört zurechtgewiesen.
- Die Kleinmütigen trösten und die Schwachen tragen, dazu Geduld haben gegen jedermann.

Das erste will uns wohl noch dann und wann gelingen, nämlich denen Mut zuzusprechen, die sich wenig oder nichts zutrauen, die sich für zu gering ansehen, als daß sie ihre Gaben wirklich einzubringen sich getrauen. Ein gutes Wort, eine Ermutigung, eine Aufgabe kann hier wirklich trösten.

Wenn es darum geht, nicht die körperlich Schwachen, sondern die im Glauben und in der Erkenntnis Engen zu tragen, ist das oft außerordentlich mühsam. Es bedeutet z.B., dasjenige nicht zu tun, was ich selbst nach meinem Verständnis des Glaubens getrost tun könnte; denn ich weiß, daß mein Bruder/meine Schwester daran Anstoß nimmt. Ein entscheidendes Kriterium in Fragen der Lebensführung ist für Paulus die Wirkung auf die Schwachen in der Gemeinde. Wer sich über sie hinwegsetzt im Namen besserer theologischer oder ethischer Einsicht, bleibt ihnen die Liebe schuldig. Damit wird der Aufbau der Gemeinde nicht gefördert, sondern gehindert.

- *Geduld aufbringen* heißt die Nachsicht, die Gott mit uns selbst hat, auch für den Mitbruder, die Mitschwester zu üben.
  Ich muß für mich bekennen, daß ich ungeduldig bin, und besonders bei denen, die mir nahe sind. Und wenn ich dann merke, wieviel Geduld Gott mit mir haben muß, halte ich beschämt inne und sage mir: guck auf dich selbst!
- Das *Vergeltungsdenken*, dieses "Wie du mir, so ich dir!" – Oh,

es steckt tief in uns drin. Ob es die kleine Bosheit oder Gemeinheit ist, die mein Arbeitskollege, mein Vorgesetzter, mein Parteifreund oder auch das so bekannte Mitglied der Gemeinde mir angetan hat. Ob es die große Bosheit ist, die brutale Despoten gegen ganze Gruppen und Völkern begehen – wie gern möchten wir mit gleicher Münze heimzahlen! – doch das *Vergeltungsprinzip* ist der Gemeinde Christi aus der Hand genommen – von Gott. Darum darf sich auch die Kirche nicht an solchen Versuchen beteiligen, wo das Unrecht, die Bosheit, im Namen unseres Volkes begangen, aufgerechnet wird gegen das Unrecht, das unserem Volk widerfahren ist.
Uns ist aufgegeben, das Gute zu suchen, das *Verbindende*. Darin sich engagiert zu beteiligen, ist Sache des Christenmenschen.

– *Freude* und *Dankbarkeit* als Grundbestimmungen des Christenlebens, des Gemeindelebens? Mir sind da unvergeßlich meine Begegnungen mit brasilianischen und afrikanischen Christen und Gemeinden.
Die äußeren Bedingungen, unter denen man sich versammelte, waren mehr als dürftig. Die persönlichen Lebensbedingungen waren eher prekär als gesichert.
Und doch: Eine ansteckende, von innen kommende Fröhlichkeit und Dankbarkeit ging von ihnen aus.
Beschämt war ich. Denn wieviel mehr haben wir hier Grund zum Danken und zur Freude! Niemand hindert uns, unseren Glauben zu bekennen, Räume und Orte haben wir "en masse", wo wir uns versammeln können. Und vor allem: Haben wir nicht denselben tiefsten Grund zur Freude und Dankbarkeit wie unsere ökumenischen Partner: Christus?
Er ist doch unser Heil genauso wie er ihr Heiland ist.

– Dann mahnt der Apostel uns, den *Geist nicht* zu *dämpfen*. Er verwendet dafür ein Wort, das man sonst für das Löschen/Auslöschen von Feuer verwendet. Geist und Feuer sind miteinander offensichtlich verwandt. Als der Heilige Geist auf die Pfingstgemeinde kam, sah es so aus, als ob Flammen über den Köpfen der versammelten Gemeinde stünden. Feuer und Geist können erneuernde, reinigende, aber auch verheerende, verzehrende Wirkung haben.
Das geordnete Kirchen- und Gemeindewesen hier bei uns steht zur Zeit wohl nicht in Gefahr, daß es durch spontane, vollmäch-

tige Äußerungen des Geistes "erschüttert" würde. Eher ist ein Mangel an Geist zu beklagen. Er scheint durch Verordnungen, Gesetze, Verfügungen etc. verschüttet zu sein. Daß die belebende und erneuernde Kraft des Geistes dringend nötig ist, weiß jeder, der sich bei uns in der Kirche auskennt. Nichts ist daher so wichtig wie das Gebet um den Heiligen Geist.
Doch alles Wirken des Geistes ist daran zu messen, ob es dem Aufbau der Gemeinde und ihrem Frieden dient. Das ist das entscheidende Kriterium.

– Schließlich mahnt uns der Apostel, mit offenen Augen, hörbereit und verständnisvoll auf die Erfahrungen, Einsichten und Angebote zur Gestaltung des Lebens beim einzelnen und in der Gemeinschaft zuzugehen. Also: Die Gemeinde soll sich nicht von ihrer Umwelt abkapseln. Aber sie soll sich zugleich nicht darin verlieren, ihres Profils auf diese Weise verlustig gehen. Vielmehr soll sie prüfen, was übernommen werden kann von anderen – sei es im Gespräch mit unseren ökumenischen Freunden und Partnern, im Dialog mit den Religionen, in Auseinandersetzung mit Philosophien, im Diskurs mit den Wissenschaften. Kriterium ist aber auch hier: Auferbauung der Gemeinde, deren Haupt Christus der Gekreuzigte ist.

3.

Der Apostel Paulus hatte damals gewiß nicht unsere gemeindlich-kirchliche Situation vor Augen. Ihm war auch nicht aufgegeben, sich über die Rolle des Religionsunterrichtes an öffentlichen oder privaten Schulen Gedanken zu machen. Aber daß sich gemeindlich-kirchliches Leben in einer religiös und weltanschaulich pluralistischen Umwelt zu bewähren hatte, das war ihm bewußt, und dafür Hilfen zu geben, war ihm sehr wichtig. Und ich verstehe seinen freundlichen Rat, seine Mahnungen so, daß er uns sagen will: Fallt nicht falschen Alternativen anheim, die da sagen: Rückzug auf die kleine Schar der wahrhaft Gläubigen ist der einzige Weg, um die Wahrheit des Evangeliums zu bewahren. Die Präsenz der Kirche auf allen Ebenen und an allen Orten der Gesellschaft ist der direkte Weg in die Unerkennbarkeit und Verwechselbarkeit mit anderen religiösen Gemeinschaften.

Vielmehr geht es darum, der Botschaft unseres Herrn treu zu bleiben *und* uns offen zu halten für die Menschen und ihre Gedanken, wo immer sie sind und wie immer sie auch sein mögen. Als Kriterium haben wir für unser Suchen: Christus, den Gekreuzigten. Und das heißt: Kirche und Gemeinde in unserer Zeit hat wie ihr Herr nur eine *dienende*, nie aber eine herrschende oder gar *be*herrschende Rolle. Auch nicht in subtiler Form!

Auf diesem gewiesenen Weg begleitet uns die Verheißung:

"Treu ist der, der euch ruft;
er wird's auch tun."

Amen.

Kommentare aus der Sicht von Islam und Judentum

MEHDI RAZVI

Bildung und Erziehung aus der Sicht eines muslimischen Theologen

Das Loccumer Symposium über Bildung und Erziehung aus der Sicht der christlichen Theologie war für mich, einen muslimischen Theologen, der nunmehr seit 35 Jahren in Deutschland lebt und arbeitet, besonders wichtig. Die Referate und Diskussionen waren instruktiv und hilfreich. Sie haben mir ermöglicht, die theologischen Positionen der christlichen Freunde zu verstehen und gewisse Gemeinsamkeiten mit eigenen Vorstellungen zu entdecken. Darüberhinaus konnte ich meine Gesprächspartner in den drei Arbeitskreissitzungen sowie in mehreren Einzelbesprechungen über den gegenwärtigen Stand der theologischen Reflexionen in islamischen Kreisen informieren.

Im heutigen Europa sind wir Muslime eine relativ neue Erscheinung, obwohl in einigen osteuropäischen Ländern, vornehmlich in Albanien und in Jugoslawien, die islamische Religion schon seit mehreren Jahrhunderten anwesend ist. Trotzdem empfinden immer noch viele Europäer den Islam als etwas sehr Fremdartiges und sogar ziemlich Bedrohliches. Eigentlich sollte es inzwischen auch ihnen bekannt geworden sein, daß die drei Schwesterreligionen Judentum, Christentum und Islam aus denselben Quellen entsprungen sind und miteinander eine große Menge der historischen Beziehungen, religiösen Vorstellungen und ethischen Prinzipien teilen und außerdem heute noch ähnliche Ideale zu verwirklichen bemüht sind. Auch wir Muslime haben etliche Vorurteile und irrationale

Ängste zu überwinden. Es wäre gut, wenn wir endlich begreifen könnten, daß wir religiöse Menschen, die aufrichtig an die Wahrheit unserer jeweiligen Gottesoffenbarungen glauben und unser ganzes Leben dementsprechend entfalten möchten, in unserer heutigen sehr säkularisierten Welt eine Minderheit geworden sind. Von der Urquelle unserer eigenen Spiritualität her sind wir verpflichtet, die geistige Nähe zu unseren andersgläubigen Brüdern und Schwestern zu suchen, miteinander sinnvolle Gespräche zu führen, die uns ermöglichen, in einer Atmosphäre gegenseitigen Verständnisses und Anerkennung eine wirkliche multikulturelle und multireligiöse Welt zu gestalten.

Zur Zeit leben etwa sechs Millionen Muslime in westeuropäischen Ländern. Sie stammen aus drei Kontinenten, überwiegend aus verschiedenen asiatischen, afrikanischen und einigen osteuropäischen Ländern. Sie sprechen unterschiedliche Sprachen, gehören den verschiedenen islamischen Richtungen an und haben verschiedene kulturelle und historische Erfahrungen mitgebracht. Die Zahl der westeuropäischen Muslime ist noch klein, wird aber stetig wachsen, denn trotz massiver anti-islamischer Propaganda der hiesigen Medien, entdecken viele junge und wahrheitssuchende Menschen ihren Weg zum Islam und erblicken in ihm eine echte Alternative zum gegenwärtigen nihilistischen Materialismus. Aus ihnen und ihren Kindern entstehen die neuen islamischen Gemeinschaften, die schon jetzt durch ihre Eigenständigkeit gekennzeichnet sind. Ihre Kinder wachsen in der westeuropäischen Umgebung zusammen mit den nicht-muslimischen Gleichaltrigen auf, sie nehmen am gleichen Schulunterricht teil und werden durch ähnliche gesellschaftliche Erfahrungen geprägt. Die Religion des Islam legt großen Wert darauf, daß sie als gute und verantwortungsbewußte Muslime aufwachsen und einen angemessenen Beitrag für eine neue transnationale, multikulturelle und multireligiöse Völkergemeinschaft leisten.

Nach islamischer Ansicht hat neben den Einflüssen des Elternhauses und der islamischen Gemeinschaften, die schulische Erziehung einen entscheidenden Einfluß auf die Formierung der inneren Denkstrukturen und auf die seelischen, geistigen und emotionalen Entwicklungen. Gott selbst wird im heiligen Qur'an nicht nur als Schöpfer und Erhalter, Richter und Wohltäter, sondern auch als Erzieher der Menschen beschrieben, denn er ist der, der die Menschen durch Lesen und Schreiben und durch seine Diener (Propheten, Imame, Lehrer und Erzieher) die Menschen lehrt, was sie nicht wissen (Qur'an 96:4-6, 2:152, 270, 3:80; 31:13; 21:74; 33:35). Das eigentliche Ziel jeder islamischen Erziehung sollte den heranwachsenden Menschen ermöglichen, das künftige Heil und die wahre Glückseligkeit zu erlangen. In anderen Worten: sie zu reinigen, zu läutern und zu heiligen. Dies entspricht den drei Kategorien der islamischen Ethik: Gehorsam, Glaube und Tugend. Gehorsam verlangt, daß wir Gutes tun und Böses unterlassen, Glaube fordert die Lauterkeit unserer Absichten und die Tugend bedeutet die Wahrhaftigkeit unseres gesamten Wesens.

Bildung und Heiligkeit sind im islamischen Denken eng verbunden. Der heilige Gesandte Gottes Muhammad (Gottes Friede und Segen über ihn und alle, die ihm vorausgegangen sind) hat uns mehrfach gelehrt, daß die Weisheit und wahre Erkenntnis zu suchen eine heilige Pflicht für jeden gläubigen Mann und jede gläubige Frau sein sollte. Wir sollten sie mit allen unseren Kräften erstreben und danach handeln. Denn die menschliche Vernunft ist ein teures Geschenk Gottes, dessen wahren Wert nur die Einsichtigen schätzen können. Die wahre Erziehung soll uns nicht nur die sachlichen Kenntnisse vermitteln, unseren Verstand preisen und unser fachliches Können erweitern. Sie sollte darüber hinaus uns auch helfen, solche Diener Gottes zu werden, die in diesem irdischen Leben den ethischen Prinzipien folgen und im künftigen nach Gottesnähe und seiner Zufriedenheit trachten. Es ist unsere Erfahrung, daß wann immer die Menschen nur die weltlichen Ziele der Bildung und Erziehung erstreben, früher oder später aus ihren sachlichen Kenntnissen, ihrem fachlichen Können und ihren intellektuellen Fähigkeiten neue Formen der Unterdrückung und Ausbeutung, neue Instrumente der Gewalt und Zerstörung und neue Waffen des Unheils und der Vernichtung entstehen. Eine Bildung und Erziehung ohne die Sittlichkeit und Verantwortung ist nach islamischem Verständnis etwas Dämonisches, das uns Menschen zu teuflischen Ungeheuern macht und so durch unsere Verderbtheit zur Auflösung der gesamten Schöpfung führt. Aus dieser Erkenntnis entspringt das wahre Bewußtsein eines Gott ergebenen Menschen, das ihn zum richtigen Pfad zurückbringt und aus ihm einen treuen Diener Gottes macht.

Der Islam betrachtet den Menschen in seiner Ganzheit, daher sollte eine geeignete Erziehung auch alle Lebensbereiche erfassen. eine gut ausgewogene Erziehung sollte den jungen Menschen ermöglichen, ein inneres Verhältnis zu ihrem Schöpfer und Erhalter, ihren Mitmenschen wie auch mit der Schöpfung zu entfalten. Sie sollten lernen, daß unsere Beziehung zu Gott ihren Ausdruck in verschiedenen Formen unserer Religiösität findet.

Alle Religionen haben verschiedene Formen von religiösen Übungen Ritualen, Andachtsformen, Meditationsmethoden und Methoden der Selbstbeherrschung. Entweder haben sie sie von ihren jeweiligen Stiftern und von der Urgemeinde empfangen oder im Laufe ihrer langen Geschichte allmählich entwickelt. Unglücklicherweise sind in unserer sehr säkularisierten Zeit viele von diesen schönen Formen der Andacht und Gottesverehrung vergessen und aufgegeben worden. Vielleicht ist die islamische Religion heute mit der möglichen Ausnahme des Hinduismus die einzige Weltreligion, in der noch die überwiegende Mehrheit der Gläubigen regelmäßig betet, fastet und pilgert. Sicherlich wäre es nicht schädlich für die jungen Menschen, wenn auch die nicht-muslimische Generation in diesem Sinne ihre eigenen, alten Traditionen wieder entdecken würde.

Eines der schwierigsten und kaum lösbaren Probleme bei der Begegnung der Völker und ihrer lebendigen Traditionen ist die Wahrheitsfrage und damit verbunden der Absolutheitsanspruch der großen Weltreligionen. Aus islamischer Perspektive ist die Wahrheit etwas sehr Erhabenes und Transzendentales, das nie von einer einzigen religiösen Gemeinschaft für sich allein beansprucht werden kann. Das könnte ich am besten durch einen Vergleich anschaulich machen. Stellen wir uns vor, daß wir am Ufer eines Sees stehen, der von leichtem Nebel umgeben ist. Von Zeit zu Zeit lichtet sich der Nebel, und wir entdecken eine schöne Lotusblume in ihrer vollendeten Schönheit. Man kann sie betrachten und bewundern, aber nicht abschneiden und mit nach Hause nehmen, denn dann würde sie ihre Vollkommenheit und Unberührtheit verlieren. So ist auch die Wahrheit, die, meistens verschleiert, uns nur von Zeit zu Zeit offenbart wird. Wir können sie nur ehrfürchtig betrachten und uns durch sie inspirieren lassen. Aber wenn wir törichterweise versuchen, sie in unseren persönlichen Besitz zu nehmen, dann entgleitet sie uns.

Daher lehrt uns der Islam, daß wir die Religion auf zwei Ebenen verstehen sollen. Einmal auf der transzendentalen Ebene, wo die ursprüngliche und grundlegende Einheit aller wahren Religionen von den weisen und einsichtigen Menschen zu erkennen ist. Auf der anderen Ebene können wir die immanente Wahrheit der einzelnen Religionen in der Vielfalt ihrer authentischen Traditionen und in der lebendigen Spiritualität ihrer Anhänger und der Zeugnisse ihrer Freunde erleben.

Der Heilige Qur'an hat uns Muslime gelehrt, daß Gott unter allen Völkern der Erde Propheten und Gesandte erweckte, die, entsprechend ihrer Zeit und dem historischen Kontext die Wahrheit in verschiedenen Sprachen und Idiomen gelehrt haben. Wir sind der Meinung, daß es für die jungen Menschen sehr hilfreich wäre, das Leben und Wirken dieser großen Lehrer der Menschheit richtig zu kennen, wie auch von dem Beispiel ihrer besonders auserwählten Schüler zu lernen. Die heranwachsenden Menschen könnten schon in ihrer Schulzeit dialogisch erzogen werden und die Fähigkeit entwickeln, den großen religiösen Traditionen unserer gemeinsamen Geistesgeschichte mit dem notwendigen Interesse und Verständnis zu begegnen. Dann könnte man eher die zwei Hauptgefahren - nämlich den Synkretismus und den Relativismus - für eine echte Kommunikation zwischen den Religionen vermeiden.

Alle großen Weltreligionen haben eine ethische Botschaft. Diese gemeinsamen Werte und Ideale können uns ermöglichen, gute Partner und schöpferische Menschen zu sein. Auch hier kann uns ein geeignetes Erziehungsprogramm helfen, die Gemeinsamkeiten zu entdecken. Glücklicherweise sind inzwischen sehr gute Übersetzungen der klassischen und der modernen Literatur vieler islamischer Völker in verschiedenen europäischen Sprachen erhältlich, die uns ermöglichen, das ethische Gut der islamischen Kulturen zu vermitteln. Es darf hier nicht unerwähnt blieben, daß mittlerweile auch die englische Sprache zu einer islamischen Sprache geworden ist, da eine wachsende Anzahl muslimischer Autoren darin für ihre Glaubensgeschwister schreibt.

Es ist der Konsens der heutigen kompetenten Gelehrten des Islam, daß es eine der Hauptaufgaben der islamischen Religion ist, in Zusammenarbeit mit den anderen Brüdern und Schwestern auf dieser Erde eine menschenwürdige und gerechte, soziale, politische und wirtschaftliche Ordnung zu schaffen, die auf allen Menschen gemeinsamen, ethischen Prinzipien und humanitären Idealen beruht. Dies ist nur dann möglich, wenn wir durch gegenseitige Konsultation geeignete Methodologien entwickeln, wie wir einerseits das Wertvollste von unserem geistigen Erbe bewahren, andererseits jedoch – zu unserem Zeitgeist passend – Erneuerungen und lebensfähige Neuschöpfungen an unsere zukünftige Generation weiterreichen können. Wir hoffen, daß die Erziehungswissenschaften der betreffenden Länder und die religiösen Institutionen der Schwesterreligionen uns bei der Verwirklichung dieser Ziele behilflich sein werden. Wir sind bereit, von ihren Erfahrungen zu lernen und von unserer Seite alles das einzubringen, wozu wir imstande sind. Für solche Gelegenheiten wie das Loccumer Symposium sind wir sehr dankbar, da es uns auf diesem Weg einen Schritt weiterbringt.

DOUGLAS CHARING

Education – A Jewish View

The Hebrew word for education is hinuch, which means "to train", "to polish", "to dedicate" (hence the Jewish festival of Chanukah-dedication). The Hebrew Scriptures command the parents to teach their children. In Rabbinic literature this is extended to teaching your child to swim and teaching an occupation.

Judaism has no one Founder. Abraham is called "our father", whilst Moses has the title "our teacher". In post-exilic Judaism, Ezra is known as "the Scribe" since he makes available the Torah to the entire people not just the priests. He is also often known as the father of modern Judaism.

In the second century of the Common Era, we hear for the first time of the Bet Hamidrash, the House of Learning or Schoolhouse. The most detailed mention is in the rabbinic literature. Here we learn that "the world is sustained by the breath from the mouths of schoolchildren" an "he who denies a child religious knowledge robe him of his inheritance". Child for some of the rabbis meant boys. Rabbi Eliezer ben Hyrcanus, for example, said: "He who teaches his daughter Torah, is as if he taught her frivolity". But annother rabbi, Ben Azzai, insisted that "a man is bound to teach his daughter Torah".

There were various types of schools in Rabbinic times ranging from the primary or elementary schools (Bet Hasefer) to the Bet Hamidrash (High School) and to the Talmudic Academies of advanced learning. Mention is also made of state-employed teachers in Jerusalem who took care of youngsters from the provinces who lacked the advantage of home instruction. Among the subjects taught centuries ago were poetry, logic, arithmetic, geometry, optics, astronomy, music, mechanics, medicine, and metaphysics, in addition to Tenach (Bible) and Talmud. It was said that Jerusalem was destroyed because its children were in the streets, not in schools. The studies of school children could not be interrupted even for the rebuilding of the Temple. It was permitted to turn a synagogue into a school, but forbidden to turn a school into a synagogue. One could also sell a Torah scroll in order to purchase books. It was considered that a town without schools was doomed to destruction. Scholars did not have to keep minor fasts if they were in study, and some even considered study more important than prayer, because talmud Torah keneged kulamthe study of Torah is equal to all the other commandments. Teachers and school children were considered society's most beautiful ornaments. Pupils were expected to revere their teacher as they would revere Heaven. Conscientious teachers of small children, it was said, are destined to sit on the right hand of God, whilst he who taught the son of an unlearned man could make void a decree, even if it comes from God. It was also suggested that he who teaches Torah in this world will do so also in the next. The size of a class was also important. Thus a class with more than 25 students had to engage an extra teacher. In some communities no unmarried man was able to teach. An impatient man could not become a teacher. Strictly speaking, teachers could not accept remuneration for teaching Torah, but only for teaching punctuation marks and accents.

The Talmud relates the following story as a fine example of the model teacher:

Rab, al leading rabbi, came to a certain town where he ordered a fast. The reader of the congregation then went down to the pray-erdesk an recited the words 'He causes the wind to blow', and immediately a wind blew; an when he recited, 'He causes the rain to fall', rain fell. Rab therefore asked him: "what ist your occupation?" "I am a teacher of young children", he replied, "and I teach the children of the poor as well as those of the rich, and if anyone is so poor that he is unable to pay, I take no fee from him. I own a fishpond, and if a child is careless in his studies, I bribe him by giving him some of the fish, an thus encourage him to do better." Thus a good teacher can stop a drought! Good teachers also deserved liberal payment. It was said that certain cities had become uprooted because they did not increase the salaries of their teachers.

Finally, from the mouth of Rabbi Hanina: "I have learned much from my teachers; even more from my colleagues; but most from my students."

Soziale Fragen und Bildung

RAINER MACKENSEN

Die soziale Verantwortung der Kirchen im europäischen Kontext.

Eine europäische Sozialordnung? – Fragen an die Verantwortung der Kirche

Der sogenannte "Cecchini-Bericht", ein Bericht an die europäische Kommission über die Erwartungen der wirtschaftlichen Veränderungen in Folge der Verwirklichung des europäischen Binnenmarktes, kommt zu dem Ergebnis, daß aus den anstehenden Veränderungen zumindest 4 Millionen weitere Arbeitsplätze zu erwarten sind. Über die Entwicklung der *Armut in Europa* spricht er nicht.

Das dritte Aktionsprogramm zur wirtschaftlichen und sozialen Eingliederung der am stärksten benachteiligten Gruppen, das sogenannte Programm "Armut 3" stützt sich u.a. auf die Untersuchungen Graham Rooms, New Poverty in the European Community, erschienen in London bei McMillan 1990. Diese Untersuchung kommt zu dem Ergebnis, daß im Europa der Gemeinschaft gegenwärtig 44 Millionen Menschen unter der Armutsgrenze leben. Die Armutsgrenze wird definiert durch die jeweiligen Programme der Länder zur Grundsicherung, bei uns also durch den Sozialhilfesatz. Die Zahl der Armen dieser Definition lag 1975 noch bei 38 Millionen. Zwischen 1970 und 1987 hat sich die Bedürftigkeit im Hinblick auf die Sozialhilfe verdoppelt. Dabei nehmen ungefähr 20%, das sind 10 Millionen dieser Europäer, Sozialhilfe oder die entsprechenden Grundsicherungen in Anspruch.

Der Bericht von Room sieht die wesentlichen Gründe dieser Armutsentwicklung in Langzeitarbeitslosigkeit, Alkoholismus, Drogenabhängigkeit, Krankheit, in der Zersplitterung von Familien, in unglücklicher Kindheit und in den Unterbrechungen des sozialen Schutzes begründet. Besonders leicht unter die Armutsgrenze fallende ältere Menschen, Einelternteilfamilien, d.h. Alleinerziehende mit ihren Kindern, Langzeitarbeitslose, Personen in Zeitarbeit oder in ungesicherten Arbeitsverhältnissen, bei uns insbesondere die 440 DM-Arbeitsverhältnisse, Kranke, Behinderte und (besonders in Irland, Italien und Griechenland) kinderreiche Familien.

Diese Feststellungen sollten eigentlich ausreichen, um das Engagement der Kirche unter diakonischen Aspekten auch für die europäische Entwicklung zu rechtfertigen. Es ist aber zu bedenken, daß die europäische Gemeinschaft kein Mandat hat, eine Sozialpolitik, eine Beschäftigungspolitik oder auch eine Politik der sozialen Sicherheit in der europäischen Gemeinschaft zu betreiben. Das erwähnte Programm "Armut" kann also lediglich Informationen über mögliche Hilfen weiterreichen. Es ist mit 55 Millionen Ecü für 5 Jahre dafür verhältnismäßig gut ausgestattet – verändern kann es nichts.

Die *Evangelische Kirche in Deutschland* hat bisher der europäischen Dimension kaum eine sehr große Aufmerksamkeit zugewendet. Das gilt ebenso für andere Kirchen. Faktisch gibt es nur kleine Brückenköpfe der Kirchen in Brüssel, die schlecht ausgestattet sind. Eine Organisation, ein Zusammenschluß, eine Abstimmung in den Einstellungen der Kirchen zur europäischen Entwicklung gibt es nicht. Bei der Verabschiedung der Sozialcharta 1989 haben sich in Brüssel auf freiwilliger Basis Vertreter einiger Kirchen zusammengefunden, um wenigstens noch in letzter Minute eine, wenn auch individuell zu verantwortende, christliche Stellungnahme zur Sozialcharta abzugeben.

Die *Mitverantwortung der Christen in Deutschland* für die Entwicklung in Europa kann nicht in Frage stehen. Aber sie gilt auch für die Entwicklung innerhalb des eigenen Landes in Bezug auf die europäische Entwicklung. Die Fragen sozialer Sicherheit können in Zukunft auch in der Bundesrepublik nicht mehr ohne Rücksicht auf die Entwicklung in den übrigen Ländern Europas diskutiert werden. Auch der in der Gegenwart im Vordergrund der Diskussion stehende Prozeß der deutschen Einigung steht unter den Bedingungen der europäischen Integration. Das Gewicht der bereits weit vorangeschrittenen europäischen Gemeinschaft wird auch im Bereich der Sozialpolitik so groß sein, daß nicht nur die Einigung zwischen der Bundesrepublik und der DDR, sondern auch alle weiteren Annäherungen und Zusammenschlüsse in Europa unter der Voraussetzung der bereits in der europäischen Gemeinschaft geschlossenen Regelungen stehen werden. Dies wird im Augenblick vielleicht zu wenig beachtet. Auch unter dem Gesichtspunkt der europäischen Vereinigungsprozesse ist es deshalb wichtig, sich über den Stand und die weiteren Möglichkeiten der Entwicklung der europäischen Gemeinschaft zu informieren und sich zu fragen, in welche Richtung diese Entwicklung in Zukunft gehen soll. Eine solche Überlegung richtet sich an die Solidarität der Christen in Deutschland: Sie werden Verständnis aufbringen müssen, Unterstützung gewähren und auch zu Opfern bereit sein müssen, wenn sie diesen Einigungsprozeß unterstützen wollen. Solche Forderungen richten sich auch an die politischen Repräsentanten und an die Tarifpartner, deren Handeln sich im politischen Raum immer stärker auch im Blick auf die Veränderungen in der europäischen Gemeinschaft auf das ganze Europa beziehen muß.

Dabei geht es in erster Linie um die Arbeitsbedingungen in den europäischen Ländern, die sich unter den Bedingungen des gemeinsamen Binnenmarktes gravierend verändern werden. Arbeitsschutz, soziale Sicherheit, die Lage der Frau und damit die Entwicklung der Familien stehen hierbei im Mittelpunkt.

Es ist aber notwendig, *den Menschen nicht nur in seinen Arbeitsbeziehungen, sondern in seiner Ganzheit zu sehen,* denn er steht nicht allein, sondern in einem sozialen Umfeld, das er zum Leben braucht. Der europäische Einigungsprozeß beruht auf der Vielfalt der historischen Bedingungen und der kulturellen Lebensformen, der Traditionen aber auch der Landschaft in Europa. So sehr die europäische Einigung auf das Ziel einer Gleichwertigkeit der Lebensverhältnisse vorangetrieben werden muß, so sehr muß auch diese Vielseitigkeit der europäischen Kulturlandschaften und der natürlichen Landschaften bedacht werden. Schließlich geht es um die weitere Vervollständigung, Durchsetzung und Verwirklichung von Menschenrechten und dabei um die Mitwirkung der Arbeitnehmer an der Gestaltung der Arbeitsbedingungen, um die Verantwortung der Politiker für die Verwirklichung der Vollbeschäftigung als einem der wichtigsten Ziele der Politik, um die Freizügigkeit der Menschen, der Arbeitnehmer und ihrer Familien, insbesondere der Wanderarbeiter, aber auch der EG-Ausländer.

Die "Einheitliche Europäische Akte" vom 1. Juli 1989 war die erste wesentliche Veränderung der römischen Verträge. Sie enthält den Beschluß, den europäischen Binnenmarkt zum Ende des Jahres 1992 zu verwirklichen. In einigen Punkten ermöglicht auch die Einheitliche Europäische Akte Entscheidungen des europäischen Rates zu sozialpolitischen Fragen. Insgesamt aber hat die Europäische Gemeinschaft in all ihren Institutionen keine Kompetenz, sozialpolitische Fragen zu regeln. Das hat seinen Grund in erster Linie in der Souveränität der zusammengeschlossenen Staaten für ihre Wirtschafts- und Finanzpolitik, in welche die Europäische Gemeinschaft nicht eingreifen kann. Deshalb haben alle Bekundungen der verschiedenen europäischen Institutionen über die Gleichwertigkeit der Wirtschafts- und Sozialentwicklung in Europa vorwiegend deklamatorischen Wert. Praktische Konsequenzen haben sie nicht.

Auch die *Sozialcharta* von 1989 ist eine Absichtserklärung, der erst noch Richtlinien folgen müssen, die aufgrund von Vorlagen der Europäischen Kommission vom Rat beschlossen werden. Nur soweit die Sozialcharta die Europäische Kommission ermächtigt, solche Richtlinien vorzubereiten, besteht eine gute Chance, daß sie auch beschlossen werden. Zwar werden die meisten in der Sozialcharta abgesprochenen Punkte noch bis 1992 in Richtlinien oder andere verbindliche Regelungen umformuliert und vermutlich vom Rat der Europäischen Gemeinschaft beschlossen werden: insofern hat die Beachtung von sozialpolitischen Fragen in der Europäischen Gemeinschaft in den letzten Jahren einen wesentlichen Fortschritt gemacht. Andererseits läßt die Sozialcharta aber auch viele Fragen offen.

Darüber hinaus zeigt die praktische Entwicklung der sozialpolitischen Regelungen in der Europäischen Gemeinschaft, daß es Gefahrenpunkte gibt, die unter Umständen Verhältnisse festschreiben, die sich auf die weitere Entwicklung in Europa ungünstig auswirken würden. Darüber hinaus werden Fakten geschaffen, die später nur schwer wieder beseitigt werden können. So wird der erweiterte Wettbewerb im Binnenmarkt auch zu einem Druck auf die Lohn- und Lohnnebenkosten führen, arbeits- und sozialrechtliche Bestimmungen in Frage stellen, Mitwirkungsrechte beeinflussen, Schutzrechte, wie beispielsweise den Kündigungsschutz u.U. aufweichen, Arbeitszeitregelungen beeinflussen und Sozialpläne definieren.

Ein Beispiel für die gegenwärtige Entwicklung ist der Umgang mit *Fragen des freien Wochenendes*. In allen Ländern der Europäischen Gemeinschaft gab und gibt es Verbote der Sonntagsarbeit mit nur ganz eng begrenzten Ausnahmeregelungen. Auch der Samstag war, bis auf bestimmte Dienstleistungen, überwiegend aufgrund tarifvertraglicher Vereinbarungen arbeitsfrei. Erst in den letzten zehn Jahren wurden die entstandenen Wochenendkulturen wieder in Frage gestellt. Der Sonntag dient den Familien vorwiegend zur Besinnung und zum Zusammensein, aber daneben hatte sich weitgehend auch der Samstag als ein Tag für gemeinsame Hauswirtschaft und Eigenarbeit etabliert. Das Wochenende wurde ebenso wie zur Familienerholung auch für Sport und Hobbys gesellig genutzt. Mit der gewachsenen Freizeit wuchs zwar auch der Dienstleistungsbedarf bestimmter Gruppen, der nun von anderen befriedigt werden mußte; es waren also mehr Dienstleistungen auch am Wochenende zu erbringen. Die Freizeitindustrie stellt inzwischen über 1/10 der Arbeitsplätze in Europa. Aber aufgrund wirtschaftlicher Rezessionen und angesichts steigender Arbeitslosigkeit wurde auch darüberhinaus mit dem Argument, die Konkurrenzfähigkeit gegenüber anderen EG-Staaten stärken zu müssen, zunehmend für längere Maschinenlaufzeiten und durchgängige Arbeitsprozesse plädiert. So wurde das Sonntagsarbeitsverbot daraufhin in einzelnen Ländern aufgehoben, in anderen durch großzügigere Ausnahmeregelungen aufgeweicht. Dabei wurde ohne ausreichende Kenntnis über die tatsächlichen Verhältnisse in anderen Ländern vielfach argumentiert, daß in einem anderen Land bestimmte Ausnahmen am Wochenende zugelassen seien. Die Begründung, daß dies nur in bestimmten besonders belasteten Gebieten oder Branchen zugelassen wurde, wird unterdrückt und wäre auch nicht übertragbar. Damit wurden die Möglichkeiten der Einschränkung des freien Wochenendes zunehmend erweitert.

Jetzt ist das "Wochenende" in einigen Ländern auf die Vorschrift reduziert, daß der Arbeitnehmer einmal in der Woche Anspruch auf eine längere arbeitsfreie Zeit von 24-36 Stunden hat. Ein griechischer Gewerkschaftsführer erklärte stolz, daß in einigen griechischen Betrieben sogar eine 25-Stunden-Arbeitswoche eingeführt worden sei und daß damit die Freizügigkeit der Arbeitsgestaltung wesentlich vergrößert werden konnte. Die Arbeit an den Wochenenden würde vorwiegend von ledigen und jüngeren Menschen geleistet. Dieser Vorteil ist aber durchaus fragwürdig. Zwar ist so eine ausgedehnte wöchentliche Erholungspause für den Einzelnen sichergestellt, aber die Betroffenen können diese Zeit nicht wie bisher für die Familie, für die Geselligkeit oder für das Vereinsleben kommunikativ nutzen, weil sie aus der Übereinstimmung der freien Zeit am Wochenende ausgeschlossen sind. In einzelnen Ländern dürfen nun reine Wochenendschichten bis zu 12 Stunden Dauer bei normalem Entgelt eingerichtet werden. Dies soll der Verhinderung der Arbeitslosigkeit dienen. Tatsächlich aber wurden in Belgien Konzessionen zu Lasten des freien Wochenendes nur wegen der dort hohen Arbeitslosigkeit gemacht. Dies kann aber nicht als Begründung für ähnliche Konzessionen in anderen Gebieten angeführt werden, wenn dort keine vergleichbare Arbeitslosigkeit besteht.

Solche Argumentationsweisen kommen auch auf anderen Gebieten vor. So ist vielfach argumentiert worden, daß die hohen Löhne und *Lohnnebenkosten* in der Bundesrepublik die Konkurrenzfähigkeit der deutschen Industrie stark beeinträchtigen. Demgegenüber kommt die europäische Kommission in ihrer Analyse über unterschiedliche Lohnkosten in der Gemeinschaft zu folgendem Ergebnis:

> "... Es zeigt sich, daß der Arbeitskostenaufwand je 1000 Ecü Produktionseinheiten 1987 zwischen 611 Ecü in den Niederlanden und der Bundesrepublik Deutschland und 764 Ecü in Griechenland beträgt. Von Griechenland und Irland mit 701 Ecü abgesehen, liegt bei dieser Betrachtungsweise der Arbeitskostenaufwand je 1000 Ecü Produktionseinheit in allen Mitgliedsländern relativ eng beieinander und zwar zwischen 611 Ecü und 689 Ecü in Luxemburg. Auffallend dabei ist, daß die sogenannten Hochlohnländer einen relativ niedrigen Arbeitskostenaufwand je 1000 Ecü Produktionseinheit haben und die sogenannten Niedriglohnländer einen relativ hohen Arbeitskostenaufwand je 1000 Ecü Produktionseinheit ausweisen."

Und selbst die Bundesvereinigung deutscher Arbeitgeberverbände kommt in einer Analyse vom Herbst 1988 zu dem Ergebnis, daß im europäischen Vergleich die Bundesrepublik Deutschland bei den Arbeitgeberaufwendungen für soziale Sicherheit in Prozent der Arbeitskosten hinter Italien, Frankreich und den Niederlanden eine mittlere Position einnimmt. Das gleiche gilt für die Beiträge der Arbeitgeber im Prozent der Gesamtfinanzierung der Sozialschutzausgaben, wo die Spitzenpositionen von Spanien, Italien und Frankreich eingenommen werden.

Der gleiche Sachverhalt wird also in den verschiedenen Argumentationszusammenhängen durchaus unterschiedlich bewertet. Im folgenden gehe ich davon aus, daß die hohen Lohnnebenkosten und das hohe Niveau sozialer Sicherheit in der Bundesrepublik eine Begleiterscheinung und eine Bedingung des hohen Qualitätsniveaus der deutschen Produktion sind. Umgekehrt sind die Produktionsverhältnisse in den wirtschaftlich ärmeren Ländern Europas bereits durch hohe zusätzliche Kosten belastet. Ihre Wettbewerbsfähigkeit würde gegenüber z.B. der deutschen Wirtschaft noch zusätzlich behindert, wenn aus europäischer Sicht eine größere Belastung durch Ansprüche an die soziale Sicherheit und andere sozialpolitische Maßnahmen gestellt würde. Die insbesondere in den nördlichen Ländern der europäischen Gemeinschaft verbreiteten Intentionen, das Sicherheitsniveau in der europäischen Gemeinschaft anzuheben, werden deshalb von den ärmeren Ländern vielfach als ein Versuch verstanden, ihre *Wettbewerbsfähigkeit* einzuschränken, ehe sie die Chance haben, sich auf ein Produktionsniveau zu bringen, das den anderen fortgeschrittenen Ländern in der europäischen Gemeinschaft angemessen wäre. Deshalb kann es nicht darauf ankommen, die Bedingungen der Arbeitswelt und der sozialen Sicherheit in den europäischen Ländern insgesamt gleich zu behandeln und alsbald, wie es heißt, zu "harmonisieren", sondern vielmehr darauf, die Vielfalt und die traditionellen Bedingungen der Arbeitswelt in den verschiedenen Regionen Europas wahrzunehmen und zu versuchen, sie allmählich auf eine schließlich wahrscheinlich erst in vielen Jahren erreichbare gleiche soziale Sicherheit in diesen Ländern hin zu entwickeln. Einer der ersten Grundsätze, nach denen bei der Weiterentwicklung der Sozialpolitik in der europäischen Gemeinschaft gehandelt werden sollte, ist deshalb die "Koordination" der unterschiedlichen Systeme der sozialen Sicherheit und nicht ihre Gleichschaltung oder "Harmonisierung".

Auch die im Zusammenhang mit dem Binnenmarkt allgemein unterstützte Tendenz zur Deregulierung muß unter diesem Gesichtspunkt gesehen werden. Nicht jede Region oder Branche kann ohne weiteres sofort und vollständig der vollen Konkurrenz ausgesetzt werden. Es ist nicht zu übersehen, daß in den Meinungsumfragen der letzten Jahre das Interesse an Europa eher abgenommen hat. Den Politikern des eigenen Landes wird eher die Erwartung entgegengehalten, die Interessen des eigenen Landes im europäischen

Einigungsprozeß zu vertreten. Auch unter diesem Gesichtspunkt gibt es Entwicklungen, die durchaus mit Sorge zu beachten sind. Einige Beispiele können das verdeutlichen.

Vor kurzem hat die Europäische Kommission eine nationale Maßnahme zur Bekämpfung der Jugend- und allgemeine Arbeitslosigkeit in Portugal bestätigt. Eine solche "Genehmigung" einer nationalen Initiative könnte zur Folge haben, daß es sich schließlich einbürgert, daß *Maßnahmen der aktiven Arbeitsmarktpolitik* generell durch die Europäische Kommission genehmigt werden müßten. Das könnte bedeuten, daß Maßnahmen, die ein erhebliches finanzielles Volumen erfordern, unter den Vorbehalt einer Genehmigung durch die europäische Kommission gestellt werden. So hat sich in der aktiven Arbeitsmarktpolitik in der Bundesrepublik ein Volumen von etwa 15 Milliarden Mark bewährt. Wenn aber Maßnahmen für die Arbeitsmarktpolitik durch die europäische Kommission bestimmt werden, dann entscheidet sie praktisch auch über die entsprechenden nationalen Mittel und demzufolge über eine Umverteilung zwischen den europäischen Ländern. Es könnte sein, daß damit die Ressourcen der einzelnen Länder gleichmäßig beansprucht werden und damit die jeweilige nationale Arbeitsmarktpolitik in Frage gestellt wird.

Ein solches Verfahren wäre zu rechtfertigen, wenn tatsächlich auf europäischer Ebene eine politische Verantwortung für eine gemeinsame Sozialpolitik bestünde. Das ist aber gegenwärtig nicht der Fall. Die Europäische Kommission unterliegt nicht einer demokratischen Kontrolle, und der Rat als ein Gremium, das aus den Vertretern der Regierungen der Länder zusammengesetzt ist, ist vorwiegend der demokratischen Kontrolle im je eigenen Land verpflichtet. Die Kompetenzen des europäischen Parlaments sind zwar durch die Einheitliche Europäische Akte erweitert worden, aber das Straßburger Parlament ist noch weit davon entfernt, tatsächlich die Verantwortung für politische Maßnahmen innerhalb der europäischen Gemeinschaft übernehmen zu können.

Ähnliche Probleme tauchen auch in anderem Zusammenhang auf. So hat die europäische Kommission vorgeschlagen, daß Arbeitnehmer ihre Ansprüche auf *Leistungen bei Arbeitslosigkeit* auch dann behalten, wenn sie ihren Wohnsitz in einen anderen Mitgliedstaat verlegen. Das würde bedeuten, daß Personen, die hier arbeitslos werden und einen Anspruch auf Sozialhilfe erwerben, mit diesem Anspruch in ihre Heimat zurückkehren könnten. Ein solches Verfahren stößt aber auf zwei Schwierigkeiten. Zum einen ist der Anspruch auf Sozialhilfe bei uns nicht an vorausgehende Arbeitsverhältnisse gebunden, sondern vielmehr für alle offen, die in Not geraten sind. Die Sozialhilfe ist zweitens das soziale Netz der gemeinsamen Verantwortung innerhalb der Kommunen. Diese Kommunen können nicht eine finanzielle Verpflichtung übernehmen, die dann in andere Länder exportiert werden könnte. Wäre dies der Fall, so könnte ein Sozialhilfeanspruch in der Bundesrepublik begründet und der Wohnsitz dann in das Heimatland zurück verlegt werden. Wäre dies möglich, so würde beispielsweise ein Portugiese in seinem Heimatland aus deutscher Sozialhilfe ein höheres Einkommen beziehen, als es ein Durchschnittsbürger dort aus einem Arbeitsverhältnis gewinnen könnte; damit würde in jenen Ländern ein Unterschied zwischen Erwerbseinkommen und erwerbslosen Einkommen bestehen, der dort zu Spannungen und zu einer negativen Reaktion im Bezug auf den europäischen Einigungsprozeß führen müßte.

Entsprechendes gilt z.B. auch für die Zahlung von *Kindergeld*. Nach einem Urteil des Europäischen Gerichtshofes muß Kindergeld auch dann gezahlt werden, wenn die Kinder des Arbeitnehmers in einem anderen Land der europäischen Gemeinschaft leben. Dieser Spruch des Europäischen Gerichtshofes beruht auf einem Fall, in dem die Frau eines italienischen Arbeitnehmers in der Bundesrepublik mit den Kindern in Süditalien lebt. Die Frau war dort erwerbstätig und hätte Kindergeld beanspruchen können. Sie hat aber auf diesen Anspruch verzichtet, weil das Kindergeld aus dem Arbeitsverhältnis ihres Mannes in der Bundesrepublik höher lag. Nach der Entscheidung des Europäischen Gerichtshofes würden also Kinder, z.B. in Italien, aber ebenso natürlich auch in anderen Ländern, mit unterschiedlichem Kindergeld versorgt, je nachdem in welchem Land der betreffende Ernährer erwerbstätig ist. Auch dieses kann zu entsprechenden Unzuträglichkeiten im betreffenden Land führen.

In beiden Fällen ist darauf hinzuweisen, daß die Höhe der Sozialleistungen in den einzelnen Ländern nicht nur von der Leistungsfähigkeit der entsprechenden öffentlichen Instanz abhängt, sondern auch nach den Lebenshaltungskosten und Lebensbedingungen der betreffenden Länder unterschiedlich ist. Wenn also der, wie man sagt, "Export von Sozialleistungen" verallgemeinert würde, dann entstünden Programme von dreierlei Art:

1. Über die finanziellen Ressourcen eines Landes würde von außen entschieden und der Umfang der Verpflichtungen könnte nicht mehr übersehen werden.
2. Personen in gleichen Wohngebieten würden unterschiedlich behandelt.
3. Die Gefahr, daß solche Leistungsunterschiede von einzelnen Personen auch ausgenutzt werden könnten, wäre nicht auszuschließen.

Eine ähnliche Entscheidung des Europäischen Gerichtshofes betrifft die aus einem Arbeitsverhältnis gewonnenen Rechte auf Rente im Invaliditäts- oder Krankheitsfall. Der Europäische Gerichtshof hat entschieden, daß alle solche Rechte in jedem Land, in dem ein Wanderarbeiter tätig wird, erworben werden können und in ihrem ganzen Umfang gelten sollen. Das könnte z.B. dazu führen, daß ein Arbeitnehmer, der in der Bundesrepublik über 30 Jahre erwerbstätig war und hier einen vollen *Anspruch auf Rente* erworben hat, dann z.B. in den Niederlanden erwerbstätig wird, dort erneut einen vollen Anspruch auf eine Erwerbslosenrente gewinnt. Er würde, wenn er kurz darauf berufsunfähig wird, eine zweifache volle Rente beziehen können. Deshalb ist vorgeschlagen worden, daß für die Auszahlung derartiger Rentenansprüche gemeinsame Richtlinien festgelegt werden, so daß aus solchen Rechten nicht außergewöhnlich hohe Leistungsansprüche für Einzelpersonen entstehen könnten, weil dies zu sozialen Spannungen führen müßte.

Ein weiteres Beispiel: Für bestimmte Entscheidungen ist ein Beschluß des Europäischen Rates mit einfacher Mehrheit nach Artikel 128 der europäischen Verträge möglich. Danach ist über ein *Bildungsprogramm* entschieden worden das erhebliche Kosten verursacht. Es ist jedoch gerade der Sinn dieser Möglichkeit, Beschlüsse mit einfacher Mehrheit dort zu fassen, wo keine finanziellen Konsequenzen mitgedacht werden müssen. Das gilt etwa für die Anerkennung von Diplomen oder von anderen Qualifikationsnachweisen. Wenn aber durch eine falsche Anwendung dieser Bestimmung die Möglichkeit bestünde, daß beispielsweise sieben Staaten ein Ausbildungsprogramm beschließen, das erhebliche Kosten zur Folge hat, so wäre die Konsequenz, daß diese Kosten in der Regel von den anderen fünf Staaten aufgebracht werden müßten. So könnten, krass ausgedrückt, die ärmeren Länder über die Subventionen aus den reicheren Ländern selbst entscheiden. Dies aber ist nach den geltenden Regeln gerade dadurch ausgeschlossen, daß für Entscheidungen mit finanziellen Konsequenzen jeweils die Einstimmigkeit erforderlich ist. So wichtig die Möglichkeit für Mehrheitsentscheidungen in einzelnen Fragen auch ist, so wichtig ist andererseits auch die *Aufrechterhaltung des Prinzips der Einstimmigkeit* in anderen Fällen. Denn nur diese kann auch gewährleisten, daß Länder, deren finanzielle Leistungsfähigkeit noch nicht dem allgemeinen europäischen Niveau angepaßt ist, die Entwicklung nicht über ihre Leistungsfähigkeit hinaus vorantreiben müssen.

Ein anderer Fall ist die Entscheidung über die sogenannte *"Maschinenrichtlinie"*. Diese Entscheidung wurde als arbeitsrechtliche Richtlinie nach Artikel 128a der europäischen Verträge, einem durch die Einheitliche Europäische Akte neugeschaffenen Artikel, getroffen. Dort sind Mehrheitsentscheidungen möglich. Andererseits sind Mehrheitsentscheidungen nach Artikel 100 a (ebenfalls eingefügt durch die Einheitliche Europäische Akte) dann nicht möglich, wenn die Interessen der Arbeitnehmer wesentlich tangiert sind. Die Maschinenrichtlinie legt technische Normen für die Produktion von Maschinen der verschiedensten Art fest. Da in der Bundesrepublik die Sicherheitsanforderungen an die Herstellung von solchen Maschinen auch im Hinblick auf ihre Verwendung durch den Nutzer, sei es ein individueller Nutzer im Hobbybereich oder ein Betrieb in der Produktion, sehr viel höher liegen, hat die Bundesrepublik gegen diese Maschinenrichtlinie gestimmt. Im Ergebnis ist damit mit einem arbeitsrechtlichen Instrument das Niveau der Sicherheit am Arbeitsplatz bei uns eingeschränkt worden.

Im übrigen aber sollten eigentlich nur Mindestbestimmungen getroffen werden, die es gestatten, daß einzelne Länder auch ein höheres Niveau der sozialen Sicherheit oder der Sicherheit am Arbeitsplatz einhalten können. Dem widerspricht also der gefällte Beschluß. Das ist besonders deshalb gravierend, weil die europäischen Länder untereinander die jeweils geltenden Vorschriften in den anderen Ländern praktisch akzeptieren müssen. Es kann also jetzt eine Werkzeugmaschine, die den deutschen Sicherheitsvorschriften nicht genügt, wenn sie in einem anderen EG-Land nach den Bestimmungen der europäischen Gemeinschaft hergestellt wird, auch in der Bundesrepublik vertrieben werden und es besteht keine Möglichkeit mehr, die deutschen Sicherheitsvorschriften auf sie anzuwenden, weil die Freizügigkeit gewährleistet ist.

So gibt es *problematische Entwicklungen in der europäischen*

Gemeinschaft, die dazu veranlassen können, sowohl die Verfassung der europäischen Gemeinschaft insgesamt wie auch ihre Vorschriften und Maßnahmen in Bezug auf die Gestaltung der Arbeitswelt, der sozialen Sicherheit und der regionalen Entwicklung kritisch zu beurteilen. Der Ausdruck "Arbeitsschutz" kommt in den europäischen Verträgen nicht vor. Er entstammt unseren eigenen Rechtsvorschriften wie Artikel 74/12 des Grundgesetzes oder § 89 des Betriebsverfassungsgesetzes. Er ist dort aber auch nicht genauer definiert. Auf der Grundlage unseres Systems von Gesetzen, Verordnungen und Unfallverhütungsvorschriften, technischen Regelungen und arbeitswissenschaftlichen Erkenntnissen dienen dem *Arbeitsschutz* alle Maßnahmen, die darauf gerichtet sind, Leben und Gesundheit des Menschen im Zusammenhang mit seiner Arbeitskraft zu erhalten und die Arbeit menschengerecht zu gestalten. Es ist dabei unerheblich, von wem diese Maßnahmen getroffen werden, bzw. wem sie abverlangt werden. Arbeitsschutzvorschriften sind Rechtsvorschriften. Zur Erreichung dieses Schutzziels können in der Bundesrepublik also nicht nur Arbeitgeber und Arbeitnehmer, sondern auch Hersteller, Importeure, Händler oder Betreiber, Adressaten solcher Vorschriften sein. Es ist weiterhin von Bedeutung, daß die entsprechenden Vorschriften, die von der europäischen Gemeinschaft erlassen worden sind, nicht vollständig sind, sondern z.T. auf Normen verweisen, die in Einzelfällen noch gar nicht erlassen worden sind. Das führt zu Rechtsunsicherheit oder auch dazu, daß die fraglichen Normen eher unter nationalpolitischen als unter sicherheitspolitischen Gesichtspunkten formuliert werden könnten. Ein anderes Problem: Der Rat der europäischen Wirtschaftsminister, der sogenannte "Binnenmarktrat", kann mehrheitlich Vorschriften z.B. über die Anforderungen an Verkehrswegeprodukte erlassen, bei denen neben der Arbeitssicherheit auch andere Ziele, wie etwa der allgemeine Gesundheitsschutz, der Umweltschutz und der Verbraucherschutz berücksichtigt werden. Dies gilt auch umgekehrt: Der Binnenmarktrat kann Vorschriften, z.B. zum Schutz der Verkehrssicherheit und der Bausicherheit, erlassen, die ihrerseits Arbeitsschutzinteressen berühren. Es ist nicht von vornherein auszuschließen, daß dabei Rechtsbereiche eines Landes berührt werden, das in der Abstimmung unterliegt. Das kann auch zur Lockerung von Schutzrechten führen.

Es sind schon eine Reihe von Arbeitsschutzrichtlinien nach Artikel 118a verabschiedet worden, besonders zum Verbot bestimmter krebserzeugender Arbeitsstoffe oder bestimmte Richtlinien zur Festlegung von Grenzwerten. Andere Richtlinien werden noch beraten, so etwa zum Umgang mit schweren Lasten, Richtlinien über Bildschirmarbeitsplätze, oder Richtlinien zur Verhinderung der Gefährdung durch biologische Stoffe. Wenn nun in solchen Vorschriften auf Normen verwiesen wird, die durch europäische Normenorganisationen festgelegt werden, dabei diese Normen zunächst unverbindliche Richtlinien darstellen, so werden dadurch Instanzen, die nicht selber gesetzgebend gewirkt haben, praktisch zu gesetzgebenden Körperschaften. Das ist vor allem deshalb bedenklich, weil in den Normungsorganisationen die Tarifpartner nicht mit ausreichender Wirksamkeit vertreten sind.

Ein weiterer Grundsatz, der in der Entwicklung der europäischen Sozialordnung eingehalten werden sollte, ist damit der, daß es einerseits möglich sein muß, das hohe Sicherheitsniveau in jenen Ländern wo ein solches besteht, zu erhalten, andererseits den anderen Ländern ein schrittweises Aufholen auf diesem Weg zu gestatten. Das wird am ehesten durch *Mindestvorschriften* erreicht, die nicht Minimalvorschriften sein sollen. Hier geht es um einen einstimmigen Beschluß über ein unterstes Niveau, das dann für alle verbindlich ist. Dabei können dann die Länder, die höhere Leistungen zu erbringen noch nicht im Stande sind, die Entwicklung schritt weise so bestimmen, wie es ihre Leistungskraft gestattet. Das bedeutet aber auch andererseits, daß eine Angleichung der Verhältnisse in den einzelnen Ländern nur dann möglich sein wird, wenn die Länder mit hohem Leistungsniveau, wie etwa die Bundesrepublik, dieses Niveau in den nächsten Jahren nicht ständig weiter erhöhen, sondern eher vorsichtig und zurückhaltend vorgehen, um den anderen Ländern ein Aufholen zu ermöglichen.

Die Zahl der Arbeitsunfälle, auch mit tödlichem Ausgang, besonders aber mit dauerhaften Gesundheitsfolgen, ist in der europäischen Gemeinschaft noch erheblich. Ihre Folgen führen auch zu großen materiellen Kosten. Deshalb ist es notwendig, die Bemühungen um eine allgemeine Verbesserung des Gesundheitsschutzes und der Sicherheit am Arbeitsplatz voranzutreiben. Gute Ansatzpunkte hierfür bietet der Artikel 118a; er ermöglicht, mit qualifizierter Mehrheit Mindestvorschriften zur Verbesserung der Arbeitsumwelt zu erlassen.

Größere Probleme bereitet dagegen eine zweite Rechtsgrundlage, nämlich der Artikel 100a des Vertrages, in dem ebenfalls mit qualifizierter Mehrheit entschieden werden kann. Hier geht es noch um die abschließende Regelung. Die nationalen Standards dürfen deshalb bei Beschlüssen nach dieser Vorschrift nicht über das Gemeinschaftsrecht hinausgehen. Dabei geht es bei dieser Vorschrift nicht um Sicherheitsanforderungen im Betriebsablauf, sondern um technische Anforderungen an die Beschaffenheit von Waren, z.B. Maschinen.

Die *Arbeitsbedingungen für Frauen* sind in den Ländern der europäischen Gemeinschaft außerordentlich unterschiedlich. Sie müssen auch im weiteren unterschiedlich behandelt werden. Denn während etwa in der Bundesrepublik bei dem inzwischen verhältnismäßig hohen Qualifikationsniveau der Frauen, das bei den nachwachsenden Geburtsjahrgängen ständig steigt, eine Entlastung in dem immer noch hauptsächlich die Frauen betreffenden Hausarbeitsbereich durch die Bereitstellung von Plätzen in Kinderhorten oder anderen Einrichtungen angebracht ist, kann in anderen Ländern durchaus die Inanspruchnahme von häuslichen Diensten im Vordergrund stehen. Das richtet sich nach den jeweiligen Verhältnissen. Die Rolle der Frau in der Arbeitswelt ist in den Ländern verschieden. Selbst in der Bundesrepublik sind noch nicht alle Vorschriften erlassen worden, die nach den Grundsätzen und Richtlinien der europäischen Gemeinschaft notwendig wären. Erst 1975 wurden bei uns die Richtlinien über die Lohngleichheit erlassen. Und erst 1976, also zwei Jahrzehnte nach den Gründungsverträgen der europäischen Wirtschaftsgemeinschaft, ist die Richtlinie zur Gleichbehandlung von Frauen in der Beschäftigung erlassen worden. Und selbst diese Richtlinien wurden anschließend vom europäischen Gerichtshof gerügt, weil sie den europäischen Richtlinien nicht voll gerecht werden.

Wesentlich problematischer ist jedoch die Lage der Frauen in anderen Regionen der europäischen Gemeinschaft. Hier wird es vor allem um ein stärkere Förderung der allgemeinen und der beruflichen Bildung von Frauen gehen, um die Gewährung von ausreichendem Mutterschafts- und Erziehungsurlaub und um Erholungsmaßnahmen. Die Belastung der Frauen könnte gerade durch Vorschriften für die Sicherung des freien Wochenendes, bei der Nacht- und Schichtarbeit im Versorgungsbereich und auch durch Freistellung aus Anlaß der Kinderbetreuung oder im Krankheitsfall wesentlich verbessert werden. Alle diese Maßnahmen fallen allerdings in die nationale Zuständigkeit. Die Europäische Gemeinschaft kann deshalb nur Empfehlungen erarbeiten und bei zu erlassenden Richtlinien die Gleichstellung und Gleichbehandlung von Frauen stärker beachten.

Unterschiede in den *regionalen Entwicklungen* der Regionen in Europa spielen auch bei anderen Maßnahmen eine wesentliche Rolle. So hat beispielsweise eine Unterstützung aus dem europäischen Regionalfond in Spanien und Nordportugal wesentliche Unruhe deshalb hervorgerufen, weil damit eine Bewaldung in weiten Gebieten stimuliert wurde, die im Endeffekt sowohl die landwirtschaftliche Grundlage wie auch die landschaftliche Gestalt dieser Gebiete wesentlich veränderte. Es hat sich gezeigt, daß durch eine Monokultur mit bestimmten Nutzholzarten die Erosion der Böden weiter vorangetrieben wird, statt sie zu verringern. Die Monokulturen haben auch in erhöhtem Maß zum Ausbruch von Waldbränden geführt, die allein im letzten Jahr viele tausend Hektar Wald vernichtet haben.

Dieses Beispiel soll nur auf den engen Zusammenhang zwischen den Arbeitsverhältnissen, gerade auch in den ländlichen Regionen Europas, der Strukturförderung und der Gefahr einer einseitigen Entwicklung in solchen Regionen hinweisen. Die ökologische Stabilität, die sich bei aller Einschränkung durch die bisherige Bewirtschaftungsweise annähernd hat einhalten lassen, könnte durch Maßnahmen wie die genannte gefährdet werden. Überhaupt sollte nicht allein der wirtschaftliche Nutzen die Regionalpolitik bestimmen, da sonst unter Umständen eine einseitige Entwicklung der Regionen im Bezug auf ihre Produktion aber auch auf ihre Besiedlung, ihre Kultur und ihre Landschaften vorangetrieben wird. Vielmehr sollten die Maßnahmen der europäischen Gemeinschaft in diesen Regionen die eigenständigen Potentiale dieser Gebiete zu unterstützen und langsam zu entwickeln suchen.

Das ist schon deshalb notwendig, weil in der Entwicklung des Binnenmarktes auch mit einer zunehmenden *Arbeitslosigkeit* gerechnet werden muß. Daß gegenüber den optimistischen Annahmen des Cecchiniberichtes Zweifel angebracht sind, wurde schon bemerkt. Zusätzliches Wachstum muß sich nicht unbedingt in zusätzlichen Arbeitsplätzen niederschlagen. Ein großer Teil der Wachstumswirkung des Binnenmarktes wird sich über den erhöhten Wettbewerbsdruck entfalten, das heißt aber letztlich: über Rationalisierung und Produktivitätsfortschritt.

Nur wenn die zu erwartende Produktionsausweitung größer sein wird als die Leistungssteigerung je Arbeitskraft, werden auch mehr Arbeitskräfte eingestellt werden. Es ist aber mindestens unsicher, ob dies wirklich der Fall sein wird. Auch für Deutschland kann nicht einfach mit einer Ausdehnung der vorerst günstigen Beschäftigungsentwicklung in der Bundesrepublik auf das Gebiet der ehemaligen DDR gerechnet werden. Das Hauptproblem der Europäischen Gemeinschaft liegt in der Gefahr einer dauerhaften Arbeitslosigkeit; das wird man nicht allein den Kräften des Marktes überlassen dürfen. Mehr als bisher wird sich die europäische Gemeinschaft daher für den Arbeitsmarkt und die Beschäftigungspolitik zu engagieren haben. Doch auch hierzu hat sie bisher keine Kompetenz. Vielmehr sind entsprechende Maßnahmen in erster Linie Sache der einzelnen Länder.

Nur über den Sozial- und über den Regionalfond werden entsprechende Initiativen möglich. Das ist besonders deshalb notwendig, weil weite Teile der europäischen Gemeinschaft noch landwirtschaftlich bestimmt sind und die weiteren Entwicklungschancen der landwirtschaftlichen Betriebe eher skeptisch einzuschätzen sind. Dazu gehört auch, daß eine gleichmäßige Versicherung gegen Arbeitslosigkeit gewährleistet sein müßte.

In allen Ländern der europäischen Gemeinschaft (mit Ausnahme von Dänemark) bestehen obligatorische Systeme zur Versicherung gegen Arbeitslosigkeit für fast alle Arbeitnehmer auf gesetzlicher Grundlage. Und diese Systeme werden (mit Ausnahme von Großbritannien und Irland) zumeist nach dem Äquivalenzprinzip ergänzt durch staatliche Unterstützung nach Art der bundesdeutschen Arbeitslosenhilfe. Die infolge der steigenden Arbeitslosigkeit entstandenen Finanzierungsprobleme wurden bei Leistungen nach dem Versicherungsprinzip durch Einschränkung des Kreises der Leistungsberechtigten oder bei vorherrschendem Fürsorgeprinzip durch Senkung des Leistungsniveaus beantwortet. Dadurch sind beträchtliche Unterschiede entstanden, die sich auf die Mobilität der Betriebe und der Arbeitnehmer auswirken können. Um dem entgegenzuwirken, ist für die Arbeitnehmer ein Rechnungsverfahren nach dem Prinzip des Beschäftigungslandes, für die Unternehmungen eine Neutralisierung der Lastendifferenzen anzustreben. Zu den erforderlichen Vorkehrungen gehört etwa auch die vorgesehene Änderung der Richtlinien von 1987 mit dem Verfahren einer Informationspflicht bei Massenentlassungen, der im Hinblick auf die erwartete wirtschaftliche Dynamik des Binnenmarktes eine besondere Bedeutung zukommt. Damit werden sowohl die unterschiedlichen Systeme der sozialen Sicherheit einerseits, andererseits die Dimension der Beteiligung der Arbeitnehmer an Entscheidungen über die Arbeitsbedingungen und die Beschäftigungsmöglichkeiten angesprochen.

Die soziale Sicherheit in der Arbeitswelt ist unauflöslich mit den anderen Systemen der Grundsicherung verzahnt. Deshalb werden diese Verschränkungen im gemeinsamen Binnenmarkt unverändert fortbestehen. Sie werden dabei Intentionen, die den gleichen Sicherheitsstandard in den Ländern der Gemeinschaft anstreben, im Interesse vergleichbarer Arbeitsbedingungen unmittelbar berühren. Ihre Unterschiede sind in den Konsequenzen für die Arbeitnehmer zu bedenken und nach Vermögen auszugleichen. Die Systeme der Alterssicherungen unterscheiden sich auch hinsichtlich der Altersgrenzen und der Leistungsberechnung. Unterschiede in der Arbeitswelt werden damit zu Unterschieden in der Alterssicherung. Für die Zugangsvoraussetzungen zur Erwerbs- und Berufsunfähigkeitsrente und für die Altersgrenzen sind deshalb Teilharmonisierungen anzustreben.

Die Kammer für soziale Ordnung der ev. Kirche in Deutschland hat in ihrer Denkschrift zur Alterssicherung 1987 zu bedenken gegeben, daß eine *beitragsfinanzierte Mindestsicherung* für alle einzuführen und der Armut im Alter vorzubeugen und/oder eine bedürftigkeitsorientierte Mindestsicherung in die gesetzliche Alterssicherung zu implantieren ist, bei der zu niedrige Renten unter Anrechnung sonstiger Einkommen aufgestockt werden. Vergleichbare Regelungen finden sich in den Volksversicherungssystemen der Niederlande, Dänemarks, Großbritanniens, Schwedens und der Schweiz als beitragsfinanzierte Grund- und Mindestsicherung, bzw. in Frankreich, Italien und Österreich als Gewährung einer Mindestleistung. Das bundesdeutsche System kennt nur die Rente nach Mindesteinkommen, wonach Pflichtbeitragszeiten vor 1992 auf 2/3 der Durchschnittsverdienste aller Versicherten aufgestockt werden, wenn niedrigere Pflichtbeiträge eingezahlt worden sind, aber 35 anrechnungsfähige Versicherungsjahre vorliegen. Bei der gesetzlichen Rentenversicherung löst der Gedanke einer minimalen Grundsicherung allerdings Bedenken aus. Wenn eine Ausgleichszulage auch an Berechtigte im EG-Ausland gezahlt werden müßte, würde das zu unkalkulierbaren Mehrkosten führen.

In der Europäischen Gemeinschaft wird die Frage der Mindestsicherung unter zwei Aspekten diskutiert. Soll auch für die Bundesrepublik die Mindestsicherung in Anlehnung an die in den meisten europäischen Staaten bestehenden Regeln ausgebaut werden? Nach der Rechtsprechung des Europäischen Gerichtshofes sind auch Mindestsicherungsleistungen exportfähig, selbst dann, wenn sie den Charakter der Sozialhilfe haben und an spezifische nationale Bedürftigkeitsmuster anknüpfen. Es wird hier vom soziokulturellen Existenzminimum gesprochen.

Einerseits sollte in allen EG-Ländern eine ausreichende, menschenwürdige Versorgung in der Invalidität und der Hinterbliebenenschaft garantiert werden. Andererseits sollte diese den Lebensbedingungen angemessen sein, dem Landesaufenthalt und nicht dem Erwerb der Ansprüche entsprechen, damit ungerechtfertigte Unterschiede der Konsumbedingungen in den tatsächlichen sozialen Umgebungen vermieden werden.

Wegen der Unterschiede der nationalen Systeme der Grundsicherung werden die Arbeitnehmer in verschiedenem Ausmaß belastet. Die Selbstbeteiligung bei Arzt-, Heilmittel- und Krankenhauskosten, ebenso wie die Lohnfortzahlungen im Krankheitsfall, sind in erheblicher Weise unterschiedlich geregelt. Die Lohnfortzahlung in Krankheitsfällen wird vorwiegend von den Arbeitgebern oder der Sozialversicherung oder zu bestimmten Teilen von beiden getragen. Dementsprechend sind die Belastungen der Arbeitnehmer unterschiedlich. Das Bestreben der Regierungen und Parlamente muß darauf gerichtet sein, das Maß des Gesundheitsschutzes und die dadurch für den Arbeitnehmer entstandenen Belastungen zu vereinheitlichen. Dabei wird es zunächst auch um einen gemeinsamen Mindeststandard gehen.

Der "europäische Krankenschein" ist angesichts der Freizügigkeit und Mobilität eine schließlich unausweichliche Konsequenz. Schon gegenwärtig besteht eine wechselseitige Leistungsverpflichtung bei der Krankenversicherung zwischen den einzelnen Ländern: Im Aufenthaltsland wird dem betroffenen Bürger die notwendige medizinische Behandlung zuteil, und die Staaten verrechnen gegenseitig die entstehenden Kosten. Ein solches System funktioniert aber nur, solange auch jeder Staat seinen Zahlungsverpflichtungen für die Behandlung seiner Staatsbürger in einem anderen Staat fristgerecht und in voller Höhe nachkommt. Obwohl dieses eigentlich selbstverständlich sein sollte, bedarf es aber der besonderen Erwähnung, weil es schon Fälle erheblicher Zahlungsrückstände gegeben hat. Im Falle zweier EG-Mitgliedsländer haben sich die Schulden bereits bis an die Milliardengrenze aufgetürmt. Ein etwa zunehmender Gesundheitstourismus, gepaart mit mangelnder staatlicher Zahlungsmoral, könnte zu einem Zusammenbruch des auch heute noch funktionierenden Systems europaweiter gesundheitlicher Versorgung führen.

Bei den betrieblichen Alterssicherungssystemen bestehen schon auf nationaler Ebene und auch innerhalb einzelner Unternehmungen derart unterschiedliche Regelungen, daß in der EG allenfalls eine Koordinierung der Zusatzleistungen angestrebt werden kann. Erschwerend kommt hinzu, daß bereits die Fragen nach dem Zweck einer Betriebsrente und nach ihrer Besteuerung unterschiedlich beantwortet werden und daß die Unverfallbarkeitsbestimmungen innerhalb der europäischen Gemeinschaft erheblich voneinander abweichen. Geht man davon aus, daß die Sozialversicherung bei steigenden Einkommen zunimmt und ihr der Charakter einer Grundversorgung zukommen wird, so ist mit einem erhöhten Bedarf an privatem Versicherungsschutz zu rechnen. Für diese Entwicklung besteht dann in etlichen Ländern ein erheblicher Nachholbedarf.

So schwierig die Fragen der Angleichung und Anpassungen im Bereich der sozialen Sicherheit sind, noch schwieriger scheint die Entwicklung angemessener *Rechte der Arbeitnehmer für eine Beteiligung an Entscheidungsprozessen in den Unternehmungen* zu sein. Nicht nur die zunehmende Vielfalt der Unternehmensstruktur, ihrer Verflechtung und ihrer Ansiedlung mit Betrieben und Unternehmensleistungen in unterschiedlichen Staaten haben diese Fragen zusätzlich erschwert. Es bestehen ohnedies große Unterschiede unter den Staaten in den Rechten der Arbeitnehmer und in der Gestaltung der Arbeitsbedingungen und Beschäftigungsverhältnisse. Schon deshalb ist es zwingend, die seit Jahrzehnten in der Bundesrepublik erfolgreich praktizierte Beteiligung der Arbeitnehmer und Gewerkschaften bei den sozialen und wirtschaftlichen Entscheidungen im vollen Umfange aufrechtzuerhalten. Die hier entwickelte Sozialpartnerschaft hat sich bewährt. Sie dient nicht nur dem besseren Betriebsklima, sondern auch der Konfliktbereinigung. Arbeitnehmer und Arbeitgeber sind weithin davon überzeugt, daß beide Seiten mit der Praxis der Sozialpartnerschaft letztlich gut fahren. Eine Einschränkung der Mitwirkungsrechte der Arbeitnehmer könnte beispielsweise dann eintreten, wenn deutsche Unternehmen durch Fusionen mit ausländischen Unternehmen in andere

Rechtsordnungen auswandern könnten, die weniger Mitbestimmung und vielleicht auch weniger Schutz für Aktionäre und Gläubiger bieten als unser Recht. Andererseits könnte es zu Einschränkungen kommen, wenn etwa in der europäischen Gemeinschaft einheitliche Regelungen für die Mitbestimmung angestrebt würden; darauf ist deshalb bis auf weiteres verzichtet worden. Die europäische Kommission hat eine Serie von Modellen entwickelt, die den Ländern der europäischen Gemeinschaft wahlweise angeboten werden. Das eine entspricht der bundesdeutschen Form der Mitbestimmung, ein anderes entspricht in etwa dem schwedischen Modell, das den Gewerkschaften erlaubt, auf Unternehmensebene die Beteiligungsmodalitäten für die Arbeitnehmer auszuhandeln. Und dann gibt es daneben ein eher "romanisches" Modell, das etwas komplizierter ist, in dem dem Betriebsrat eine zentrale Rolle zugemessen wird. Auch das Vorhandensein dieser Modellangebote durch die europäische Kommission kann nicht darüber hinwegtäuschen, daß de facto in einer Reihe von Ländern der europäischen Gemeinschaft die Mitwirkungsrechte minimal sind. Deshalb ist zu wünschen und von deutscher Seite nach Möglichkeit zu fördern, daß Gewerkschaften und Arbeitgeber sich ebenfalls auf europäischer Ebene organisieren und, wenn schon keine Gleichförmigkeit, so doch eine Gleichwertigkeit der Partizipationsrechte der Arbeitnehmer schrittweise entwickeln.

Etwas anders verhält es sich mit der sogenannten *überbetrieblichen Mitbestimmung*. Darunter fallen die Selbstverwaltungsorgane der Sozialversicherungen und der Institutionen der beruflichen Bildung, um nur die wichtigsten Bereiche zu nennen. In vielen Ländern der europäischen Gemeinschaft, sind Vertreter der Versicherten, der Gewerkschaften und der Arbeitgeber neben den Vertretern der zuständigen Behörden an der Gestaltung von Einnahmen und Ausgaben und an der Kontrolle des Managements von Renten-, Kranken-, Arbeitslosen- und Unfallversicherungen beteiligt. Es gibt keine Gründe, die dafür sprechen, diese Selbstverwaltung abzubauen. Im Gegenteil, es wäre zu überlegen, ob die Aufsichtsrat- und Entscheidungsrechte der Selbstverwaltung gegenüber den Versicherungsträgern bzw. der staatlichen Verwaltung nicht deutlich gestärkt werden könnten. Faßt man Begriff und Wirklichkeit der überbetrieblichen Mitbestimmung noch weiter, so fiele etwa die gesamte Tarifpolitik in diesen Bereich, zumindestens aber die Beteiligung der Gewerkschaften und Arbeitgeber, an den nationalen und regionalen Wirtschafts- und Sozialräten, den Strukturbeiräten etc. Auf diesem Gebiet gibt es in den uns benachbarten Staaten interessante und bewährte Beispiele, die dazu anregen könnten, auch bei uns entsprechende Defizite abzubauen. An die Kommission der europäischen Gemeinschaft wäre zu appellieren, die Initiative für übernationale Entwicklung auf diesem Gebiet zu ergreifen. Als eine Startrampe für solche Entwicklungen böte sich der Wirtschafts- und Sozialausschuß der europäischen Gemeinschaft an.

Bei der *regionalen Strukturpolitik* ist die europäische Gemeinschaft noch weit von ihrem ursprünglich formulierten Ziel entfernt, die Volkswirtschaften zu einigen und deren harmonische Entwicklung zu fördern, indem sie den Abstand zwischen den einzelnen Gebieten und den Rückstand weniger begünstigter Gebiete verringert. Die periodischen Berichte der EG-Kommission über die sozioökonomische Lage und die Entwicklung der Region in der Gemeinschaft zeigt vielmehr, daß im Verlauf der letzten beiden Jahrzehnte das Regionalgefälle innerhalb der Gemeinschaft eher noch zugenommen hat. So war 1985 das Brutto-Inlandsprodukt je Einwohner in den zehn stärksten Regionen dreimal so hoch, wie in den schwächsten Regionen. Die Arbeitslosenquote in den schwächsten Regionen war fast 6mal höher als in den stärksten Regionen. Besonders benachteiligt sind die strukturschwachen ländlichen Regionen am südlichen und westlichen Rand der Gemeinschaft und bei den traditionellen Industrieregionen mit strukturellen Anpassungsproblemen im Norden der Gemeinschaft. So ist die europäische Gemeinschaft nach Einschätzung der Kommission noch weit entfernt von der Verwirklichung eines wirtschaftlichen und sozialen Zusammenhangs.

Es wird erwartet, daß die Binnenmarktentwicklung die Regionalgefälle weiter verschärft. Sie wird eine übermäßige Konzentration in den begünstigten Gebieten und eine verminderte Auslastung der regionalen Ressourcen in den schwächsten Regionen fördern. Schlechte Lebenschancen in den strukturschwachen Regionen aber werden den Trend zu weiterer Abwanderung bestärken. Um einer weiteren Verschlechterung der Regionalentwicklung vorzubeugen sind 1987 die Strukturfonds der europäischen Gemeinschaft reformiert worden. Die Reform zielt auf eine Aufstockung und regionale Konzentration der Finanzmittel auf die schwächsten Länder und Regionen und den integrierten Einsatz aller strukturpolitischen Instrumente auf der Grundlage gemeinschaftlicher Programme und

Pläne. Insgesamt sollen die Fondmittel bis 1992 gegenüber dem Stand von 1987 verdoppelt werden Anstelle der Projektförderung ist die Mitfinanzierung operationeller Programme getreten. Dazu werden in den Zielregionen der Aktivitäten die verschiedenen Fonds in einem gemeinschaftlichen Förderkonzept miteinander verknüpft. Das Verfahren sieht eine dezentrale Verwaltung der Fondintervention im Interesse einer Partnerschaft auf lokaler, regionaler, nationaler und gemeinschaftlicher Ebene vor. Die Koordination der Strukturfonds soll fünf übergeordneten Zielen dienen:

1. Förderung der Entwicklung und der strukturellen Anpassung der Region mit Entwicklungsrückstand;
2. Umstellung jener Regionen, die von der rückläufigen industriellen Entwicklung schwer betroffen sind;
3. Bekämpfung der Langzeitarbeitslosigkeit;
4. Erleichterung des Eintritts der Jugendlichen in das Erwerbsleben; und
5. beschleunigte Anpassung der Agrarstrukturen und Förderung der Entwicklung des ländlichen Raumes.

Diese Reform ist ein Schritt in die richtige Richtung. Ihre Zielsetzungen verdienen volle Unterstützung. Die Verdoppelung der Fondmittel und die Konzentration auf die schwächsten Länder und Regionen sowie auf besonders benachteiligte Gruppen am Arbeitsmarkt ist nur zu begrüßen. Fraglich bleibt jedoch, ob eine ausreichende Beteiligung des europäischen Parlaments an der regionalen Planung, eine ausreichende Beteiligung der betroffenen Menschen in den Regionen und eine den regional unterschiedlichen Bedingungen entsprechende Steuerung durch das vorliegende Konzept bereits gewährleistet ist. Auch die Höhe der Finanzmittel dürfte trotz ihrer Verdoppelung kaum ausreichen, um die angestrebten Ziele zu erreichen und den Trend zu übermäßiger Konzentration und zur Steigerung des Regionalgefälles in Folge der Binnenmarktentwicklung umzukehren. Um die Regionalpolitik der europäischen Gemeinschaft zum Erfolg zu führen, bedarf es einer gemeinsamen Anstrengung der Gemeinschaft und der Mitgliedstaaten. Dies gilt nicht nur im Bereich der Regionalpolitik selbst, sondern auch in der Wirtschafts- und Strukturpolitik. Nur ein politischer Gesamtansatz kann das in der europäischen Akte formulierte Ziel verwirklichen.

Die gleichmäßige und ausreichende Verwirklichung von Menschenrechten ist neben der Gleichberechtigung von Frauen und der Mitwirkung der Arbeitnehmer an betrieblichen Entscheidungen mit der Freizügigkeit nicht einfach mitgegeben. Mit der Verwirklichung des Binnenmarktes soll die *Freizügigkeit* der EG-Bürger verbessert werden. Auch ist daran gedacht, gemäß dem Konzept eines Europa der Bürger den Ausländern aus den Mitgliedstaaten ein Kommunalwahlrecht im Land ihres Wohnsitzes einzuräumen. Die EG-Kommission will nicht nur bestehende Hindernisse der Freizügigkeit beseitigen, sondern auch die Mobilität qualifizierter Fachkräfte fördern. So sinnvoll dieses Vorhaben auch erscheint, so enthält es aber doch das Risiko, daß es zu einer verstärkten Zuwanderung von Fachkräften in die hochentwickelten Mitgliedstaaten kommt, die dann den ärmeren und wirtschaftlich weniger entwikkelten Staaten und Regionen fehlen. Einer solchen Tendenz müßte entgegengewirkt werden, und zwar am wirksamsten durch eine entsprechende Regionalpolitik. Die Europäische Kommission hat hierzu folgende Vorschläge gemacht:

1. Verbesserungen beim Familiennachzug von EG-Bürgern, die in einem anderen Mitgliedstaat beschäftigt sind. Die Freizügigkeit soll auf alle Blutsverwandten des Arbeitnehmers und seiner Ehegatten in absteigender und aufsteigender Linie und auf die unterhaltsberechtigten Seitenverwandten ausgedehnt werden.
2. Eine völlige Gleichbehandlung von EG-Bürgern bei der Gewährung von Mobilitäts- und Einstellungsbeihilfen, sowie bei Bildungs-, Anpassungs- und Umschulungsmaßnahmen. Die Geltungsdauer der Aufenthaltsgenehmigungen soll nach fünf Jahren ohne weiteres um jeweils zehn Jahre verlängert werden.
3. Liberalisierung des Zugangs zu Beschäftigungen im öffentlichen Bereich für EG-Ausländer.
4. Gegenseitige Anerkennung von Hochschuldiplomen und beruflichen Qualifikationen.
5. Verbesserte Informationen über Arbeitsbedingungen und Beschäftigungsmöglichkeiten.

Diese Erleichterung der Freizügigkeit für Bürger der EG-Staaten sind sicherlich zu begrüßen. Es muß aber auch nach dem *Recht von Ausländern aus Dritt-Staaten* gefragt werden. In der Bundesrepublik stammen 30% der anwesenden Ausländer aus Mitgliedstaaten der Europäischen Gemeinschaft. Die übrigen sind teilweise über viele Jahre in der Bundesrepublik ansässig. Wenngleich eine völlige Gleichstellung von EG-Bürgern und EG-Ausländern schon deshalb nicht angestrebt werden kann, weil es ja gerade ein Ziel der europäischen Gemeinschaft ist, den Bürgern der beteiligten Staaten in ihrem Gebiet Vorteile gegenüber Dritten einzuräumen, so muß doch die Marginalisierung der übrigen Ausländer insbesondere dann vermieden werden, wenn sie schon längere Zeit in den Ländern der europäischen Gemeinschaft ansässig sind. Das Europäische Parlament hat die Europäische Kommission aufgefordert, hinsichtlich der Freizügigkeit noch vor der Verwirklichung des Binnenmarktes in der geeigneten juristischen Form Texte vorzulegen, durch die den Arbeitnehmern aus Drittländern vom jeweiligen Mitgliedstaat gleichartige Rechte wie den Arbeitnehmern aus Ländern der Gemeinschaft eingeräumt werden. Europa kann nicht als kulturelle Einheit betrachtet werden. Im Zuge weltweiter Wanderungsbewegungen sind Millionen Menschen anderer Länder und Kontinente als Arbeitnehmer und Flüchtlinge eingewandert und haben hier ihren Lebensmittelpunkt gefunden. Allein in den Ländern der europäischen Gemeinschaft haben etwa 8 Millionen Menschen aus Drittländern ihren legalen Wohnsitz. Sie haben als Arbeitnehmer einen wichtigen Beitrag zum gegenwärtigen Wohlstand in unseren Ländern, d.h. den Ländern der Gemeinschaft geleistet. In einzelnen Wirtschaftsbranchen stellen sie bis zu 20% der Beschäftigten. Oft verrichten sie Tätigkeiten, für die einheimische Arbeitskräfte nicht zur Verfügung stehen. Im Zuge der demokratischen Entwicklung und in Folge des zunehmenden Einwanderungsdrukkes wird ihre Bedeutung sicherlich zunehmen. Auch in sozialer und kultureller Hinsicht stellen sie eine Bereicherung dar. Die Länder der Gemeinschaft sind der Idee der allgemeinen Menschenrechte verpflichtet und haben die wichtigsten Menschenrechtskonventionen unterzeichnet. Diese Menschenrechte gelten allgemein jeder Person ohne Ansehen ihrer Herkunft, Rasse, Religionszugehörigkeit oder ihres Geschlechts. Für Arbeitnehmer aus Drittstaaten, die im Gebiet der europäischen Gemeinschaft ansässig sind, kann das nur bedeuten, daß die arbeits- und sozialrechtlichen Regelungen, jedenfalls soweit wie möglich, auch auf sie angewendet werden müßten, wenn sie mit ihren Angehörigen eine gewisse Anzahl von Jahren in den Ländern der Gemeinschaft legal ansässig und erwerbstätig gewesen sind.

Es wäre durchaus denkbar, daß neben der Unterscheidung zwischen EG-Bürgern und EG-Ausländern eine Übergangsform für solche Personen und ihren Familien getroffen wird, die weitgehend in die Länder ihrer Erwerbstätigkeit integriert sind. Das gilt auch für solche Familien, deren Ersteinwanderer noch immer mit einer Rückkehr in ihre Heimat rechnen. Inzwischen ist die Integration der zweiten Generation so weit vorangeschritten, daß bei ihnen eine Doppelzugehörigkeit zu den Kulturen des Heimatlandes und des Gastlandes besteht. Damit ist auch die Gefahr verbunden, daß sie in keinem der beiden Gebiete sozial ausreichend integriert werden. Bei der dritten Generation sind diese Unterschiede fast völlig aufgehoben. Es ist deshalb damit zu rechnen, daß die Rückkehrwilligkeit insbesondere der älteren Ausländer in dem Maße abnimmt, wie ihre jüngeren Familienangehörigen sich zur dauerhaften Niederlassung in der europäischen Gemeinschaft entscheiden. Es sollte deshalb vermieden werden, daß die Bereitschaft zur Assimilation dadurch erschwert wird, daß den Betreffenden die Einbürgerungsrechte nicht weitgehend erleichtert zugänglich gemacht werden. Schon hierdurch könnte die Aussicht auf eine völlige Gleichstellung mit den Bürgern der europäischen Gemeinschaft sichergestellt werden.

Der freie Personenverkehr schließt auch die Notwendigkeit einer *Harmonisierung des Asylrechts*, des Asylverfahrens und des Visarechts ein, wie das auch die Europäische Kommission in ihrem Weißbuch festgestellt hat. Darüber finden derzeit auf verschiedenen Ebenen Verhandlungen zwischen den Regierungen der Mitgliederstaaten statt. Die angestrebten Lösungen zielen auf eine restriktive Visapolitik, eine Verstärkung der Kontrollen an den Außengrenzen der Gemeinschaft, eine intensivere Zusammenarbeit der Sicherheitskräfte der Länder und auf einen personenbezogenen Informations- und Datenaustausch.

Eine derartige Abgrenzung der Europäischen Gemeinschaft nach außen ist jedoch nicht ohne Risiko. Schon jetzt wird in Drittländern die Frage gestellt, ob die Europäische Gemeinschaft zu einer Art Festung werden solle, die vorwiegend im eigenen Interesse handelt und sie damit in einen Gegensatz zu den Interessen der übrigen Welt bringt. Das daraus sich ergebende Risiko besteht nicht allein in einer Verschlechterung des Image der europäischen Gemeinschaft nach außen.

Im globalen Maßstab betrachtet sind die demographischen Entwicklungen innerhalb der Europäischen Gemeinschaft eher so zu beurteilen, daß langfristig Rückgänge des Bevölkerungsvolumens ins Auge zu fassen sind. Demgegenüber ist in weiten Teilen der übrigen Welt mit einem weiteren Zunehmen der Bevölkerung und bei den großen Unterschieden zwischen der Wirtschaftskraft der Europäischen Gemeinschaft und der übrigen Welt mit einer zunehmenden *Zuwanderungssteigerung in die Europäische Gemeinschaft* zu rechnen. Einschlägig beschäftigte Sozialwissenschaftler rechnen deshalb übereinstimmend mit einer Zunahme der Zuwanderung aus Drittländern in die Europäische Gemeinschaft. Sie rechnen auch damit, daß es schon technisch nicht möglich, rechtlich aber durchaus problematisch ist, die Zuwanderungstendenzen völlig abzuwehren.

Deshalb wird in der Europäischen Gemeinschaft auch über eine Anpassung der Einwanderungspolitiken diskutiert. Bisher wird diese Diskussion vorwiegend mit restriktiver Zielsetzung geführt. Eurozentrische Gesichtspunkte spielen dabei die Hauptrolle. Bei zunehmendem Einwanderungsdruck wird diese Einstellung in Zukunft kaum aufrechtzuerhalten sein. Vielmehr sollte eine positive, auch an der eigenen demokratischen Entwicklung orientierte Einwanderungspolitik entworfen werden, die zumindest im gewissen Ausmaß Zuwanderungen zuläßt und damit bei einer langfristig positiv zu beurteilenden Entwicklung des Arbeitsmarktes in Europa auch das weitere Beschäftigungsniveau sichert. Mit einer solchen Intention sind natürlich Fragen zu verbinden, die mit dem Stichwort einer multikulturellen Existenz innerhalb Europas gekennzeichnet werden. Europa ist bereits in sich ein kulturell vielfältig geprägter Raum. Er soll es auch bleiben. Die europäische Bevölkerung und Kultur ist jedoch nicht lediglich jenen Traditionen verhaftet, die allein aus den beteiligten Nationen erwachsen sind. Vielmehr haben diese Nationen in ihrer ganzen Geschichte ständig auch Zuwanderungen aufgenommen und Elemente anderer Kulturen integriert. Dabei hat sich über alle Unterschiede hinweg ein europäisches Kulturbewußtsein herausgebildet, das weiterhin integrationsfähig bleiben wird. Dies wird und sollte auch in Zukunft möglich sein. Deshalb darf die Binnenmarktentwicklung nicht dazu beitragen, daß sich die Europäische Gemeinschaft nach außen abschottet.

Der bisherige Beitrag Europas zur Lösung des weltweiten Flüchtlingsproblems ist vergleichsweise gering. Die Hauptlast der Flüchtlingsströme wird noch immer von den Ländern der dritten Welt getragen. Zu fordern ist deshalb eine großzügigere, koordinierte Flüchtlingspolitik auf der Grundlage gemeinsamer Menschen rechtstraditionen und -werte und aufgrund eines klaren Engagements für die Asylprinzipien.

Es gibt in der Europäischen Gemeinschaft gegenwärtig etwa 13 Millionen Wanderarbeiter, davon sind 8 Millionen Bürger von Staaten, die nicht der Gemeinschaft angehören. Die Europäische Kommission plädiert nicht nur für eine Gleichstellung der Wanderarbeiter, sondern auch für eine Stärkung ihrer Position. Entsprechend muß auch an die übrigen Ausländer, die längere Zeit in den Ländern der Gemeinschaft leben oder leben wollen, gedacht werden.

Ein zusammenwachsendes Europa, das durch die wirtschaftliche Vereinheitlichung im Binnenmarkt zusätzliche wirtschaftliche Potentiale entfaltet, übernimmt auch zusätzliche *Verantwortung gegenüber der Dritten Welt.* Nur eine aktive Entwicklungspolitik gerade gegenüber den Gebieten jenseits der Grenzen der europäischen Gemeinschaft kann eine solche Position auf dem Weltmarkt rechtfertigen und moralisch absichern. Das gilt natürlich auch und besonders gegenüber den Ländern innerhalb Europas, die nicht zur Gemeinschaft gehören und die bisher nicht durch eine marktwirtschaftliche Ordnung zu entsprechendem Wohlstand und zu sozialer Sicherheit gekommen sind. Aber nicht nur diesen Ländern gegenüber hat das gestärkte Europa eine gesteigerte Verpflichtung, vielmehr auch solchen Ländern gegenüber, wie etwa Nordafrika und Kleinasien, die seit langem mit der europäischen Tradition verbunden sind und ihr nahe stehen. Dies gilt schließlich auch jenen Ländern gegenüber, aus denen historisch ein nicht unbeträchtlicher Teil des Wohlstandes dieses Europas stammt und die wesentlich zu einem Wirtschaftsaufschwung beigetragen haben, dessen Vorteile wir genießen und auszubauen beabsichtigen.

Schließlich ist bei der Entwicklung der europäischen Sozialordnung auch daran zu denken, daß in den europäischen Ländern das *Verhältnis der Generationen* zueinander unterschiedlich ausgebildet ist und daß die Solidarität zwischen den Generationen in ländlichen, stärker traditionell bestimmten Gebieten praktischer zur Geltung kommt, als in den Gebieten mit staatlich stärker geregelten sozialen Systemen der industrialisierten Länder. Gegenwärtig rechnen wir in diesen Ländern damit, daß die Zunahme der Zahl älterer Menschen weiter wächst und daß die relative Anzahl des Nachwuchses eher abnimmt. Das hat bereits in allen Systemen der sozialen Sicherheit, besonders in der Altersversorgung, aber auch in der Gesundheitssicherung, wesentliche Konsequenzen gehabt. Dieser Prozeß wird sich zumindest in den nächsten Jahrzehnten fortsetzen. Dies gilt unbeschadet der möglichen Veränderungen, die sich durch weitere Zuwanderungen von außen ergeben mögen. Das unterschiedliche Verhältnis der Generationen zueinander verlangt deshalb besondere Sorgfalt in der Konzeption der weiteren Entwicklung der Systeme sozialer Sicherheit. Es darf nicht dazu kommen, daß die Überlastung der Erwerbstätigen ein Maß annimmt, das zu einer Abschottung der Generationen gegeneinander führt. Das bedeutet auch, daß die zunehmende Zahl älterer Menschen nicht nur als Alterslast in Bezug auf die notwendigen Einrichtungen zur Altenpflege gesehen wird, sondern auch die Mitverantwortung und Mitgestaltungsfähigkeit älterer Menschen aktiv einbezogen werden sollte.

Abschließend mag man die Frage stellen, welche Bedeutung eine Beschäftigung mit den Fragen der europäischen Sozialordnung in der evangelischen Kirche haben kann. Zum einen ist nicht zu übersehen, daß eine entschiedene Stellungnahme der Evangelischen Kirche in Deutschland (und auch der kath. Kirche) nicht ohne Wirkung auf die politischen Entscheidungsträger bleiben dürfte. Das hat sich auch bei bisherigen Verlautbarungen gezeigt. Insbesondere *tragen die Kirchen Verantwortung* dafür, daß Themen und Lösungsmöglichkeiten, die wegen der starken Polarisierungen im politischen Raum und auch in der Arbeitswelt tabuisiert erscheinen und gar nicht zur Diskussion kommen, doch öffentlich beim Namen genannt werden. Kontroverse Positionen können doch am ehesten aus dem Raum der Kirche geäußert werden. Man hätte sich vorstellen können, daß angesichts der in den letzten Jahren rapide vorangeschrittenen und gegenwärtig durch die Auflösung der sozialistischen Wirtschaft in den Ländern Mittel- und Osteuropas dramatisch vorangetriebenen Entwicklung aus der Kirche Vorstellungen für eine Neugestaltung einer sozialen Ordnung in Europa entstanden wären. Das ist nicht der Fall gewesen. Das liegt sicher nicht daran, daß wir in der Gegenwart nicht über Sozialpolitiker mit beachtlichen Intuitionen verfügen werden wie in den 50er Jahren. Es liegt vor allem daran, daß die Sozialordnung für die Bundesrepublik in den 50er Jahren völlig offen und daher gestaltbar war. Inzwischen sind nicht nur in der Bundesrepublik, sondern ebenso in den anderen Ländern der Europäischen Gemeinschaft Sozialverfassungen entstanden und entwickelt worden, die einen hohen Grad an Effizienz erreicht haben und die in jedem der einzelnen Länder für weitgehend befriedigend erachtet werden. Es kann deshalb nicht darauf ankommen, für Europa eine völlig neue Sozialverfassung zu entwerfen. Dieses wäre aus vielen Gründen, wie in den geschilderten Beispielen verdeutlicht, bereits unmöglich und wohl auch nicht wünschenswert. Nicht wünschenswert deshalb, weil damit die Vielfalt der europäischen Landschaft in Frage gestellt und die gewachsene Identität der Menschen in den europäischen Regionen negiert würde.

Deshalb kann auch aus der Kirche lediglich eine Besinnung über die *Mitverantwortung* bei den ohnedies entstehenden Entscheidungsprozessen in Wirtschaft und Politik angeregt werden. Dies ist zwar eine mühsame Aufgabe; große Durchbrüche oder völlige Innovationen auf diesem Gebiet sind nicht denkbar. Es ist aber eine befriedigende Aufgabe, wenn man sieht, wie ohne eine solche Beteiligung der Kirchen Prozesse mit unzureichender sozialer Kontrolle ablaufen, die problematische Auswirkungen auf das soziale Klima und die soziale Gerechtigkeit und ihre Entwicklung in der europäischen Gemeinschaft haben dürften.

Deshalb wäre es zu wünschen, daß sich die Kirchen insgesamt und auch die verschiedenen kirchlichen Gliederungen und Institutionen stärker mit ihrem Verhältnis zur europäischen Entwicklung befassen, indem die Kirchen in der Bundesrepublik den Dialog mit anderen Kirchen suchen, die in den anderen Regionen der Europäischen Gemeinschaft stark vertreten sind. Es könnte dann zu einer gemeinsamen Einstellung und auch zu einer gemeinsamen Handlungsweise dieser Kirchen kommen, deren Wirksamkeit im europäischen Raum sicher nicht zu unterschätzen wäre.

Dokumentation

HANS SPINDER

Religionsunterricht in Europa

Eine Dokumentation der Intereuropean Commission on Church and School (ICCS)

Einführung

Eine der Konsequenzen der europäischen Politik intensivierter Zusammenarbeit auf dem Weg zu einer europäischen Gemeinschaft ist der Bedarf an Information über die Lage in den beteiligten Ländern. Für die Arbeit der Intereuropean Commission on Church and School werden Einsichten in die verschiedenen Bildungssysteme benötigt, die sich recht grundlegend unterscheiden können, sowie in die Stellung des Religionsunterrichts in den jeweiligen Systemen. Der Vorstand der ICCS hat beschlossen, zu diesem Zweck diese Dokumentation über die Stellung des Religionsunterrichts zu erarbeiten. Wir betrachten diese Information als eine Hilfe für Teilnehmer an Konferenzen und Arbeitsgruppen, die gemeinsame Fragen und Probleme zum Verhältnis von Kirche und Schule oder zum Religionsunterricht diskutieren.

Doch auch für einen weiteren Kreis von Menschen wird diese Information von Wichtigkeit sein. Obwohl es noch sehr unklar ist, welche Konsequenzen die europäische Zusammenarbeit für die Schule und die Bildungssysteme im einzelnen haben wird, ist es in jedem Fall nützlich über die Situation in den verschiedenen Ländern informiert zu sein. Offiziell wird erklärt, daß Kultur und Bildung in die Zuständigkeit jedes einzelnen Landes fallen; doch die notwendige Vergleichbarkeit von Diplomen und beruflichen Qualifikationen ist ein erster Schritt zu einem europäischen Standard für alle Bildungssysteme der Mitgliedsländer.

Das Ziel dieser Dokumentation ist klar begrenzt: Sie bietet eine Grundinformation zum Religionsunterricht in jenen (west)europäischen Ländern, die Mitglieder der ICCS sind. Wir erhielten diese Information von den ICCS-Korrespondenten, die wir gebeten haben, ihre Beiträge mit Blick auf die folgenden Fragen zu strukturieren:

a) Welche Gesetze, politischen Entscheidungen und Regelungen beziehen sich auf den Religionsunterricht in der Schule?
b) Wer darf Religionsunterricht in der Schule erteilen?
c) Wie ist der Religionsunterricht im Stundenplan und dem Bildungsprogramm der Schule berücksichtigt?
d) Welche Vorkehrungen sind für Gruppen und einzelne getroffen, die am Religionsunterricht nicht teilnehmen?

Diese Fragen und einige Begriffe, die wir gebrauchen, sind einer kanadischen Studie zum Thema[1] entnommen. Diese Studie ist ein hilfreicher Ausgangspunkt, doch die in ihr gebotene Information zu verschiedenen europäischen Ländern ist unvollständig und viele Daten entsprechen nicht dem heutigen Stand.

Wir sind uns dessen bewußt, daß Regelungen und Gesetze sich ändern können. Deshalb haben wir vor, diese Dokumentation von Zeit zu Zeit auf den aktuellen Stand zu bringen. Im Augenblick ist es z.B. nicht möglich, eindeutige Information über Belgien zu bringen, weil dort das gesamte Bildungssystem verändert wird.

Wir möchten den folgenden Personen für ihren Beitrag zu dieser Dokumentation danken: Herrn Alan S. Brown (England und Wales), Frau Graziella Gandolfo-Censi (Italien), Frau Elisabet Haakedal (Norwegen), Professor Susanne Heine (Österreich), Herrn Raymond Hickel und Frau Monique Abou-Liefahe (Frankreich), Herrn Markku Holma (Finnland), Herrn Hans-Mikael Holt (Dänemark), Herrn Burkhard Lange (Bundesrepublik Deutschland), Revd. Alasdair Morton (Schottland), Dr. Herbert Schultze (Weltreligionen in Frankreich und Italien; Griechenland und Belgien), Frau Monika Sivberg (Schweden).

Wir hoffen, daß diese Dokumentation eine nützliche Rolle in den Diskussionen über den Religionsunterricht in Europa zu spielen vermag. Wir begrüßen jeden Kommentar sowie ergänzende Informationen.

Hans Spinder, Sekretär der ICCS, September 1990

1 Andrew G. Blair: The policy and practice of religious education in publicly funded elementary and secondary schools in Canada and elsewhere. A search of the literature. Ontario 1986.

Religionsunterricht in Belgien

Der Religionsunterricht innerhalb des belgischen Schulsystems war wegen seiner prinzipiellen Anlage wie auch wegen seine Organisation für lange Zeit ein bekanntes Beispiel für andere Länder. Den Religionsgemeinschaften – Römisch-Katholische Kirche, Evangelische Kirche, Judentum und Islam –, aber auch den Humanisten wurde durch Gesetz die Möglichkeit geboten, ihre jeweilige religiöse Sicht im Rahmen des staatlichen Bildungswesens zu lehren. Zu den geltenden Regelungen gehörte die Bezahlung der Lehrkräfte für diesen Unterricht sowie der Lernmittel durch den Staat.

Ein förmliches Zulassungsverfahren für Schulbücher existiert nicht. Ein beachtlicher Teil der in der Wallonie verwendeten Schulbücher stammt aus der französischen Produktion, während viele Lehrmittel in flandrischen Schulen aus dem Angebot in den Niederlanden gewählt werden. Für den Unterricht der Protestanten, wie anderer Minderheitsreligionen, stehen nur wenige Bücher oder Arbeitshefte zur Verfügung. Einfache, ad hoc auf regionaler oder lokaler Basis hergestellte, oft vervielfältigte, Unterrichtsmaterialien sind in diesen Fällen verbreitet. Der "UNESCO-Kurier", der immer wieder kulturelle und in diesem Zusammenhang religiöse Themen behandelt, wird vom Staatsinspektorat in Brüssel gefördert und ist in den Schulen, besonders im Sekundarbereich, beliebt.

Nach den grundlegenden Änderungen der Staatsverfassung in Belgien begann auch eine vollständige Neuorganisation des Bildungsbereiches auf allen Ebenen, entsprechend den föderalen Strukturen des Landes. Dies erklärt, warum zum Zeitpunkt der Zusammenstellung dieser Dokumentation keine detaillierteren Informationen verfügbar sind.

Knockaert, André/van der Plancke, Chantal: Belgium; in: Sutcliffe, John M.: A Dictionary of Religious Education, SCM Press, in association with The Christian Education Movement (London), 1984, S. 43-45.

Religionsunterricht im Bildungssystem Dänemarks (1989)

Religionsunterricht wird an der dänischen "Grundschule" (einer Gesamtschule), der Regelschule für die Schuljahre 1-9, erteilt, und zwar als Pflichtfach. Schülerinnen und Schüler, die zu einer anderen Kirche oder Religion als der Evangelisch-Lutherischen Kirche (Folkekirken) gehören, können unter der Voraussetzung befreit werden, daß ihre Eltern auf andere Weise für ihre religiöse Bildung sorgen. Die Einhaltung dieser Voraussetzung wird in keiner Weise überprüft. Die zentralen Inhalte des Religionsunterrichts in der dänischen "Grundschule" beziehen sich auf das Christentum, überwiegend in Übereinstimmung mit dem Evangelisch-Lutherischen Bekenntnis. Lehrerinnen und Lehrer können diesen Religionsunterricht erteilen, gleichgültig welcher Kirche oder welchem religiösen Bekenntnis sie angehören. Es gibt kein Qualifikationsexamen, das zur Erteilung des Religionsunterrichts in den Grundschulen berechtigt.

Für Kinder im Alter von 13-14 Jahren erteilt die Volkskirche einen konfessionellen Religionsunterricht, eine christliche Unterweisung, als Vorbereitung auf die Konfirmation. Diese Einrichtung gilt ausschließlich für Kinder, die zur Evangelisch-Lutherischen Kirche gehören. Der Unterricht wird von der Kirche in Zusammenarbeit mit den Schulen – privaten und öffentlichen Schulen – durchgeführt.

Andere Religionen und Ideologien als das Christentum können im Rahmen des Religionsunterrichts im 10. Schuljahr – als Wahlfach – und als Teil des sozialkundlichen Unterrichts behandelt werden.

Im höheren Sekundarschulwesen (10.-12. Schuljahr; 16.-19. Lebensjahr) wird Religionsunterricht als ein nicht-konfessionelles Pflichtfach unterrichtet. Inhalte sind: Weltreligionen, Christentum sowie – im letzten Schuljahr – Philosophie und Ethik. Es findet eine mündliche Abschlußprüfung in Religion statt. Die meisten Religionslehrerinnen und Religionslehrer haben den Grad des Magisters in diesem Fach erworben.

Religionsunterricht wird in der dänischen Grundschule (1.-9. Schuljahr) wöchentlich mit einer Unterrichtsstunde von 45 Minuten erteilt. In den höheren Sekundarschulen wird das Fach mit drei Stunden je Woche unterrichtet.

Die Curricula für die Primar- und die unteren Sekundarschuljahre der dänischen Grundschule werden von den örtlichen Bildungsbehörden erarbeitet und erlassen. Alle Curricula werden in Übereinstimmung mit den Leitlinien des Erziehungministeriums veröffentlicht. Das Curriculum für das höhere Sekundarschulwesen wird unmittelbar vom Erziehungsministerium festgelegt.

Lehrerinnen und Lehrer haben viel Freiheit, Lehr- und Lernmaterialien, Schulbücher und andere Unterrichtsmedien in Übereinstimmung mit ihren eigenen Unterrichtsstrategien auszuwählen. In "Grundschulen" können Schulbücher einem Zustimungsverfahren durch den Elternvorstand der Schule unterworfen werden.

Der Religionsunterricht wird selten in den Medien diskutiert. Seine Stellung im Bildungssystem wird nicht infrage gestellt. Es hat Bemühungen gegeben, den Religionsunterricht, oder wenigstens Teile dieses Faches, auch in die Berufsausbildung einzuführen, doch bislang ohne Ergebnis.

Bugge, K.E.: Denmark; in: Sutcliffe, John M. (Ed.): A Dictionary of Religious Education, SCM Press, in association with The Christian Education Movement (London), 1984, S. 107 f.

Religionsunterricht in den Schulen der Bundesrepublik Deutschland

Die Stellung des Religionsunterrichts in deutschen Schulen ist durch das Grundgesetz der Bundesrepublik Deutschland, Artikel 7, die Länderverfassungen und die Schulgesetze der Länder geregelt. Religionsunterricht ist "ordentliches Lehrfach" und "in Übereinstimmung mit den Grundsätzen der Religionsgemeinschaften" zu erteilen. Das heißt praktisch: in Übereinstimmung mit den Grundsätzen der römisch-katholischen Diözesen bzw. der evangelischen, lutherischen, reformierten und unierten Landeskirchen. In der Konsequenz wird das Fach entweder als römisch-katholischer oder evangelischer Religionsunterricht in allen Pflichtschulen unterrichtet: in den Primarschulen sowie in allen Zweigen des Sekundarschulwesens, einschließlich der berufsbildenden Schulen.

Schülerinnen und Schüler haben das Recht, sich vom Religionsunterricht abzumelden. Sie müssen diese Abmeldung formell erklären Für Kinder im Alter unter 14 Jahren muß die Erklärung von deren Eltern oder Erziehungsberechtigten abgegeben werden. Für die Abgemeldeten haben viele Bundesländer ein Ersatzfach "Ethik" bzw. "Werte und Normen" eingerichtet.

Lehrerinnen und Lehrer haben sich an die offiziell erlassenen Lehrpläne zu halten. Sie haben das Recht, die Erteilung von Religionsunterricht zu verweigern.

Es existieren keine besonderen Regelungen für die Freikirchen. Ihre Mitglieder – Lehrerinnen und Lehrer, Schülerinnen und Schüler – werden in der Regel wie die Mitglieder der evangelischen Landeskirchen behandelt.

Die Schulhoheit liegt bei den Bundesländern. Privatschulen bedürfen der Anerkennung durch die staatlichen Behörden und müssen den Standards des staatlichen Systems entsprechen. Die meisten Privatschulen werden von römisch-katholischen oder evangelischen Trägern unterhalten. Andere sind einem spezifischen pädagogischen Ansatz (z.B. Maria Montessori oder Rudolf Steiner) verpflichtet.

Alle Lehrpläne, auch diejenigen für den Religionsunterricht, werden von den Kultusministerien (Erziehungsministerien) erlassen. Diejenigen für den Religionsunterricht benötigen die förmliche Zustimmung der genannten Kirchen. Schulbücher für den Religionsunterricht müssen von den staatlichen Behörden zugelassen werden, die hierfür die Zustimmung der Kirchen brauchen. Die Schulbücher haben den offiziellen Lehrplänen zu entsprechen. Das bedeutet in der Regel: sie haben mindestens 75% der Inhalte zu berücksichtigen, die in den offiziellen Lehrplänen vorgesehen sind. Auch sollen sie nicht zu viele zusätzliche Inhalte bieten.

Die Inhalte des, römisch-katholischen und evangelischen, Religionsunterrichts sind vor allem: Bibeltexte aus dem Alten und Neuen Testament, Lebensfragen, Ethik, soziale Fragen, Kirchengeschichte und Weltreligionen, besonders Judentum und Islam. Es wird eine weite Skala von Unterrichtsmethoden praktiziert. Es gibt auch Wochenendveranstaltungen für Schülerinnen und Schüler, allerdings kaum wöchentliche Andachten. Zuweilen werden, etwa zweimal während des Schuljahres, Gottesdienste gehalten. Deren Besuch ist freiwillig.

Wichtige Ausnahmen von diesen allgemeinen Regelungen sind die folgenden:

- In Berlin-West wird der Religionsunterricht von der Kirche verantwortet, aber in Räumen der Schule unterrichtet. Die kirchliche Verantwortung bezieht sich auch auf die Ausbildung von Religionslehrerinnen und -lehrern, den Erlaß von Lehrplänen, die Zulassung von Schulbüchern, auf Prüfungen und Aufsicht.

- In Bremen wird der Religionsunterricht nicht bekenntnisgebunden, allein auf biblischer Grundlage erteilt und nur von der staatlichen Schulbehörde verantwortet, einschließlich Lehrerbildung, Lehrplänen und Schulbüchern.
- In Niedersachsen gibt es außer den Vereinbarungen dieses Bundeslandes mit der römisch-katholischen Kirche und den evangelischen Kirchen einen Vertrag zwischen dem Land und der Freireligiösen Gemeinschaft, einer humanistischen Vereinigung, der auch einen religionskundlichen Unterricht einschließt. Auch wenn dieser nicht oft realisiert wurde, so haben doch jene Eltern und ihre Kinder ein Recht darauf. An der Universität Hannover gibt es einen Studiengang für die Lehrerinnen und Lehrer dieses Faches.

Adam, Gottfried u. Lachmann, Rainer, (Hg.): Religionspädagogisches Kompendium. Ein Leitfaden für Lehramtsstudenten, 2. durchges. Auflage Göttingen 1986; darin: dieselben, Begründung des Religionsunterrichts (66-76) u. G. Adam, Lehrpläne des Religionsunterrichts (122-141).

Früchtel, Ursula: Leitfaden Religionsunterricht. Arbeitsbuch zur Didaktik des Religionsunterrichts. 4. Auflage Zürich u.a. 1987.

Larsson, Rune: Religion zwischen Kirche und Schule. Die Lehrpläne für den evangelischen Religionsunterricht in der Bundesrepublik Deutschland seit 1945, Lund u.a. 1980.

Martin, Gerhard (Hg.): Religionsunterricht – Ernstfall kirchlicher Bildungspolitik (Arbeiten zur Pädagogik Bd. 24), Stuttgart 1984.

Ohlemacher, Jörg u. Schmidt, Heinz (Hg.): Grundlagen der evangelischen Religionspädagogik, Göttingen 1988; darin: Karl Dienst, Formen des Lehrens und Lernens in der Geschichte der Kirche (32-51) u. K. Fikenscher, Christlicher Religionsunterricht in der staatlichen Schule (52-69).

Schmidt, Heinz: Religionsdidaktik, Stuttgart u.a. 1982.

Schmidt, Heinz: Leitfaden Religionspädagogik, Stuttgart u.a. 1991.

Schultze, Herbert u.a. (Hg.): Unterricht über Religion vor der Wende zum Jahr 2000. Dokumentation und Kommentare zu den evangelischen und katholischen Lehrplänen in der Bundesrepublik Deutschland (Comenius-Instistut Dokumentation 5), Münster 1984.

Sturm, Wilhelm: Religionsunterricht – gestern – heute – morgen, Stuttgart 1971.

Religionsunterricht in England und Wales

Die für den Religionsunterricht in England und Wales maßgebenden Bestimmungen sind in zwei Gesetzen niedergelegt: dem Education Act 1944 und dem jüngeren Education Reform Act 1988. "Religiöse Bildung" (Religious Education) bedeutete im Gesetz von 1944 sowohl den Religions*unterricht* als auch den gemeinsamen Schulgottesdienst. Diese Terminologie wurde im Gesetz von 1988 ergänzt und präzisiert. Religiöse Bildung = Religionsunterricht heißt nun das Schulfach im Curriculum, und für den gemeinsamen Schulgottesdienst werden spezielle Begriffe gebraucht.

Religionsunterricht und Schulgottesdienst sind in dem Sinne Pflichtveranstaltungen, daß jede öffentliche, vom Staat unterhaltene Schule den Religionsunterricht im Rahmen der Grundlagenfächer einrichten muß. Schulgottesdienst hat in jeder vom Staat unterhaltenen Schule täglich stattzufinden, obgleich dieser (seit 1988) nicht mehr am Anfang des Schultages durchgeführt werden muß, und nicht mehr alle Schülerinnen und Schüler in einer solchen Veranstaltung zusammengefaßt werden müssen.

Jede örtliche Erziehungsbehörde (LEA = Local Education Authority) in England und Wales (zur Zeit gibt es 122) ist für die Erstellung eines "vereinbarten Lehrplanes" (agreed syllabus) für den Religionsunterricht verantwortlich, nach dem in allen nicht von Kirchen oder Religionsgemeinschaften getragenen Schulen zu unterrichten ist Das Verfahren für diese Art der Lehrplanentwicklung wurde mit dem Gesetz von 1944 eingeführt und durch das Gesetz von 1988 in wenigen Punkten präzisiert. Wenn eine örtliche Erziehungsbehörde (LEA) ihren Religionslehrplan zu überarbeiten oder eine neuen Lehrplan zu schaffen plant, beruft sie vier Komitees, die sich, wie folgt, zusammensetzen:

(1) Vertreter der Erziehungsbehörde (LEA)
(2) Vertreter der Lehrerinnen und Lehrer
(3) Vertreter der Kirche von England als der Established Church (dies Komitee gibt es nicht in Wales, wo die Kirche in Wales "disestablished" ist) und
(4) Vertreter "Anderer Denominationen".

Das Gesetz von 1988 bestimmt, daß das vierte Komitee sich zusammensetzt aus "solchen christlichen und anderen religiösen Denominationen, die nach Meinung der Behörde (der LEA) die wichtigsten religiösen Bekenntnisse in ihrem Gebiet angemessen widerspiegeln". Bei der Entscheidung über die endgültige Fassung des Lehrplanes hat jedes Komitee (unabhängig von der möglicherweise unterschiedlichen Zahl der Mitglieder) eine Stimme. Die Schlußabstimmung hat einstimmig zu geschehen, also eine 4:0 Entscheidung.

Im Bildungsreform-Gesetz von 1988 wurde ein allgemeiner Grundsatz aufgestellt, der bei der Erstellung jedes neuen Lehrplanes für den Religionsunterricht zu beachten ist: Jede Erziehungsbehörde sollte ihre Kenntnisse und Erfahrungen vor Ort sowie Sensibilität für soziale, religiöse und kulturelle Vorgänge bei der Entscheidung über inhaltliche Einzelheiten einsetzen, doch das Gesetz bestimmt, daß alle neuen Lehrpläne "der Tatsache zu entsprechen haben, daß die religiösen Traditionen in Großbritannien in der Hauptsache christlich sind, und zugleich der Lehre und Praxis der anderen in Großbritannien vertretenen wichtigen Religionen gerecht werden sollen."

Weiterhin verlangt das Gesetz von 1988 von jeder örtlichen Erziehungsbehörde (LEA) die Einsetzung eines Ständigen Beirats für den Religionsunterricht (SACRE = Standing Advisory Council for Religious Educaton), der aus vier Komitees besteht, die in ihrer Struktur mit den Komitees für die Lehrplanerstellung identisch sind. Dieser Beirat hat den Religionsunterricht im Gebiet der Behörde zu beobachten, die Religionslehrerinnen und -lehrer zu fördern und sich für mehr und bessere Lehrerfortbildung einzusetzen. Diese Beiräte wurden, entsprechend dem Gesetz, zum 1. März 1989 eingesetzt.

In Bezug auf den Schulgottesdienst ist der Wortlaut des Gesetzes komplex, und es ist schwierig, die Bestimmungen zusammenzufassen, ohne Bedeutung und Intention der Worte zu verfälschen. Entscheidend ist, daß der gemeinsame Schulgottesdienst "insgesamt oder überwiegend einen im weiten Sinne christlichen Charakter haben soll." Das bedeutet: er soll den christlichen Glauben in seiner Weise reflektieren.

Dennoch ist es nicht nötig, daß jeder einzelne Gottesdienst so charakterisiert werden kann. Dies muß nur auf die Mehrheit der Gottesdienste in einem Schuljahresdrittel (term) zutreffen. Zudem bestätigt das Gesetz von 1988 die Bestimmung des Gesetzes von 1944, daß der gemeinsame Gottesdienst nicht an eine bestimmte Denomination gebunden (non-denominational) sein soll. Der dem Gesetz von 1988 beigegebene Runderlaß informiert Schulleiterinnen und Schulleiter, die für die Durchführung der Schulgottesdienste verantwortlich sind, über die folgende Interpretation: "Aus der Sicht des Secretary of State (der zuständigen Erziehungsminister) ist es nicht notwendig, daß ein Gottesdienst, der 'christlich im weiten Sinn' ist, ausschließlich christliches Material enthält, sondern er muß lediglich als Ganzes gesehen die Traditionen des christlichen Glaubens reflektieren."

Das Gesetz von 1988 trägt darüber hinaus der Tatsache Rechnung, daß einige Schulen in England und Wales von einer großen Zahl von Schülerinnen und Schülern aus nichtchristlichen Religionen besucht wird. Wenn in einem solchen Fall Schulleiter bzw. Schulleiterinnen und die Mitglieder des Schulvorstandes es für angemessen halten, kann die Schulleitung bei dem Ständigen Beirat für den Religionsunterricht (SACRE) eine Befreiung von der Gottesdienst-Vorschrift (determination) beantragen.

Wenn der Beirat diesem Antrag zustimmt, kann er die Vorschrift "christlich im weiten Sinn" für einen Teil der Schule oder die ganze Schule aufheben. Die Vorschrift eines täglichen Schulgottesdienstes bleibt jedoch bestehen. Dieser ist dann im Sinne einer anderen Religion zu halten, also z.B. “im weiten Sinne hinduistisch, sikhistisch, muslimisch, usw.”, wenn auch jüngere Interpretationen der Bestimmungen nahelegen, daß auch ein “multi-religiöser” Gottesdienst als legal gelten könnte.

Doch bleibt es in jedem Fall dabei, daß die Durchführung des gemeinsamen Schulgottesdienstes dem “Alter, den Fähigkeiten und dem familiären Hintergrund der beteiligten Schüler” Rechnung zu tragen hat. Auch wenn für die ganze Schule eine Befreiung von den Vorschriften, z.B. die Erlaubnis für einen muslimischen Gottesdienst ausgesprochen wurde, bleibt die Schulleiterin bzw. der Schulleiter für Einrichtung und Durchführung des Schulgottesdienstes und die Beachtung aller den Gottesdienst betreffenden Vorschriften verantwortlich.

Tatsächlich sind diese neuen Regelungen erst im August 1989 in Kraft getreten, so daß die praktischen Auswirkungen abzuwarten sind. Auch gibt es weitere komplizierte Vorschriften in den Gesetzen von 1944 und 1988, die hier nicht im einzelnen dargelegt werden, sich jedoch in der Schulpraxis auswirken werden. Ungeachtet dessen kennzeichnen die vorgenannten Ausführungen die Stellung des Religionsunterrichts in England und Wales nach dem Inkrafttreten des Gesetzes von 1988.

Fachlich nicht ausgebildete Religionslehrerinnen und -lehrer sind in England und Wales die Regel, fachlich qualifizierte die Ausnahme. Fortbildungsveranstaltungen, Arbeitshilfen für die Unterrichtsvorbereitung, Lehr- und Lernmitteln kommt in dieser Situation besondere Bedeutung zu. Das Angebot ist groß und findet in den meisten Fällen regen Zuspruch. Eine große Zahl von religionspädagogischen Zentren und Arbeitsstellen ist über das ganze Land verteilt, allen Lehrerinnen und Lehrern gut zugänglich. Halbtags- und Wochenendveranstaltungen und solche in den Ferien sind beliebt, zumal allen Lehrkräften pro Jahr nur fünf Tage Befreiung zur Fortbildung (in allen Fächern) zustehen.

Das Angebot an Schulbüchern und Unterrichtsmedien ist außerordentlich reichhaltig. Große und kleinere Verlage, aber auch etliche Lehrerorganisationen wie Einrichtungen der Kirchen und Religionsgemeinschaften erstellen Lehr- und Lernmittel. Überwiegend sind sie von überschaubarem Umfang und dann einem bestimmten Thema gewidmet. Sie heißen z.B. “Christliche Kommunitäten”, “Die Lutherische Kirche”, “Die Bibel – das Buch der

Christen", "Zu Besuch in einer Moschee", "Ich bin ein Jude", "Zeichen und Symbole in der Religion" usw.

In den Sekundarschulen, vor allem in der Oberstufe, haben Schulbücher geringere Bedeutung. Gut ausgestattete Schulbibliotheken dienen der Durchführung von Arbeitsgemeinschaften und der Vorbereitung von Schülerreferaten.

Es gibt keinerlei Schulbuchzulassungsverfahren, nur einen freien Markt, zum Teil über Buchhandlungen, sehr oft über postalische Bestellungen direkt an die Organisationen. Dieses "no net"-System gewährleistet niedrige Preise. Sollte ein Buch einmal Diskriminierung enthalten, kann ein solcher Fall das Parlament beschäftigen. Die Entscheidung über Anschaffungen fällt in der Fachkonferenz der Religionslehrerinnen und Religionslehrer. Da ohnehin nur begrenzte Mittel zur Verfügung stehen, wird sorgsam ausgewählt und werden die Bücher für einen längeren Zeitraum gebraucht.

Die Fachkonferenzen nahezu aller Schulen formulieren ihr schulspezifisches Programm für den Religionsunterricht. Dessen Grundzüge sind in der Information enthalten, die jede Schule den Eltern neuer Schüler zur Verfügung stellen muß.

Duncan, Geoffry: Die Schule, in: Goßmann, Klaus/Spinder, Hans (Hg.): Engagement und Sachlichkeit im Unterricht. Ein pädagogisches Grundproblem im Kontext europäischer Schulen, Comenius-Institut/ICCS, Münster 1990, S. 19-31.

Schultze, Herbert: Religionsunterricht bei unseren europäischen Nachbarn. (3) In einem Land mit etablierter Kirche und dem Ideal einer "offenen Gesellschaft": Großbritannien; in: Erziehen heute. Mitteilungen der Gemeinschaft Evang. Erzieher e.V., 2. Quartal 1990, S. 20-23.

Schultze, Herbert/Kirchhoff, Hermann (Hg.): Christlische Erziehung in Europa. Band 1: England, Calwer Verlag (Stuttgart) Kösel Verlag (Müünchen), 1975.

Schulischer Religionsunterricht in Finnland – Fakten und Daten

Schulziele

Die Schule soll Schülerinnen und Schüler in dem Sinne fördern, daß sie zu harmonischen, körperlich tüchtigen, verantwortlichen, unabhängigen, schöpferischen, kooperativen und friedliebenden Menschen und Gliedern der Gemeinschaft gebildet werden.

Schulische Bildung soll die umfassende Entwicklung der Persönlichkeit der Schülerinnen und Schüler fördern. Die Zusammenarbeit mit den Elternhäusern wird als grundlegend wichtig angesehen.

Leitlinien der Schulgesetzgebung

Der Religionsunterricht soll entsprechend der Religion der Mehrheit der Schülerinnen und Schüler erteilt werden. Wenn wenigstens drei Schülerinnen und Schüler der Evangelisch Lutherischen Kirche oder der Orthodoxen Kirche, unter Anwendung der Bestimmungen des Gesetzes über die Religionsfreiheit, vom gemeinsamen Religionsunterricht in der Gesamtschule bzw. der höheren Sekundarschule befreit wurden, so soll ihnen ein Ersatzunterricht entsprechend ihrem Glaubensbekenntnis erteilt werden. Die Bezirksregierung kann, auf Antrag, eine Abweichung von der Klausel der Mindestschülerzahl gestatten.

Wenn wenigstens drei Schülerinnen und Schüler, die der gleichen Religion angehören, keinen Religionsunterricht aufgrund der genannten Vorschriften erhalten und nach dem Gesetz über die Religionsfreiheit vom gemeinsamen Religionsunterricht befreit wurden, sollen sie, wenn sie dies wünschen, einen Religionsunterricht entsprechend ihrem Glaubensbekenntnis als Ersatzunterricht erhalten.

Wenn wenigstens drei Schülerinnen und Schüler nach diesen Bestimmungen vom gemeinsamen Religionsunterricht befreit wurden, weil sie keiner Religion angehören, sollen sie Unterricht in humanistischer Ethik erhalten. Auch in diesem wie dem vorgenannten Fall kann die Bezirksregierung, auf Antrag, eine Abweichung von der Klausel der Mindestschülerzahl gestatten.

Das Gesetz über die Religionsfreiheit bestimmt in Artikel 8: "Wenn Religionsunterricht in vom Staat getragenen Primarschulen, Sekundarschulen oder anderen Bildungseinrichtungen in Übereinstimmung mit einem bestimmten Bekenntnis erteilt wird, sollen Schülerinnen und Schüler, die sich zu einer anderen Religion bekennen, oder solche, die keiner Religion angehören, auf Antrag ihrer Erziehungsberechtigten von solchem Religionsunterricht befreit werden."

Obgleich das Bildungssystem in Finnland in der Vergangenheit verschiedenen Veränderungen unterworfen war, so blieb doch der konfessionelle Religionsunterricht Bestandteil der Curricula der finnischen Gesamtschule wie auch des höheren Sekundarschulwesens.

Die Beibehaltung des Religionsunterrichts ist in einem breiten politischen Konsens begründet. Ungeachtet dessen waren die Stellung des Faches und sein konfessioneller Charakter von Zeit zu Zeit immer wieder Gegenstand engagierter Auseinandersetzungen.

Über die Stundenzahl des schulischen Religionsunterrichts wurde von der Regierung zuletzt im Jahre 1985 entschieden.

a) In den Gesamtschulen wird in allen Klassen wöchentlich eine Stunde Religionsunterricht erteilt.
b) In den höheren Sekundarschulen werden insgesamt fünf Kurse Religionsunterricht erteilt, jeder mit 38 Unterrichtsstunden.

97% der Schülerinnen und Schüler der Gesamtschulen und der höheren Sekundarschulen nehmen an dem Religionsunterricht teil, der in Übereinstimmung mit dem Evangelisch Lutherischen Bekenntnis erteilt wird. Zur Zeit werden insbesondere die Stundenzahl für den Religionsunterricht und der neue Lehrplan für die Gesamtschulen diskutiert.

Heinonen, Reijo: Finland; in: Sutcliffe, John M. (Ed.): A Dictionary of Religious Education, SCM Press, in association with The Christian Education Movement (London), 1984, S. 132-134.

Skizze der Politik und der Gesetze zum Religionsunterricht in Frankreich

Einführung

In Frankreich gibt es gegenwärtig zwei Systeme hinsichtlich des Religionsunterrichts in staatlichen Schulen: Seit dem Jahre 1905, als Kirche und Staat durch Gesetz getrennt wurden, wird kein Religionsunterricht in staatlichen Schulen mehr erteilt. In den Sekundarschulen, für Schülerinnen und Schüler im Alter von 10-16 Jahren, können die Kirchen Schulpfarrämter einrichten. Der Besuch ihrer Veranstaltungen ist freiwillig.

Das Elsaß und das Departement Moselle jedoch, die von 1871 bis 1918 dem Deutschen Reich eingegliedert worden waren, gehörten weiterhin zum Geltungsbereich des Konkordates von 1802, das durch das Schulgesetz von Falloux (1850-52) und örtliche gesetzliche Regelungen (von 1871, 1874 und 1883) ergänzt wurde: die französische Gesetzgebung von 1905 erhielt hier keine Geltung. Zwei besondere französische Gesetze (vom 1. Oktober 1919 und 1. Juni 1924) wurden verabschiedet, um die besonderen Beziehungen zwischen Kirche und Staat festzuschreiben sowie, aus einer eher liberalen Sicht, "interkonfessionelle" Schulen einzuführen, als ein Angebot für solche Eltern, die ihre Kinder vom Besuch des Religionsunterrichts abgemeldet hatten. Diese gesetzlichen Regelungen sind auch heute noch gültig.

Die Lage im Elsaß und im Departement Moselle

Die folgenden Ausführungen beziehen sich auf die Lage im Elsaß und im Departement Moselle.

1. Die Rechtslage
1.1 Religionsunterricht in der Primarschule
(für Kinder von 6-11 Jahren)

Das Falloux-Schulgesetz (vom 15. März 1850) bestimmt eindeutig:

- Religionsunterricht ist mit einer Wochenstunde im Rahmen des allgemein gültigen Curriculum zu erteilen. Eine zusätzliche Stunde kann auf Antrag der Eltern vorgesehen werden.

- Religionsunterricht können folgende Lehrkräfte erteilen: freiwillige Lehrerinnen und Lehrer (d.h. solche, die sich zur Erteilung des Faches bereit erklären), Pfarrer oder "Katecheten" (besondere Religionslehrer und -lehrerinnen), von der Kommission für den Religionsunterricht (CRC = Commission Régionale de la Catéchèse) ernannt und vom Recteur (dem offiziellen Vertreter des Erziehungsministeriums) anerkannt.

1.2 Religionsunterricht in den unteren Sekundarschulen (für Schülerinnen und Schüler im Alter von 11-16 Jahren)

Die Rechtsstellung des Faches ist hier nicht so eindeutig, denn im Falloux-Gesetz wird nicht darauf Bezug genommen. Sie basiert vielmehr auf verschiedenen 'Verordnungen', die im Lauf des 19. Jahrhunderts erlassen und schrittweise auf den jeweils neuen Stand gebracht wurden.

- 1802: An jedem Lyceum wird ein Pfarrer oder Priester als Schulpfarrer angestellt, um Gottesdienste zu halten und Religionsunterricht zu erteilen.
- 1852: Der vom Schulpfarrer erteilte Religionsunterricht ist für Schülerinnen und Schüler im Internat Pflichtfach, für Tagesschüler Wahlfach.
- 1883: (Unter deutscher Herrschaft:) Religionsunterricht gehört zum offiziellen Lehrplan, Religionslehrerinnen und -lehrer sind fest angestellt. Schülerinnen und Schüler können vom Besuch des Religionsunterrichts befreit werden, wenn ihnen ein "gleichwertiger Unterricht" an anderer Stelle erteilt wird.
- nach 1918: (Wieder unter französischer Verwaltung:) Der Religionsunterricht wird nicht abgeschafft (wie es im übrigen Frankreich nach 1905 der Fall war). Religionslehrerinnen und -lehrer werden wie zuvor eingestellt, jedoch nicht als Beamte des Erziehungsministeriums integriert. Eltern können mit einem Brief an die Schulleiterin bzw. den Schulleiter die Befreiung ihrer Kinder von den Religionsstunden beantragen.
- seit 1963: Laien-"Katecheten" (Fachlehrerinnen bzw. -lehrer für den Religionsunterricht) können für den Religionsunterricht fest angestellt werden. Sie werden von der Regionalen Kommission der Kirchen für den Religionsunterricht (CRC, siehe oben) eingestellt und erhalten ihre Anerkennung vom Recteur (siehe oben).

- 1975: Laien-“Katecheten” können als Angestellte des Erziehungsministeriums, mit Bestallung, integriert werden, sofern sie die notwendigen Diplome erworben haben und weitere, z.B. Dienstalter-, Bedingungen erfüllen, wie sie auch für andere Lehrerinnen und Lehrer zutreffen.

1.3 Religionsunterricht in höheren Sekundarschulen (für Schülerinnen und Schüler im Alter von 16-18 Jahren)

Die Situation ist die gleiche wie in den unteren Sekundarschulen (siehe 1.2), doch erwachsen hier mehr praktische Schwierigkeiten bei der Einführung des Unterrichts. Die zahlreichen Wahlmöglichkeiten auf dieser Schulstufe erschweren die Stundenplangestaltung und die Bildung von für den Religionsunterricht adäquaten Gruppen.

1.4 Technische und berufsbildende Schulen

- 1950: Religionsunterricht kann an solchen Schulen stattfinden, doch nicht als Teil des offiziellen Lehrplans, so daß die Schulpfarrer für diese Funktion keine Bezahlung erhalten. Priester und Pfarrer können mit Zustimmung der Schulleiterin bzw. des Schulleiters als Schulpfarrer tätig werden.
- 1958: Der Religionsunterricht wird Teil des offiziellen Lehrplans. Technische und berufsbildende Schulen werden Sekundarschulen gleichgestellt. Es gelten die entsprechenden Regelungen.

1.5 Zusammenfassung

Die verschiedenen Gesetze, Ausführungsbestimmungen, Erlasse und Regelungen zum Religionsunterricht im Elsaß und dem Departement Moselle spiegeln die Schwierigkeiten, die es für einen Zentralstaat, der seit 1905 von der Kirche getrennt ist, bereitet, einer örtlichen Situation gerecht zu werden, die sich von jener im übrigen Land so grundlegend unterscheidet.

2. Die Rolle der Regionalen Kommission für den Religionsunterricht (CRC)

Diese Kommission ist für die gesamte religiöse Erziehung und

Bildung im Bereich der beiden protestantischen Kirchen (ECAAL = Kirche der Augsburgischen Konfession in Elsaß und Lothringen und ERAL = Reformierten Kirche in Elsaß und Lothringen) verantwortlich, sowohl für die Unterweisung in den Gemeinden als auch für den Religionsunterricht in den Schulen. In Bezug auf den schulischen Religionsunterricht gehören dazu die folgenden Aufgaben:

2.1 Die Gewinnung von "Katecheten" (geeigneten Lehrkräften für den Religionsunterricht) für die Primarstufe wie für die Sekundarstufe.

2.2 Die Einrichtung angemessener Ausbildungs- und Fortbildungsveranstaltungen für diese Lehrerinnen und Lehrer, teils aus eigenen Kräften der Kommission, teils in Zusammenarbeit mit den offiziellen Einrichtungen der Lehrerbildung des Erziehungsministeriums.

2.3 Die Bestimmung der Inhalte des Religionsunterrichts:
Für die Primarstufe – Hinführung zu Glaube und geistlichem Leben; Einführung von wichtigen Gestalten der Bibel;
für die Sekundarstufe – ein vierteiliges Curriculum: Altes Testament, Neues Testament, Religiöse Kultur und Gegenwartsfragen.

2.4 Die Vorbereitung angemessener Lehr- und Lernmaterialien.

Bagot, Jean-Pierre: France; in: Sutcliffe, John M. (Ed.): A Dictionary of Religious Education, SCM Press, in association with The Christian Education Movement (London), 1984, S. 136-137.

Schultze, Herbert/Kirchhoff, Hermann (Hg.): Christliche Erziehung in Europa. Band 4: Frankreich, Calwer Verlag (Stuttgart)/Kösel-Verlag (München), 1977.

Religionsunterricht in den Schulen Griechenlands

Das religionspädagogische System in Griechenland ist tief in der Lehre, dem Glauben und der Praxis der Orthodoxen Kirche Christi verwurzelt. Auf der anderen Seite können die Einflüsse der Säkularisation hier ebenso wie in anderen europäischen Ländern beobachtet werden. Doch wirken die Traditionen immerhin so stark auf das Erziehungswesen ein, daß orthodoxer Religionsunterricht als Pflichtfach in allen Schulformen und auf allen Schulstufen durchgeführt wird. Der Unterricht in diesem Fach gehört zur Aufgabe aller Lehrerinnen und Lehrer. Die Studiengänge an den Pädagogischen Hochschulen des Landes berücksichtigen dies. Die Ausbildung von Religionslehrern und Religionslehrerinnen an Sekundarschulen (Gymnasium und Lyceum) wird an den Theologischen Fakultäten durchgeführt.

Als ein Erbe aus vier Jahrhunderten türkischer Besetzung Griechenlands (1453-1821/28 AD) gibt es muslimische Schulen auf allen Stufen sowie einen offiziell anerkannten islamischen Religionsunterricht. Für diesen Unterricht wurden Regelungen erlassen, die den für den orthodox-christlichen Religionsunterricht gültigen entsprechen. Die Lehrpläne für den islamischen Religionsunterricht werden von Repräsentanten der islamischen Kultusgemeinschaft in diesem Land entwickelt.

Bis in die 70er Jahre enthielten die Lehrpläne für den orthodox-christlichen Religionsunterricht fast ausschließlich Inhalte aus den folgenden vier Gebieten: liturgische Erziehung, orthodoxe Lehre, Kirchengeschichte und die Auslegung der Bibeltexte durch die griechischen Kirchenväter. Die Autoren neuerer Lehrpläne haben diesen Inhalten Lebensthemen und aktuelle Probleme hinzugefügt, Themen der Individual- und Sozialethik. Doch steht für diese neuen Inhalte nicht mehr Zeit zur Verfügung. Auch sind sie von nur geringer Bedeutung. Sie stehen nahezu unverbunden neben den übrigen Unterrichtsinhalten. Diese blieben weiterhin auf die offizielle Lehre der orthodox-christlichen Kirche ausgerichtet Ein Ergebnis dieser Strukturen ist es, daß der Unterricht mit säkularisierten jungen Menschen keine leichte Aufgabe darstellt. Der Unterricht über die Weltreligionen wurde in jüngerer Zeit in die Lehrpläne und Schulbücher für die Sekundarschulen aufgenommen Die Perspektive ist allerdings nicht das Selbstverständnis der Religionen, die betrachtet werden, sondern deren Bewertung aus der Sicht der orthodoxen Kirche.

Die überwiegende Mehrheit der griechischen Bevölkerung gehört der orthodoxen Kirche an. Der Religionsunterricht an griechischen Schulen (mit Ausnahme der muslimischen Schulen) ist griechisch-orthodoxer Unterricht, obgleich weder ein Gesetz noch eine Vorschrift existieren, die einen konfessionellen Religionsunterricht festlegen. Für die Kinder der sehr kleinen Minderheiten anderer christlicher Bekenntnisse gab es bis 1985 keine besonderen Vorkehrungen. Seit 1985 wurden für sie neue gesetzliche Regelungen erlassen, doch die Verwirklichung dieser Möglichkeiten in der Praxis steht noch aus. Die Lage muslimischer Kinder in der Schule ist dagegen, wie bereits bemerkt, zufriedenstellend geregelt.

Der Religionsunterricht ist in der griechischen Verfassung nicht erwähnt: er ist dort auch früher niemals erwähnt worden. Er war vielmehr für lange Zeit in der griechischen Geschichte, einschließlich der Zeit der türkischen Besetzung, eine selbstverständliche Angelegenheit. Die Verfassung, die bis 1974 gültig war, sprach von "griechischen christlichen Idealen". Das ist in der gegenwärtigen Verfassung von 1975 nicht mehr der Fall. Dort heißt es jedoch, in Artikel 16,2, das Ziel aller griechischen Erziehung und Bildung sei "die sittliche, geistige, berufliche und körperliche Bildung der Griechen, die Entwicklung des nationalen und religiösen Bewußtseins sowie die Erziehung freier und verantwortlicher (griechischer) Bürger".

Die Religion der Orthodoxen Kirche Christi wird in dem gleichen Verfassungsartikel als die vorherrschende und offizielle Religion in Griechenland bezeichnet. die Freiheit des Gewissens und der religiösen Entscheidung wird schließlich in Artikel 13,1 der gegenwärtigen Verfassung (von 1975) garantiert.

Stellung und Praxis des Religionsunterrichts in öffentlichen Primar- und Sekundarschulen in Italien

1. Welche Gesetze und politischen Regelungen gelten?
Religionsunterricht ist in allen öffentlichen Bildungseinrichtungen Italiens (vom Kindergarten bis zur höheren Sekundarschule) zugelassen: es ist römisch-katholischer Religionsunterricht.

Das 1929 erstmals zwischen Italien und dem Heiligen Stuhl geschlossene Konkordat wurde kürzlich neu verhandelt und von beiden Seiten im Jahre 1984 unterzeichnet. Dieser Vertrag regelt viele Angelegenheiten, unter ihnen ist auch der Religionsunterricht in der Schule. Es ist festgelegt, daß nur der katholische Glaube in italienischen Schulen zu lehren ist, weil die Regierung anerkennt, daß der Römische Katholizismus die grundlegende religiöse Kultur des Landes darstellt.

2. Wie ist der Religionsunterricht definiert?
Der Religionsunterricht in Italien ist eindeutig konfessionell.

3. Welches ist die Rolle der Schule hinsichtlich der religiösen Bildung von Schülerinnen und Schülern?
Es ist die Rolle von Schule, Elternhaus und Kirche bei der Einführung der jungen Menschen in die Glaubenslehren des Römischen Katholizismus' zu unterstützen und ihr Leben zu begleiten. Die Schule wird, mehr oder weniger, "in loco parentis" gesehen.

4. Wer darf Religionsunterricht in der Schule erteilen?
Lehrerinnen und Lehrer, Laien und Priester, die die Erlaubnis ("missio") der Kurie haben.

5. Welche Stundenzahl ist im Rahmen der Stundentafel vorgesehen?
Kindergarten (Alter von 3-6 Jahren): 2 Wochenstunden
Primarschule (Alter von 6-11 Jahren): 2 Wochenstunden
Untere Sekundarschule (Alter von 11-14 Jahren): 1 Wochenstunde
Höhere Sekundarschule (Alter von 14-19 Jahren): 1 Wochenstunde

6. Welche Regelungen bestehen für einzelne oder Gruppen, die nicht der Mehrheitsreligion angehören?
Schülerinnen und Schüler und, wenn sie jünger als 13 Jahre alt sind, deren Eltern, haben zu Beginn jeden Schuljahres zu entscheiden, ob sie am römisch-katholischen Religionsunterricht teilnehmen wollen oder nicht. Diejenigen, die sich abmelden, nehmen an Kursen über Bürger- und Menschenrechte teil.

7. Welche Lernmaterialien, Kurse, Studieneinheiten und Ergänzungsmaterialien sind für den Schulgebrauch zugelassen oder werden häufig von Lehrerinnen und Lehrern eingesetzt?
Es dürfen nur solche Materialien und Programme verwendet werden, die von der Kurie zugelassen sind.

8. Welches sind die öffentlichen Reaktionen auf die Stellung und Praxis des Religionsunterrichts?
Fast 95% der Schülerinnen und Schüler bzw. deren Eltern entscheiden sich für die Teilnahme am Religionsunterricht. Unter denen, die nicht teilnehmen, nämlich Protestanten, Juden und katholische

Laien, gibt es Menschen, die gegen die geltenden Regelungen protestieren, weil sie diese als diskriminierend empfinden. Die italienische Verfassung spricht von einer multireligiösen Gesellschaft. Doch das Konkordat läßt es zu, daß der Religionsunterricht vollständig durch die Römisch-Katholische Kirche kontrolliert wird.

Tomasetto, D.: Italy; in: Sutcliffe, John M. (Ed.): A Dictionary of Religious Education, SCM Press, in association with The Christian Education Movement (London), 1984, S. 185-187.

Schultze, Herbert: Religionsunterricht bei unseren europäischen Nachbarn. (2) In einem Bildungssystem zwischen Koordinaten Antike, Katholizismus, Liberalismus und Protestantismus: Italien; in: Erziehen heute, Mitteilungen der Gemeinschaft Evang. Erzieher e.V., 40. Jg., 2. Quartal 1990, S. 21-23.

Religionsunterricht in den Niederlanden

1. Der gesetzliche Rahmen

Artikel 23 der Verfassung der Niederlande stellt den rechtlichen Rahmen der Gesetzgebung über das Bildungswesen dar. Das entscheidende Element darin ist, daß alle Personen frei sein sollen, für eine angemessene Bildung zu sorgen. Das bedeutet, daß Schulen durch private Initiative gegründet werden sowie durch Vereinigungen und Stiftungen unterhalten werden können. Solche Schulen werden "Privatschulen" genannt, im Unterschied zu den durch die öffentlichen Hand gegründeten und unterhaltenen Schulen, welche "Behörden-Schulen" genannt werden.

Seit 1948 ist es der Regierung durch die Verfassung untersagt, in Bildungseinrichtungen einzugreifen, die von Personen außerhalb der öffentlichen Behörden unterhalten werden. Ausnahmen von dieser Regelung bedürfen der Erlaubnis allein durch das Parlament, sofern die Schule öffentlich finanziert, jedoch von privater Seite getragen ist.

Die Finanzierung durch die öffentliche Hand ist für öffentlich und privat getragene Schulen in gleicher Weise und nach den gleichen Kriterien geregelt.

Eine weitere wichtige Verfassungsbestimmung schreibt vor, daß von der öffentlichen Hand getragene Schulen auf solche Weise zu gestalten sind, daß jedermanns Glaube oder Religion respektiert wird. Die Standards der von privaten Vereinigungen getragenen Schulen müssen der ihnen gewährten Freiheit entsprechen, eine Bildung in Übereinstimmung mit den für sie maßgebenden religiösen oder anderen Überzeugungen zu gewährleisten.

Ein Ergebnis dieser Schulgesetzgebung ist es, daß etwa ein Drittel der Schulen von öffentlichem Behörden getragen werden, während von den zwei Dritteln der privat getragenen Schulen etwa die Hälfte evangelische und die andere Hälfte katholische Schulen sind. Dabei handelt es sich nicht um "kirchliche", von den Kirchen getragene Schulen, wie es sie in der Bundesrepublik oder Österreich gibt. Jede "christliche" (evangelische) oder katholische Schule ist autonom, der sie tragenden Vereinigung verantwortlich und unterscheidet sich von anderen christlichen Schulen ggfs. erheblich hinsichtlich des didaktischen Ansatzes oder der Gestaltung des Schullebens. Nur eine kleine Gruppe von Privatschulen folgt anderen, spezifischen pädagogischen Ansätzen, z.B. jenen von Maria Montessori, Rudolf Steiner oder Peter Petersen.

2. Religionsunterricht

Infolge der strikten Interpretation der Trennung von Staat und Kirche in den Niederlanden unterscheidet sich die Stellung des Religionsunterrichts in Schulen der öffentlichem Hand grundlegend von der Stellung des Faches in Privatschulen. In den öffentlichen Schulen kann kein Religionsunterricht unter Verantwortung der Schule eingerichtet werden. In den Privatschulen sind die Schulvorstände oder leitenden Gremien frei, Religionsunterricht in Übereinstimmung mit den für sie maßgebenden Grundsätzen einzurichten. Infolge dieser Regelungen kann es keinen offiziellen oder nationalen Lehrplan für den Religionsunterricht geben: jeder Schule ist frei, ihren eigenen didaktischen Ansatz zu wählen.

2.1 Primarschulen

In privaten Primarschulen ist der Religionsunterricht mehr oder weniger in das gesamte Schulleben integriert; hier schließt er Schulandachten und diakonische Aktivitäten ein. Die Lehrerinnen und Lehrer unterrichten in einer Gruppe oder Klasse alle Fächer, einschließlich des Religionsunterrichts.

In manchen Fällen, insbesondere in römisch-katholischen Schulen, werden die Lehrerinnen und Lehrer im Religionsunterricht von Fachlehrern oder Priestern unterstützt. In öffentlichen Primarschulen, in denen offiziell kein Religionsunterricht vorgesehen ist, haben die Kirchen jedoch das Recht, einige Stunden im Rahmen des Stundenplans für den Religionsunterricht solcher Schülerinnen und Schüler in Anspruch zu nehmen, deren Eltern nichts dagegen einzuwenden haben. Die Religionslehrerinnen und -lehrer für diesen Unterricht werden von den örtlichen Kirchengemeinden benannt und bezahlt, oft mit Unterstützung der örtlichen Behörden.

Seit 1986 wurde für alle Primarschulen ein neues Schulfach eingeführt: "Geistliche Strömungen" (geestelijke stromingen). Intention dieses Faches ist es, Schülerinnen und Schülern (objektive) Informationen über die verschiedenen religiösen und säkularen Weltanschauungen als Vorbereitung auf die multikulturelle Gesellschaft zu vermitteln. Die Unterschiede und Überschneidungen im Blick auf den Religionsunterricht sind noch nicht eindeutig definiert und Gegenstand der Diskussion.

2.2 Sekundarschulen

Die Gegebenheiten in den Sekundarschulen unterscheiden sich von jenen in den Primarschulen. In den staatlichen Schulen ist kein Religionsunterricht vorgesehen.

In den Privatschulen, in denen alle Lehrerinnen und Lehrer für ein oder zwei Schulfächer spezialisiert sind, wird der Religionsunterricht von Fachlehrerinnen und Fachlehrern als ordentliches Lehrfach unterrichtet. Die Schülerinnen und Schüler kommen aus gesellschaftlich und religiös unterschiedlichen Elternhäusern. Dies kann der religionspädagogische Ansatz nicht ignorieren. Eine direkte Verbindung mit bestimmten Religionsgemeinschaften fehlt,und die Verbindung zu den Elternhäusern ist eher distanziert. Die Entwicklung des Religionsunterrichts in diesen Schulen bewegt sich in die Richtung eines offeneren, nichtkonfessionellen Ansatzes und ist der Entwicklung in anderen europäischen Ländern, wie Schweden und Großbritannien, vergleichbar.

3. Offizielle Regelungen

In der Stundentafel der Primarschulen ist lediglich vermerkt, daß in jeder Klasse nicht mehr als drei Wochenstunden dem Religionsunterricht gewidmet werden sollen.

Für die Sekundarschulen wurde die Zahl der frei verfügbaren Stunden zunehmend herabgesetzt. Die meisten dieser Schulen reservieren 1 Wochenstunde, und für einige Klassen 2 Wochenstunden, für den Religionsunterricht. Religionslehrerinnen und Religionslehrer an Sekundarschulen werden ebenso angestellt und bezahlt wie ihre Kolleginnen und Kollegen der anderen Fächer, vorausgesetzt ihre Studien und Examen entsprechen den gleichen Anforderungen. Trotzdem haben die Schulbehörden der Privatschulen das Recht solche Religionslehrerinnen und -lehrer einzustellen, die sie für geeignet erachten. Lehrerinnen und Lehrer an privaten Primarschulen werden an privaten Pädagogischen Hochschulen ausgebildet, an denen der Religionsunterricht ein integraler Teil des Curriculum ist.

Religionslehrerinnen und Religionslehrer, die im Auftrag der Kirchen an staatlichen Primarschulen unterrichten, werden von diesen Kirchen ernannt. Die Ausbildungsanforderungen für diese Lehrkräfte entsprechen üblicherweise jenen für die Lehrerinnen und Lehrer anderer Fächer; doch die Kirchen sind frei, andere Bedingungen zu stellen. Die Ausbildung geschieht in der Regel an Pädagogischen Hochschulen, von denen es wiederum – in sich autonome – evangelische, katholische und öffentliche gibt, oder an den Theologischen Fakultäten der Universitäten und ihren Religionspädagogischen Instituten.

Es existieren keinerlei offizielle nationale Curricula. Die Schulen sind sehr frei, ihr eigenes Programm zu wählen und zu entwickeln. Für die römisch-katholischen Schulen haben die Bischöfe allgemeine Leitlinien formuliert, doch die evangelischen Schulen sind völlig autonom. In den vergangenen Jahren wurden etliche Methoden, Lehrbücher und Curricula von Spezialisten entwickelt und den Schulen angeboten. In welchem Umfang diese in der Praxis gebraucht werden, hängt von den Entscheidungen ab, die die einzelnen Schulen treffen.

Kuiper, F.H.: Netherlands; in: Sutcliffe, John M. (Ed.): A Dictionary of Religious Education, SCM Press, in association with The Christian Education Movement (London), 1984, S. 241-242.

Schultze, Herbert/Kirchhoff, Hermann (Hg.): Christliche Erziehung in Europa. Band 2: Niederlande, Calwer Verlag (Stuttgart)/Kösel-Verlag (München), 1975.

Spinder, Hans: Elternentscheidungen für oder gegen den Religionsunterricht, in: Goßmann, Klaus/Spinder, Hans (Hg.): Engagement und Sachlichkeit im Unterricht. Ein pädagogisches Grundproblem im Kontext europäischer Schulen, Comenius-Institut/ICCS, Münster 1990. S. 63-79.

Religionsunterricht in Norwegen

Die folgenden Ausführungen zum Religionsunterricht in Norwegen beziehen sich ausschließlich auf die norwegische Gesamtschule (grunnskole). Dies ist die staatliche Primar- und Sekundarschule, die von der überwiegenden Mehrheit der Kinder neun Jahre lang besucht wird. Die Gesamtschule basiert auf dem Schulgesetz von 1969 mit seinen späteren Ergänzungen. Die erste Sektion dieses Gesetzes behandelt die allgemeinen Ziele der Gesamtschule und bestimmt: "... die Schule hat die Aufgabe, Schülerinnen und Schülern eine christliche und sittliche Erziehung zu vermitteln in ... Zusammenarbeit mit dem Elternhaus ..." Das Gesetz bestimmt auch, daß "die Schule die Aufgabe hat, die geistige Freiheit und Toleranz zu fördern ...".

In der siebten Sektion des Gesetzes ist als Aufgabe des Ministeriums für Kirche und Erziehung die Erstellung eines nationalen Curriculum festgelegt, das die Einzelheiten einer bestimmten Zahl von Pflichtfächern regelt. Der Religionsunterricht (oder wörtlich: Christentumskunde) ist als eines dieser Fächer genannt. Sektion 7 legt auch die Ziele des Religionsunterrichts fest: "... Die Schüler sollen die wichtigsten Inhalte der biblischen Geschichten kennenlernen, die wichtigsten Ereignisse der Kirchengeschichte und die grundlegenden christlichen Lehren in Übereinstimmung mit der evangelisch-lutherischen Tradition." Ein Überblick über andere Religionen und Weltanschauungen wird im staatsbürgerlichen Unterricht vermittelt.

In der dreizehnten Sektion des Gesetzes ist bestimmt, daß Kinder, deren Eltern nicht der Kirche von Norwegen, der Evangelisch-Lutherischen Kirche, angehören, das Recht haben,auf Antrag der Eltern teilweise oder ganz vom Religionsunterricht befreit zu werden.

Sektion 18 handelt von den Qualifikationen der Lehrerinnen und Lehrer: Von den Religionslehrerinnen und -lehrern wird verlangt, daß sie in Übereinstimmung mit dem evangelisch-lutherischen Bekenntnis unterrichten. Doch wenn eine Lehrerin oder ein Lehrer nicht Mitglied einer lutherischen Kirche ist, dann dürfen diese keinen Religionsunterricht erteilen, auch dann nicht, wenn sie dafür qualifiziert sind.

In den Sektionen 26 und 41 sind die Rechte erwähnt, die der Kirche von Norwegen in bezug auf den Religionsunterricht in der Gesamtschule geblieben sind. Ein/e vom Bischof ernannter Vertreter oder Vertreterin der Kirche, Pfarrer oder Katechet, darf an den Sitzungen der örtlichen Erziehungsbehörde teilnehmen und seine bzw. ihre Auffassungen zu Protokoll geben. Er oder sie haben auch das Recht, die Religionsstunden zu besuchen und ihren fachlichen Rat anzubieten.

In weiteren Verordnungen des Ministeriums für Kirche und Erziehung ist geregelt, daß für diejenigen, die vom Religionsunterricht befreit wurden, ein alternativer Unterricht über Religionen oder Weltanschauungen einzurichten sei. Diese Kurse müssen im einzelnen vom leitenden Bildungsdezernenten des Landes genehmigt werden.

Im Jahre 1974 erließ das Ministerium für Kirche und Erziehung ein Nationales Curriculum für die Gesamtschule (Mønsterplan for grunnskolen 1974 = M74). Eine revidierte Version dieses Dokuments erschien 1987 (Mønsterplan for grunnskolen 1987 = M87). In beiden Plänen, M74 und M87, sind in der Stundentafel für alle neun Pflichtschuljahre je zwei Wochenstunden Religionsunterricht (Christentumskunde) vorgesehen. Im Stoffplan erscheint der Religionslehrplan an erster Stelle der Pflichtfächer. Im M74 findet sich außerdem ein Lehrplan "Information über Weltanschauungen" unter der Überschrift "Wahlfächer und Wahlthemen". Im M87 wurde eine solche Überschrift vermieden. Hier wurde der Lehrplan zur "Weltanschauungskunde" im Anschluß an den Lehrplan zum Religionsunterricht (Christentumskunde) placiert. Diese Änderung bedarf einer Erklärung.

Im Anschluß an das Gesetz von 1969 und die Verordnungen über den Alternativunterricht in Religionskunde bzw. Weltanschauungskunde wurden hauptsächlich zwei politische Intentionen vertreten.

Die erste hebt das Recht der Eltern hervor, ihre Kinder in

Übereinstimmung mit derjenigen religiösen oder nichtreligiösen Tradition, zu fördern und zu erziehen, der sie selbst angehören. Da nun die Mehrheit der norwegischen Eltern Mitglieder einer lutherischen Kirche sind und die Kindertaufe praktizieren, sollte, so diese Auffassung, das Hauptfach Religionsunterricht in der Gesamtschule dieser Tatsache Rechnung tragen. Da aber die nicht-lutherischen Eltern keine so homogene Gruppe sind, sollte es mehr als ein Alternativfach zu dem Hauptfach Religionsunterricht geben. Die alternativen Kurse sollten diejenigen Traditionen widerspiegeln, in denen jene Eltern ihre Kinder erzogen und gebildet sehen wollten.

Die zweite politische Richtung vertritt die Auffassung, daß es nicht die Aufgabe der Gesamtschule sein kann, die Kinder im Kontext besonderer religiöser und säkularer Traditionen zu bilden. Entsprechend sollte es jedoch ein nicht-konfessionelles Pflichtfach geben, welches in den Lehrinhalten religiöse und nicht-religiöse Traditionen berücksichtigen sollte.

Keiner dieser beiden politischen Intentionen wurde im M87, dem gegenwärtig gültigen Allgemeinen Curriculum, der Vorzug gegeben. Es schien offensichtlich, daß Eltern aus nicht-lutherischen Traditionen nicht dazu neigten, ihre Kinder vom Hauptfach Religionsunterricht zu befreien, weil sie annahmen, daß die lutherischen Lehren nicht zentrales Thema des Faches sein würden. Ebensowenig würde die Vereinigung des säkularen Humanismus den Lehrplan "Information über Weltanschauungen" (M74) als einen Lehrplan mit dem Ziel betrachten, um Kinder in der Tradition des säkularen Humanismus zu erziehen, nicht einmal angesichts der Tatsache, daß dieser Lehrplan vor allem aufgrund der Arbeit dieser Organisation zustande gekommen war. Auch wiesen viele Lehrerinnen und Lehrer der Gesamtschulen auf all die Probleme hin, die entstehen, wenn Religionsunterricht und Weltanschauungskunde als getrennte Fächer unterrichtet würden.

Man kann schon sagen, daß M87 den Boden für ein künftiges einheitliches Schulfach eines nicht konfessionsgebundenen Unterrichts über Religionen und Weltanschauungen bereitet hat. Der Lehrplan für den Religionsunterricht in M87 ist mehr ökumenisch ausgerichtet als jener im M74. Er berücksichtigt die Sektionen des Gesetzes von 1969, die die Bedeutung der evangelisch-lutherischen Tradition für das Schulfach betonen, aber er legt auch fest, daß diese Bildung offen sein und so vielen Kindern wie möglich die Teilnahme ermöglichen soll. Im M87 gehören zu den Inhalten des

Faches die Thematik der Weltreligionen und Weltanschauungen. Damit wird die Möglichkeit einer Zusammenarbeit zwischen den Fächern Religionsunterricht und politische Bildung eröffnet. Auch berücksichtigt der Lehrplan "Weltanschauungskunde" im M87, wenn man ihn mit M74 vergleicht, in erheblich größerem Umfang religiöse Traditionen, insbesondere die christliche Überlieferung - sie ist schließlich die wichtigste religiöse Tradition in Norwegen.

Auf der anderen Seite erkennt M87 weiterhin das Recht der Eltern an, ihre Kinder in Übereinstimmung mit ihren eigenen religiösen und nichtreligiösen Überzeugungen zu fördern und zu erziehen. Im letzten Kapitel dieses Dokuments wird den verschiedenen Gruppen von Eltern das Recht zugestanden, in Zusammenarbeit mit dem Ministerium für Kirche und Erziehung Lehrpläne für Religionskunde oder Weltanschuungskunde vorzubereiten - Lehrpläne zum Gebrauch im Rahmen der Gesamtschule. Ob einige Gruppen von Eltern, z.B. die muslimische Minderheit, von dieser Möglichkeit Gebrauch machen wird, bleibt eine offene Frage.

Zusammenfassend kann gesagt werden, daß das Hauptfach Religionsunterricht in der norwegischen Gesamtschule (bei Teilnahme der Mehrheit der Kinder) formal als konfessionell, nämlich evangelisch-lutherisch, charakterisiert werden kann. In Wirklichkeit ist es ein ökumenischer christlicher Religionsunterricht. Auf Antrag der Eltern bietet die Gesamtschule auch einen Unterricht in Weltanschauungskunde, der als ein nicht-konfessioneller Unterricht über religiöse und säkulare Traditionen charakterisiert werden kann.

Enger, Trond: Norway; in: Sutcliffe, John M. (Ed.): A Dictionary of Religious Education, SCM Press, in association with The Christian Education Movement (London), 1984, S. 245-247.

Die Rechtsstellung des Religionsunterrichts innerhalb des Bildungssystems in Österreich

1. Die wichtigste gesetzliche Grundlage für den Religionsunterricht in österreichischen Schulen ist das "Religionsunterrichtsgesetz" (RUG), in welchem Religionsunterricht für alle Kirchen und von

der Bundesrepublik Österreich offiziell anerkannten Religionsgemeinschaften vorgesehen ist.

Unter anderen werden in Sektion 1 dieses Gesetzes die folgenden Religionsgemeinschaften genannt: die Römisch-Katholische Kirche, die Evangelische Kirche A.B. (Augsburgischen Bekenntnisses = lutherische Kirche), die Evangelische Kirche H.B. (Helvetischen Bekenntnisses = reformierte Kirche), die Islamische Kultusgemeinschaft, die Jüdische Kultusgemeinde und die Österreichische Buddhistische Gesellschaft.

Für alle Schülerinnen und Schüler, die zu einer dieser Kirchen oder Religionsgemeinschaften gehören, ist der Religionsunterricht ein Pflichtfach an allen staatlichen Schulen und allen staatlich anerkannten Privatschulen. In einigen Bundesländern sind (gewerbliche oder kaufmännische) berufsbildende Schulen von diesen gesetzlichen Regelungen ausgenommen; in diesen Schulen ist für die Jugendlichen eine freiwillige Teilnahme am Religionsunterricht möglich.

Da der Religionsunterricht, in den meisten Fällen, Pflichtfach ist, sind Schülerinnen und Schüler verpflichtet, ihn zu besuchen. So erhalten sie auch Zensuren in diesem Fach, die für ihre Versetzung in die nächste Klasse erheblich sind.

Die staatlichen Schulbehörden haben die Aufsicht über Religionslehrerinnen und Religionslehrer, soweit es um Fragen der Organisation und der Disziplin und um die Grundsätze des Unterrichts innerhalb eines demokratischen Bildungssystems geht.

Die Behörden der Religionsgemeinschaften sind für die Lehrpläne verantwortlich, welche der Zustimmung des Staates bedürfen: danach haben sie den Charakter eines staatlichen Gesetzes. Gleiches gilt für die Didaktik des Faches. Schulbücher für den Religionsunterricht werden wie Bücher für andere Fächer Schülerinnen und Schülern im Rahmen der sogenannten "Schulbuchaktion" kostenlos zur Verfügung gestellt. Voraussetzung für die Aufnahme eines Religionsbuches in die Schulbuchaktion ist die Genehmigung des Unterrichtswerks durch die jeweilige Religionsgemeinschaft.

Religionslehrerinnen und Religionslehrer sind gesetzlich zur Treue gegenüber der Wahrheit ihres Bekenntnisses bzw. ihrer Religion verpflichtet. Andernfalls haben die religiösen Behörden das Recht, sie zu entlassen. So haben z.B. evangelische Lehrerinnen und Lehrer, aufgrund eines Kirchengesetzes der evangelischen Kirchen, die folgende Verpflichtung zu unterschreiben: "... verpflichte ich mich, den Religionsunterricht gemäß der Heiligen Schrift und dem Bekenntnis der Kirche zu erteilen, die kirchliche Ordnung zu achten und am Leben meiner Gemeinde teilzunehmen."

Schulischer Religionsunterricht hat in Österreich einen äußeren und einen inneren Rahmen. Der äußere Rahmen wird durch die staatlichen Behörden beaufsichtigt, der innere durch die Behörden der Kirchen oder anderen Religionsgemeinschaften. Auf diese Weise ist in Österreich das Verhältnis zwischen Staat und Kirche bzw. Religion bestimmt; das Grundmuster ist jenem in der Bundesrepublik Deutschland vergleichbar.

2. Die folgenden Regelungen sind für die religiösen Minderheiten, d.h. für alle Kirchen und Religionen außer der Römisch-Katholischen Kirche, von großer Bedeutung:

Die Zahl von mindestens 10 Schülerinnen und Schülern ist Voraussetzung für die Einrichtung von zwei Stunden Religionsunterricht in der Woche, mindestens drei Schüler müssen es für eine Stunde in der Woche sein. Es ist möglich, Kinder bzw. Jugendliche von verschiedenen Schulen zusammenzufassen, um eine Gruppe für den Religionsunterricht zu bilden. Unter diesen Bedingungen werden Lehrerinnen und Lehrer vom Staat bezahlt. In Fällen, wo wenigstens zwei Schülerinnen bzw. Schüler für den Religionsunterricht vorhanden sind und auch eine Lehrkraft für diesen Unterricht zur Verfügung steht, ist es Sache der Kirchen und Religionsgemeinschaften, für die Finanzierung zu sorgen. Auch die aufgrund dieser Regelungen erteilten Unterrichtsstunden gelten als Pflichtstunden, was – entsprechend dem oben Ausgeführten – bedeutet, daß sie für Schülerinnen und Schüler wie Lehrerinnen und Lehrer verpflichtend sind.

3. Österreich orientiert sich, als ein demokratisches Staatswesen, am Grundsatz der Religionsfreiheit. Das bedeutet, daß alle Bürger frei sind, sich für ihr religiöses Bekenntnis zu entscheiden. Eltern von Kindern unter dem Mündigkeitsalter entscheiden darüber, ob ihre Kinder am Religionsunterricht teilnehmen oder nicht Sie können diese Entscheidung über die Teilnahme nur im Rahmen des Bekenntnisses bzw. der Religion treffen, der ihre Kinder angehören. So können z.B. christliche Kinder nicht den jüdischen oder islamischen Religionsunterricht besuchen, oder umgekehrt. Römisch-ka-

tholische Kinder können nicht den evangelischen Religionsunterricht besuchen, oder umgekehrt.

Wenn Eltern keine religiöse Unterweisung ihrer Kinder wünschen, haben sie innerhalb der ersten zehn Tage nach Schulbeginn im Herbst die Möglichkeit, ihre Kinder abzumelden. Wenn sie diese Zehntagefrist versäumen, sind ihre Kinder zum Besuch der Religionsunterrichts-Klassen verpflichtet.

Kinder im Alter von 14 Jahren an gelten als selbstverantwortlich für ihr religiöses Bekenntnis. Sie haben das Recht, ihre Abmeldung selbst vorzunehmen.

Die Abmeldung hat in schriftlicher Form zu erfolgen. Schülerinnen und Schüler sind, infolge solcher Stellungnahme, von jeder Art des Religionsunterrichtes befreit. Es ist ihnen danach auch nicht gestattet, an einem anderen Religionsunterricht als dem des eigenen Bekenntnisses oder der eigenen Religion teilzunehmen.

Keine staatliche Behörde, kein Schulleiter und keine Schulleiterin, weder Lehrerinnen noch Lehrer haben ein Recht, Druck auf Schülerinnen und Schüler für oder gegen deren Teilnahme am Religionsunterricht auszuüben. In der Praxis kann solcher Druck wohl gelegentlich beobachtet werden, insbesondere an berufsbildenden Schulen, an denen der Religionsunterricht kein Pflichtfach ist und - in einer Welt der Technik und Technologie - als weniger wichtig angesehen wird.

4. Schülerinnen und Schüler, die keiner Kirche oder anderen Religionsgemeinschaft angehören, aber einen Religionsunterricht besuchen wollen, können den Unterricht desjenigen Bekenntnisses bzw. derjenigen Religion wählen, die sie kennenlernen wollen, allerdings nur unter bestimmten Bedingungen. Sie bzw., sofern sie noch nicht religionsmündig sind, ihre Eltern können einen schriftlichen Antrag an die Schulleiterin bzw. den Schulleiter richten. Falls die zuständigen Lehrerinnen bzw. Lehrer zustimmen, ist es diesen Schülern bzw. Schülern gestattet, jenen Religionsunterricht zu besuchen. Sie sind dann in die Gruppe voll integriert, mit allen Rechten (z.B. dem Anspruch auf freie Schulbücher) und allen Pflichten, außer derjenigen, Prüfungen für eine versetzungserhebliche Zensur abzulegen. Wenn Schülerinnen und Schüler dies wünschen, können Lehrerinnen und Lehrer eine Notiz über die Teilnahme in das Zeugnis schreiben.

5. Für die Anstellung von Religionslehrerinnen und Religionslehrern existieren unterschiedliche Verfahren. Alle müssen in jedem Fall von den kirchlichen oder anderen religiösen Behörden gegenüber dem Staat nominiert werden. Aufgrund dieser Nominierung sind sie berechtigt, für wenigstens ein Jahr Religionsunterricht zu erteilen. Wenn sie eine staatliche Anstellung wünschen, dann haben sie einen schriftlichen Antrag zu stellen, den die zuständige religiöse Behörde den staatlichen Behörden vorlegt. Nach Abschluß dieses Verfahrens heißen die Betroffenen "Vertragslehrer". Nach einer Reihe von Jahren und spezieller Prüfung durch religiöse und staatliche Behörden steht ihnen die Möglichkeit offen, einen weiteren Antrag auf nicht befristete Festanstellung zu stellen. Ist dieses Verfahren abgeschlossen, können sie nur dann entlassen werden, wenn die kirchliche bzw. eine andere religiöse Behörde ihre Nominierung zurückzieht, z.B. im Falle einer Abweichung von der Lehre ihrer Religionsgemeinschaft.

Geistliche der Kirchen und Religionsgemeinschaften (in Religionsgemeinschaften, die keinen geistlichen Stand kennen, autorisierte Vertreter) versehen einen beachtlichen Teil des Religionsunterrichts. Im Rahmen der Pädagogischen Akademien des Bundes ist Religionspädagogik Teil der Lehrausbildung für Volksschulen, im Rahmen der Theologischen Fakultäten für Sekundarschulen.

6. Auf der Grundlage freier Vereinbarungen zwischen Schülerinnen und Schülern, Lehrerinnen und Lehrern können an Schulen Gottesdienste gefeiert werden. Gottesdienste werden als Angelegenheit der Kirchen oder anderen Religionsgemeinschaften angesehen und nicht der Verantwortlichkeit von Schule oder Staat zugerechnet. Die Teilnahme von Schülerinnen und Schülern, Lehrerinnen und Lehrern muß seitens der Schulbehörden gestattet werden. Kirchliche und andere religiöse Behörden legen die Daten der Gottesdienste fest und informieren Schulleiterinnen und Schulleiter, die dann zur Bekanntgabe an Schülerinnen und Schüler, Lehrerinnen und Lehrer ihrer Schulen verpflichtet sind.

Die Schulbehörden sind verpflichtet, die religiösen Feiertage der verschiedenen Bekenntnisse und Religionen zu respektieren. So sind lutherische Schüler am 31. Oktober (Reformationstag) nicht zum Schulbesuch verpflichtet, jüdische Schüler sind am Samstag (Shabbat) befreit. Da der Unterricht an diesen Tagen, wie gewohnt, durchgeführt wird, versäumen Schülerinnen und Schüler, die religiösen Minderheitsgruppen angehören, einen beachtlichen Teil des für sie wichtigen Unterrichts. In der Praxis nötigt sie dies zu einer Entscheidung darüber, was ihnen wichtiger erscheint: die Erfüllung ihrer religiösen Pflichten oder jene ihrer Schülerpflichten. Es kann eine Tendenz zur Erfüllung der Schülerpflichten beobachtet werden.

Fuchs, Erika: Austria; in: Sutcliffe, John M. (Ed.): A Dictionary of Religious Education, SCM Press, in association with The Christian Education Movement (London), 1984, S. 34-35.

Heine, Susanne: Verbindlichkeiten und Distanz. Einige systematische Aspekte im Kontext der evangelischen Kirche in Österreich; in: Goßmann, Klaus/Spinder, Hans: Engagement und Sachlichkeit im Unterricht. Ein pädagogisches Grundproblem im Kontext europäischer Schulen, Comenius-Institut/ICCS, Münster 1990, S. 87-99.

Religionsunterricht in Schottland

1. Die Rechtsstellung des Religionsunterrichts nach dem heutigen Stand ist im Education (Scotland) Act von 1980 festgelegt. Die einschlägigen Bestimmungen sind hier in Anhang A (unten S. 219f.) zitiert. Einen verändernden Zusatz stellt eine Klausel im Education (Scotland) Act von 1981 dar, mit der die mit Gesetz von 1872 untersagte staatliche Schulaufsicht über den Religionsunterricht nun zugelassen wurde. Diese war bis dahin der Kirche vorbehalten. Die Kirchen hatten dies als anachronistisch und dem heutigen Religionsunterricht nicht förderlich angesehen. Das Fach unterliegt nun wie alle anderen Fächer der Schulaufsicht, welche Regelung sich als dem Religionsunterricht förderlich erwiesen hat.

Andere Rechtsordnungen geben unserer Kirche bestimmte Rechte und Privilegien. Diese erlauben es der Kirche, weiterhin darüber zu wachen, daß angemessene Vorkehrungen für den Religionsunterricht wie für schulische Bildung überhaupt getroffen werden.

Die Bildungspolitik und die geltenden Regelungen sind so umfangreich, daß es größeren Raum beanspruchen würde, sie alle darzustellen. Die Regierung hat bildungspolitische Entscheidungen getroffen und Rechtsverordnungen über den Religionsunterricht erlassen. Doch nun liegt es in der Verantwortung der zwölf Regional- und Inselbehörden, diese Entscheidungen und Verordnungen im einzelnen auszulegen. Meistens wurden diese Auslegungen in Erlassen bekanntgemacht. Einige davon sind recht kurz gefaßt, doch mindestens einer ist ein Dokument von gut hundert Seiten. Diese Erlasse wurden von den verschiedenen Bildungskomitees der zuständigen Regional- und Inselräte genehmigt.

2. Wenn es auch viele Versuche gegeben hat, den Religionsunterricht zu definieren, so kann doch nur ein Dokument über das Wesen und die Grundzüge des Faches als offiziell angesehen werden, nämlich jenes des Scottish Central Commitee on Religious Education (SCCORE), eines Subkomitees des Scottish Consultative Commitee on the Curriculum, des offiziellen Beratungsgremiums des Bildungsministers in Curriculumfragen.

3. Die Schulen sind durch Gesetz gehalten, Religionsunterricht für alle Schülerinnen und Schüler einzurichten. Der Religionsunterricht wird in einem weiten Sinn als über die vorgesehenen Fachstunden hinausreichend interpretiert. Er soll das Programm ethischer Erziehung an der Schule reflektieren und ausdrücklich darauf Bezug nehmen. Von gleicher Bedeutung sind die Bezüge des Religionsunterrichts auf die Programme der Schule zur sozialen Bildung, Beratung und zu anderen einschlägigen Gebieten wie auf das allgemeine Ethos der Schule. Mit Ausnahme von Bekenntnisschulen, die in Schottland in vollem Umfang öffentlich finanziert werden, ist es nicht der Zweck der Schule, irgendeine Religion oder religiöse Gruppe im besonderen zu unterstützen, doch soll sie den in der Schule repräsentierten religiösen Traditionen sowie jenen im örtlichen Gemeinwesen ihre besondere Aufmerksamkeit schenken.

4. In den Sekundarschulen ist es allgemein üblich, daß der Religionsunterricht von Fachlehrern erteilt wird, die über mit Examen abgeschlossene akademische und professionelle Qualifikationen verfügen. Andere Lehrerinnen und Lehrer, die an der Erteilung des Faches interessiert sind, über Qualifikationen – jedoch ohne offizielles Examen – verfügen, dürfen unter Leitung und Aufsicht eines Fachlehrers bzw. einer Fachlehrerin oder des Schulmanagement-Teams Religionsunterricht erteilen.

In den Primarschulen wird von allen Lehrerinnen und Lehrern erwartet, daß sie den Religionsunterricht in ihren Klassen übernehmen. Es ist bekannt, daß einige Lehrerinnen und Lehrer es vorziehen, das Fach nicht zu unterrichten, in einigen Fällen vielleicht aus Gewissensgründen. Zuweilen treten andere Kolleginnen oder Kollegen für sie ein, manchmal durch Tausch in anderen Fächern wie Musik oder Sport; doch in anderen Fällen kann es auch dazu kommen, daß der Religionsunterricht ausfällt.

5. Die Berücksichtigung des Religionsunterrichts im Stundenplan variiert je nach der Zahl der zur Verfügung stehenden Lehrkräfte, der Dauer der einzelnen Unterrichtsstunden und dem Zeitdruck von seiten anderer Unterrichtsfächer. Zentrale Leitlinien wurden für die Sekundarschulen erlassen. Sie sehen 5% der gesamten Unterrichtszeit für Religionsunterricht und ethische Bildung vor. Von einigen Behörden wurden abweichende Regelungen getroffen. Zwei Unterrichtsstunden von 40 Minuten im Rahmen von vierzig Wochenstunden stellen ein Optimum dar. Von einigen Behörden wird eine Unterrichtsstunde von 40 Minuten mindestens gefordert. Bekenntnisschulen dürfen ein höheres Zeitbudget für den Religionsunterricht ansetzen; bei einigen von diesen sind es mindestens drei Unterrichtsstunden.

"Religiöse Studien" (religious studies), ein Wahlprüfungsfach für Schülerinnen und Schüler ab 15 Jahren im Rahmen verschiedener Schulabschlüsse, sollen zusätzlich zum gesetzlichen Religionsunterricht angeboten werden. Dafür sind vier Unterrichtsstunden je Woche vorgesehen.

6. Schülerinnen und Schüler können, auf Antrag ihrer Eltern, vom Religionsunterricht und von Schulversammlungen religiösen Charakters oder Schulgottesdiensten abgemeldet werden. In einigen Fällen können Vorkehrungen getroffen werden, damit diese Kinder und Jugendlichen mit autorisierten Vertretern ihrer Religionsgemeinschaft zusammentreffen. Doch ist dies nicht angeordnet, und gewöhnlich wird lediglich Beaufsichtigung und anderweitige Beschäftigung erwartet.

7. Die verschiedenen Erziehungsbehörden sind für die Bereitstellung oder Empfehlung von curricularen Materialien verantwortlich. Diese müssen den Leitlinien entsprechen, die vom Scottish Consultative Commitee on the Curriculum und seinem Commitee on Religious Education erlassen wurden. Einige stellen umfangreiche Materialien zur Verfügung, die von ihren eigenen Fachberatern

und Schulaufsichtsbeamten erarbeitet werden. Andere greifen auf Materialien anderer Behörden zurück oder auf solche, die von kompetenten Organisationen oder kommerziellen pädagogischen Verlagen veröffentlicht werden Die Veröffentlichungen und Materialien des Christian Education Movement haben sich als besonders hilfreich erwiesen.

8. Öffentliche Reaktionen auf bildungspolitische Entwicklungen zum Religionsunterricht und dessen Praxis sind vielfältig, unterschiedlich und zuweilen heftig. Diese Äußerungen sind, wie man erwarten kann, nicht immer repräsentativ, sondern sie kommen von einzelnen oder Gruppen, die an den Fragen besonders interessiert sind. Es liegt in der Natur des Faches, daß manche der Stellungnahmen eindeutig engstirnigen und sektiererischen Standpunkten zugeordnet werden können. Im allgemeinen jedoch sind die Meinungen nicht sehr kritisch. Wenngleich die große Mehrheit ein Fortbestehen des Religionsunterrichts wünscht und keinesfalls für eine Abschaffung des Faches eintritt, so gibt es doch nicht sehr viel Bereitschaft zu aktiver Unterstützung.

Ergänzend mag die folgende Feststellung von Interesse sein:

Im Juni 1989 lud der Erziehungsminister in Schottland Vertreter der Kirchen in Schottland ein, als Diskussionen darüber geführt wurden, wie Religionsunterricht und Schulgottesdienste verbessert werden könnten. Die Diskussionen sollten in einen Runderlaß über diese Angelegenheiten münden. Der Minister nahm von seinem ursprünglichen Vorschlag Abstand, daß der Sachstand Anlaß für eine Änderung der gegenwärtigen Gesetzgebung sei, als dieser Vorschlag keinerlei Unterstützung von Seiten der Kirchen fand.

Anhang A

Die Education (Scotland) Act von 1980 enthält die folgenden Abschnitte:

8. (1) Nachdem es nun in öffentlichen Schulen Schottlands üblich geworden ist, religiöse Andachten durchzuführen und solchen Schülerinnen und Schülern Religionsunterricht zu erteilen, deren Eltern solche Andachten und Unterricht nicht ablehnten, doch mit

der Freiheit der Eltern, ihre Kinder von der Teilnahme an solchen Andachten und solchem Unterricht abzumelden, ohne daß sie damit andere Angebote der Schulen verwirkten, wird festgelegt, daß die Erziehungsbehörden frei sein sollen, besagte Praxis, unter Beachtung der Regelungen in Abschnitt 9 dieses Gesetzes, fortzuführen.

(2) Es wird einer Erziehungsbehörde vom Gesetz nicht erlaubt, die Durchführung religiöser Andachten oder die Erteilung von Religionsunterricht im Sinne von Unterabschnitt (1) oben zu unterbrechen, außer wenn eine solche Unterbrechung befürwortende Entschließung von der Behörde ordnungsgemäß verabschiedet und einer Abstimmung der für Bildungsfragen zuständigen Wahlmänner der örtlichen Regierung unterworfen wurde, die eigens für diesen Zweck durchgeführt wurde, und bei der die Entschließung von einer Mehrheit der bei der Abstimmung beteiligten Wahlmänner genehmigt worden ist.

(3) Eine Abstimmung nach Unterabschnitt (2) soll mit Stimmzetteln sowie in Übereinstimmung mit den vom Minister erlassenen Regeln stattfinden, welche Regeln mit jeder notwendigen Modifikation allen Verfügungen hinsichtlich parlamentarischer Wahlen oder solchen der örtlichen Regierung entsprechend anzuwenden sind.

9. Jede öffentliche Schule und jede öffentlich bezuschußte Schule sollen Schülerinnen und Schüler aller Bekenntnisse offenstehen, und jede Schülerin und jeder Schüler können durch ihre Eltern von jeder Art religiöser Unterweisung und jeder religiösen Handlung in jeder solchen Schule abgemeldet werden; und keine Schülerin und kein Schüler an einer solchen Schule soll irgendeinen Nachteil hinsichtlich des säkularen Unterrichts dort erfahren wegen der Bekenntnisse, dem Schüler oder Eltern angehören, oder wegen der Abmeldung vom Unterricht in religiösen Angelegenheiten.

McFarlan, Donald M.: Scotland; in: Sutcliffe, John M. (Ed.): A Dictionary of Religious Education, SCM Press, in association with The Christian Education Movement (London), 1984, S. 310-312

Religionsunterricht ("Religionskunde") in Schweden

Der Religionsunterricht wird im gegenwärtig gültigen Lehrplan für die schwedische Pflichtschule "Religionskunde" genannt. Dieser Lehrplan wurde im Jahre 1980 von Regierung und Parlament verabschiedet, seit 1982 wird nach ihm unterrichtet.

Der Lehrplan bietet allgemeine Schulziele und Leitlinien für die schulische Bildung. Der Unterricht in der Schule wird als Ergänzung zu dem angesehen, was Schülerinnen und Schüler in ihren Elternhäusern lernen. So wird Religionskunde, die Fragen der Menschen nach dem Leben und seinem Sinn, den gesellschaftswissenschaftlichen Fächern zugerechnet. Es gibt eine Stundenplanempfehlung für die Schuljahre 1-9 für abgemeldete Schülerinnen und Schüler, obwohl nur sehr wenige von ihnen abgemeldet sind, wegen des offenen Charakters dieses Schulfaches (weniger als 1%). Die Religionskunde sollte in ihrem Ansatz, Sinn und Ziel des Lebens zu verstehen, neutral und auf Fakten begründet sein. In unterschiedliche Standpunkte kann auf subjektive Weise eingeführt werden, um Schülerinnen und Schülern zu einem Ausgangspunkt zu verhelfen. Doch hat die Schule auch die Verantwortung dafür, dies später auszugleichen. Auf diese Weise werden im schwedischen Religionsunterricht demokratische und pluralistische Werte in die Praxis umgesetzt. Lebensthemen, ethische Fragen, Konfessionen, Religionen, Kirchengeschichte und biblische Themen und Texte bilden den Hauptinhalt im Fach Religionskunde.

Für den Kindergarten (bzw. die Vorschule) wurde im Jahre 1985 ein Bildungsprogramm erstellt, in welchem drei Inhaltsgebiete definiert werden: das natürliche, das kulturelle und das gesellschaftliche. Unter dem kulturellen Aspekt wird die Perspektive der kulturellen Umwelt des Kindes und seine Situation hinsichtlich Glaube und Religion verstanden, von denen aus Lebensthemen aufgegriffen werden können. Die Kinder sollen nicht nur über die schwedische Kultur und Traditionen orientiert werden, sondern auch über andere Kulturen, die in ihrer Gruppe repräsentiert sind. Deren Geschichte und religiöser Hintergrund sind, zusammen mit den Normen der heutigen schwedischen Gesellschaft, von Wichtigkeit.

Der Lehrplan für die Pflichtschule wie auch das Bildungsprogramm für Kindergarten und Vorschule beinhalten einige Arbeit vor Ort, um diese allgemeinen Leitlinien für die konkrete Situation in Schule bzw. Kindergarten umzusetzen.

Religionsunterricht wird auch in der höheren Sekundarschule (Gymnasium) erteilt, die zur Hochschulreife führt. Für das Jahr 1990 erwarten wir die Regelung, daß alle Bildungsgänge nach der Pflichtschule in einer höheren Sekundarbildung von dreijähriger Dauer koordiniert werden Die Studienmethoden werden zu einem guten Teil die praktische Anwendung theoretischer Studien ermöglichen, in enger Bindung an die Darstellung der Leitlinien. Die Kirchen haben in ihrer Ökumenischen Schulkommission vorgeschlagen, daß künftig ein Fach REL (Religion, Ethik, Lebensthemen) den Religionsunterricht in der höheren Sekundarschule ersetzen soll.

Schulen in Schweden werden vom Staat getragen. Es gibt nur sehr wenige Privatschulen.

Kürzlich wurde ein neues Gesetz erlassen, nach dem jedes Kind von eineinhalb Jahren an das Recht auf einen Platz im Kindergarten haben soll, sofern seine Eltern dies wünschen. Nun findet eine Diskussion darüber statt, ob die Gemeinden der Kirche von Schweden staatliche Zuschüsse zum Unterhalt der Kindergärten bekommen können. Traditionell bieten die Kirchen im Kindergarten drei Stunden am Tag für Kinder im Alter von 3-6 Jahren an.

Lehrerinnen und Lehrer in den Schulen waren bisher vom Staat angestellt. Diese Zuständigkeit wird nun von den örtlichen Behörden übernommen. Dies hängt mit einem Prozeß der Dezentralisierung zusammen, den die nationale Erziehungsbehörde eingeleitet hat. Die allgemeine Intention geht dahin, Verantwortlichkeiten und Entscheidungen vom Staat an die örtlichen Behörden zu übertragen. Zusammenfassend kann festgestellt werden, daß sich in diesem Jahrzehnt in der Bildungsverwaltung und in den Einrichtungen vom Kindergarten bis zur höheren Sekundarschule größere Veränderungen vollziehen.

Religionslehrerinnen und -lehrer müssen nicht einer speziellen Religion angehören, doch müssen sie für die Erteilung des Religionsunterrichts qualifiziert ausgebildet sein. Sie weisen oftmals daraufhin, daß Lehrerinnen und Lehrer mehr Fortbildung für den Religionsunterricht benötigen und mehr Zeit für die Beschäftigung mit Lebensfragen brauchen, um den Vorverständnissen ihrer Schülerinnen und Schüler besser gerecht zu werden. Es wird auch behauptet, daß wir zu viele Lehrerinnen und Lehrer ohne angemessen Ausbildung für den Religionsunterricht hätten.

Die Qualifikation kann im Rahmen der Lehrerausbildung der

Universitäten bzw. an den entsprechenden Universitätsfakultäten erworben werden, und zwar in den Fächern Religion und Philosophie oder Religionswissenschaft oder Theologie.

Angesichts einer wachsenden Einwanderung sind spezifische Arbeitshilfen für deren Unterricht in Weltreligionen bereitgestellt worden. Um den gegenwärtigen europäischen Kontext dieser Thematik zu berücksichtigen, geschah dies in Zusammenarbeit mit dem Midland Religious Education Centre in Westhill Birmingham.

Lernmaterialien können aus der Produktion aller Verlagshäuser oder Organisationen ausgewählt werden. Grundlegende Materialien für den Religionsunterricht mußten bis vor einiger Zeit von einer staatlichen Einrichtung begutachtet werden, weil diese Lehrmittel neutral und objektiv, umfassend und auf Tatsachen begründet sein sollten. Die genannte Stelle wurde jedoch vor einiger Zeit aufgelöst. Das freie Spiel der Kräfte auf dem Schulbuchmarkt hat dazu geführt, daß faktisch das Unterrichtswerk eines Verlagshauses mit Bänden für alle Schulstufen in mehr als 80% des erteilten Religionsunterrichts verwendet wird. Die anderen angebotenen Religionsbücher müssen sich den Rest des Marktes teilen.

Carlssoon, Elisabet B.: Eine Schülerperspektive; in: Goßmann, Klaus/ Spinder, Hans (Hg.): Engagement und Sachlichkeit im Unterricht. Ein pädagogisches Grundproblem im Kontext europäischer Schulen, Comenius-Institut(ICCS, Münster 1990, S. 32-42.

Olivestam, Carl-Eber: Sweden; in: Sutcliffe, John M. (Ed.): A Dictionary of Religious Education, SCM Press, in association with The Christian Education Movement (London), 1984, S. 334-336.

Schultze, Herbert/Kirchhoff, Hermann (Hg.): Christliche Erziehung in Europa. Band 3: Schweden, Calwer Verlag (Stuttgart)/Kösel-Verlag (München), 1975.

Unterricht über Weltreligionen – Beispiele aus Frankreich und Italien

Die Lage des Religionsunterrichtes und die gesetzlichen Regelungen für das Fach unterscheiden sich von Land zu Land beträchtlich. auch die Stellung und öffentliche Anerkennung der Religionsgemeinschaften sind verschieden. In den Schulen einiger Länder kennt man ein Fach "Religionsunterricht", in anderen nicht. Doch wo auch immer ein solches Fach auf dem Stundenplan steht, dort sind Stellung und Ziele des Unterrichts bei weitem nicht dieselben. Ein kurzer Blick auf Frankreich und Italien kann veranschaulichen, was wir meinen.

Frankreich

"Religion" ist in Frankreich per Definition und im alltäglichen Sprachgebrauch eine private und persönliche Angelegenheit, keinesfalls eine öffentliche. Kirchen, ebenso wie Synagogen und Moscheen, haben den Status privater religiöser Vereinigungen. Obwohl einige von ihnen Privatschulen unterhalten, haben diese religiösen "Vereinigungen" kein Recht, einen Beitrag zu schulischer Bildung zu leisten. Ein Schulfach wie der Religionsunterricht ist unbekannt – mit einer Ausnahme. Dies bedeutet, daß die Weltreligionen, einschließlich des Christentums, in französischen Schulen im Zusammenhang ihrer geschichtlichen Dimensionen im Schulfach Geschichte vorkommen, oder unter ästhetischen Kategorien im Fach Kunst usw. Es ist eine der Folgen dieser Situation, daß die Darstellung von Religion und Religionen außerordentlich selektiv ist. Eine Orientierung der im Unterricht behandelten Aspekte am Selbstverständnis einer bestimmten Religion findet so gut wie nicht statt.

Das Judentum wird in französischen Schulen nicht als Judentum behandelt, und der Islam nicht als Islam. Doch die Dreyfus-Affaire wird als ein geschichtlicher Vorgang gelehrt, ebenso Kultur und Bevölkerung Algeriens als ein Frankreich angehendes Thema zur Kolonialzeit. Es erscheint eher als Zufall, daß im ersteren Fall ein Jude im Mittelpunkt steht und der Antisemitismus eine bedeutende Rolle spielt, und daß in letzterem Fall Elemente der islamischen Gemeinschaft zu dem historischen Prozeß beigetragen haben. Die hinter diesem schulpädagogischen Ansatz stehenden Grundlagen besagen, daß der Unterricht über eine Religion als solche eine Angelegenheit der zuständigen Religionsgemeinschaft ist. Diese Auffassung entspricht gut dem erwähnten französischen Verständnis von Religion.

Die erwähnte Ausnahme findet sich in den östlichen Provinzen des Landes, im Elsaß und dem Departement Moselle, wo es das Fach "Religionsunterricht" in den Schulen gibt, das in Übereinstimmung mit der römisch-katholischen Kirche und den protestantischen Kirchen unterrichtet wird. Französische Regierungen haben, nach zweimaliger Befreiung jener Provinzen von deutscher Besatzung (1918 und 1945) entschieden, daß bestimmte Privilegien aus jener Zeit in den östlichen Teilen des Landes beibehalten werden sollten. Lehrerinnen und Lehrer in diesen Regionen sehen ihre Situation allerdings eher als ein Dilemma denn als ein Privileg. Sie teilen mit ihren Kolleginnen und Kollegen in anderen Teilen Frankreichs die Auffassung, daß es das Ziel schulischer Bildung ist, gute Bürger Frankreichs zu erziehen.

Tatsächlich werden im Elsaß und Moselle zwei Fächer unterrichtet, römisch-katholischer und protestantischer Religionsunterricht. Dies führte zur Einrichtung der entsprechenden religionspädagogischen Institute in Straßburg und Paris sowie zur Bildung von kirchlichen Kommissionen auf beiden Seiten, die für die Aus- und Fortbildung von Religionslehrerinnen und -lehrern und die Einrichtung von Beratungsstellen für den Unterricht sorgen Diese Einrichtungen stellen überwiegend den Unterricht über die Bibel und das Leben in der Kirche in den Mittelpunkt. Doch beschäftigen sie sich auch mit dem Unterricht über Lebensfragen und Weltreligionen. Die Aktivitäten in den Kursen wie in den Beratungszentren sind eindrucksvoll und verdienen Respekt. Dennoch sind engagierte Lehrerinnen und Lehrer der Meinung, daß sie ihre Wirksamkeit noch verbessern sollten, insbesondere im Unterricht über die Weltreligionen.

Italien

Betrachten wir den Religionsunterricht in Italien, so stehen zwei Beobachtungen außer Zweifel: Religionsunterricht in der Schule ist eindeutig eine Selbstverständlichkeit, und das Fach ist römisch-katholischer Religionsunterricht. Das letztere ist nicht nur eine

Tatsache, weil die große Mehrheit der Bevölkerung der Römisch-Katholischen Kirche angehört, sondern es ist auch tief im nationalen Bildungssystem des Landes verwurzelt. Schulische Bildung in Italien bedeutet auf allen Stufen und in allen Schulformen "klassische Bildung". Diese ist eng mit der ruhmreichen Vergangenheit des Römischen Reiches verbunden, obgleich das moderne Italien seinen Ursprung in der Philosophie der Aufklärung und im politischen Liberalismus hat. Deshalb ist Italien grundsätzlich ein laizistischer Staat. Doch die Verbindungen zwischen der italienischen Kultur und dem römischen Katholizismus sind eng.

Es gibt noch einen weiteren Grund für den 'einseitigen' Religionsunterricht. Im Jahre 1985 wurde die protestantische Minderheit (ca. 40.000 von 57 Millionen Einwohnern) zum ersten Mal in der Geschichte vom Staat offiziell anerkannt. In der Konsequenz wurde auch die Möglichkeit angeboten, protestantischen Religionsunterricht in öffentlichen Schulen zu erteilen. Nach langen Debatten in allen Gemeinden jedoch beschloß die Generalsynode, dieses Angebot abzulehnen. Die Evangelischen sehen in jeder konfessionellen Veranstaltung der Schule eine Korrumpierung der Unabhängigkeit schulischer Bildung. Sie empfehlen stattdessen die Erteilung eines objektiven Religionsunterrichts über alle religiösen und nichtreligiösen Weltanschauungen. Konfessionelle Erziehung ist nach ihrer Auffassung eine Aufgabe der verschiedenen Religionsgemeinschaften. Hier können wir gemeinsame ideengeschichtliche Wurzeln des französischen Systems und der Opposition der italienischen Protestanten beobachten.

Die Situation anderer Religionsgemeinschaften als der christlichen Kirchen ist ambivalent. Auf der einen Seite ist die italienische Gesellschaft von ihrer Tradition her und auf em Hintergrund gegenwärtiger Strömungen relativ offen. Sozialarbeiter in den meisten europäischen Ländern wissen, daß sie Einwanderer aus anderen Kulturen und Religionen nach Italien schicken können, wenn sie mit deren Unterstützung in anderen Ländern auf unüberwindliche Schwierigkeiten stoßen. Auf der anderen Seite müssen solche Menschen mit Diskriminierungen gegen sie fertig werden (und sie wären dazu wohl kaum in der Lage, würde ihnen nicht Hilfe von einer Reihe freiwilliger Aktivitäten zuteil). Weil der römische Katholizismus bzw. die römisch-katholische Einschätzung nichtchristlicher Religionen Teil der italienischen Kultur wurde, wird deren Anhängern automatisch das Etikett "fremd" angeheftet. Keine offizielle Anerkennung kann daran etwas ändern. Darin liegt einer der Gründe für das langwierige Verfahren bei der Vorbereitung einer vertretbaren Einwanderergesetzgebung in diesem Lande, demselben Land, in das diese Menschen leichter Eingang finden als in jedem anderen europäischen Land.

Es ist wiederum der faktische Einfluß der römisch-katholischen Lehre, der die Stellung der Weltreligionen in schulischer Bildung bestimmt. Religionsunterricht, Geschichte, Kunst und Philosophie sind nur einige der Schulfächer, in denen die Jugend des Landes die Weltreligionen studiert. Aber diese Religionen werden, verglichen mit der Christenheit, nicht als religiöse Gemeinschaften in ihren eigenen Rechten dargestellt. Diese enge wechselseitige Abhängigkeit der Beurteilung verursachte größere Änderungen zum Besseren nach dem Zweiten Vatikanischen Konzil; doch der nun freundlicher gehandhabte Maßstab bleibt die römisch-katholische Lehre. Andere Religionen bleiben "fremde", gute, erfreuliche, wertvolle - aber fremde.

Zusammenfassung

Wir haben den Unterricht über Weltreligionen in zwei europäischen Ländern, Frankreich und Italien betrachtet. Ein die Unterschiede verursachender Faktor liegt zweifellos in den unterschiedlichen Nationalgeschichten und deren Niederschlag in den nationalen Bildungssystemen. Ein weiterer wichtiger Niederschlag in den nationalen Bildungssystemen. Ein weiterer wichtiger Faktor hat mit den unterschiedlichen Antworten auf die Fragen nach "Religion und Gesellschaft" bzw. "Religion und Erziehung" zu tun. Es sollte erwähnt werden, daß diese Faktoren zu Einstellungen und Vorurteilen führen, vielleicht wohlgemeinten, aber nichtsdestotrotz Vorurteilen. Europäische Politiker scheinen sich nicht hinreichend der Existenz der verschiedenen Religionsgemeinschaften in den Ländern Europas bewußt zu sein; und sie scheinen die Bedeutung dieser Tatsache für Erziehung und Ausbildung zu unterschätzen. Es mag nützlich sein, wenn alle Studenten in Europa compatible Rechner benützten; doch sie tun dies nicht und die Zahl der nicht kompatiblen nimmt zu. Wie wichtig ist es dann erst für Menschen, ihre Kollegen und Nachbarn aus anderen Religionsgemeinschaften zu achten, so daß sie beginnen, die Kompatibilität menschlicher Existenzen zu erkennen.

Information über ICCS

Die Intereuropäische Kommission Kirche und Schule (Intereuropean Commission on Church and School – ICCS) wurde im Jahr 1958 gegründet und bietet ein Forum an, auf dem die Entwicklungen der Beziehungen zwischen Kirche und Schule (und insbesondere des Religionsunterrichts) diskutiert werden und gemeinsame Lösungen für allgemein angehende Probleme gesucht werden.

Die ICCS verfügt von Anfang an über gute Kontakte zu den Bildungsabteilungen des Ökumenschichen Rates der Kirchen (ÖRK/WCC), bei der Konferenz Europäischer Kirchen (KEK/CEC) und dem Lutherischen Weltbund (LWB/LWF).

Seit Jahren hat die ICCS konsultativen Status beim Europarat und arbeitet mit diesem sowie anderen Institutuionen und Organisationen auf europäischer Ebene zusammen.

Die Mitgliedschaft bei der ICCS steht Kirchen, Organisationen und Einzelpersonen offen.

Zuerst denken wir an Kirchen, die Mitglieder des ÖRK/WCC, der KEK/EC oder ihrer nationalen Kirchenräte sind oder offizielle Beziehungen zu diesen Zusammenschlüssen unterhalten.

Zweitens denken wir an Einrichtungen, die auf nationaler Ebene Verantwortung für den Religionsunterricht in Schulen haben oder sich mit diesem Arbeitsgebiet bzw. verwandten Aufgaben beschäftigen und entweder von den Kirchen oder von ihre Regierungen und Behörden anerkannt sind.

Die dritte Gruppe unserer Mitglieder setzt sich aus Einzelpersonen oder weiteren Organisatonen zusammen, die mit der Arbeit von ICCS smypathisieren oder an ihr interessiert sind.

In jedem Land werden ein oder zwei Vertreter der oben genannten ersten und zweiten Gruppe als *Korrespondenden* gewählt. Es ist die Aufgabe dieser Korrespondenten, den Gedanken europäischer Zusammenarbeit auf dem Gebiet der Beziehungen zwischen Kirche und Schule,in ihren Ländern, zu fördern und die Verbindung zum Sekretariat der ICCS zu halten.

Eine zentrale Aktivität von ICCS ist die Organisation einer alle drei Jahre stattfindenden großen Konferenz. Das Thema wird oft von den Korrespondenten vorgeschlagen und vom Vorstand ausgearbeitet. Ein örtliches Komitee wird dann gebeten, für das gastgebende Land Einzelheiten der Konferenz vorzubereiten. Diese Konferenzen haben die Aufgabe, auf europäischer Ebene das Gespräch zu fördern, Gedanken und Erfahrungen auszutauschen und Kontakte zu stimulieren. Vielfältige Arbeitsformen dienen der Realisierung dieser Aufgabe. Seit 1958 wurde jedes dritte Jahr eine solche Konferenz organisiert.

Die Liste der thematischen Schwerpunkte von zehn Konferenzen (1964-1991) vermittelt einen Einblick in die behandelten theologischen, pädagogischen und religionspädagogischen Fragestellungen.

1964 Jugend in einem modernen Zeitalter
1967 Die Bibel im Unterricht
1970 Unterricht über Weltreligionen
1973 Erziehung zwischen Evangelium und gegenwärtiger Gesellschaft
1976 Religiöse Erfahrung und Bildung
1979 Jesus und die Gemeinschaft der Schule
1982 Religionsunterricht in einer multikulturellen Gesellschaft
1985 Normen und Werte in schulischer Bildung
1988 Kreativer Umgang mit der Bibel in einem zeitgemäßen Unterricht
1991 Persönliche, private und öffentliche Reliigon - Perspektiven religiöser Bildung in den neunziger Jahren

Gelegentlich werden Tagungen in Zusammenarbeit mit anderen Organisationen, z.B. dem InternationalenVerband Evangelischer Erzieher (IV), der European Conference for Christian Education (ECCE) und dem Europarat veranstaltet. Bei solchen Tagungen werden u.a. folgende Themen bearbeitet: Schulfunk und Religionsunterricht in Europa, Bildung und Ausbildung in Europa, Toleranz und Erziehung, religiöse Bildung und Sonderpädagogik.
Üblicherweise werden Tagungsberichte veröffentlicht, die von Interessenten erworben werden können.

Zuweilen wird eine Arbeitsgruppe mit Teilnehmern aus verschiedenen Mitgliedsländern und -organisationen einberufen, um ein bestimmtes Thema gründlicher zu bearbeiten. Diese Arbeitsgruppen bereiten dann eine Veröffentlichung oder einen Beitrag zu einer Tagung vor. Bisher wurden auf diese Weise folgende Themen bearbeitet:

- Internationaler Lehrplanvergleich zum Religionsunterricht
- Schulbücher und Religionsunterricht in Europa
- Ökumenisches Lernen in der Schule
- Engagement und Sachlichkeit im Unterricht (Commitment and Neutrality)
- Werte und Normen in schulischer Bildung

Das Thema "Bildung und kulturelle Identität" wurde in einem Werkstattgespräch diskutiert. Eine Weiterführung ist geplant.

Der in der Regel zweimal im Jahr erscheinende ICCS-Newsletter enthält u.a. Ankündigungen von Tagungen und Arbeitsgruppen, Einzelheiten über Veröffentlichungen, Hinweise auf Entwicklungen im Verhältnis zwischen Kirche und Schule in den Mitgliedsländern sowie auf nationale und internationale Aktivitäten.

Anschriften für weitere Informationen:

Drs Hans Spinder
(Sekretär ICCS und Herausgeber des ICCS-Newsletter)
Centrum voor Educatie
Postbus 1100
3790 BC Driebergen
Niederlande

Mr Alan S Brown
(Präsident ICCS)
The National Society's RE Development Centre
23 Kensington Square
London W8 5HN
Großbritannien

Beiträge der Theologie zur Bildung – Eine Herausforderung für Europa

Ein internationales und interdisziplinäres Symposium zu grundlegenden Perspektiven der zukünftigen schulischen Erziehung und Bildung

vom 12. bis 16. September 1990
im Religionspädagogischen Institut Loccum

Mittwoch, 12 September

bis 15.00 Uhr Ankunft der Teilnehmer
15.30 Uhr Kaffeetrinken
16.00 Uhr Begrüßung und Einführung in das Thema des Symposiums
Dr. Jög Ohlemacher, Rektor des RPI Loccum,
Alan S. Brown, Präsident der ICCS
16.30 Uhr I. *Bilder vom Menschen in Erziehungskonzeptionen*
Referate: The Right Reverend *Alan Chesters*, Bischof von Blackburn
Dr. Richard Schröder, Dozent für Philosophie an der Kirchlichen Hochschule Berlin-Brandenburg, Berlin-DDR
17.45 Uhr Aussprache im Plenum
18.30 Uhr Abendessen

Donnerstag, 13. September

8.30 Uhr Morgenandacht in der Kapelle der Akademie
8.45 Uhr Frühstück
9.30 Uhr II. *Der Einfluß von Gesellschafts-Konzepten auf Erziehungs-/Bildungsziele*
Vorträge aus der Perspektive der künftigen Entwicklung Europas
Referate: *Prof. Michael Williams*, Universität Swansea, Erziehungswissenschaftlicher Bereich
Prof. *Dr. Karl-Heinz Flechsig*, Universität Göttingen, Erziehungswissenschaftlicher Fachbereich

10.30 Uhr Kaffeepause
11.00 Uhr Aussprache im Plenum
Moderation: Prof. *Dr. Günter R. Schmidt*, Erlangen
12.30 Uhr Mittagessen
13.15 Uhr Führung durch das Zisterzienser Kloster Loccum (englisch)
15.30 Uhr Kaffeetrinken
16.00 Uhr Arbeitsgruppen
18.30 Uhr Abendessen
19.30 Uhr Plenum
Kurzvorstellung von Bildungsaktivitäten der repräsentierten Organisationen
Moderation: *Alan S. Brown*, Präsident der Intereuropean Commission on Church and School (ICCS)

Freitag, 14. September

8.30 Uhr Morgenandacht in der Kapelle der Akademie
8.45 Uhr Frühstück
9.30 Uhr III. Wir und die anderen – offene Erziehungskonzepte in multikulturellen Gesellschaften.
Ein christlicher Zugang
Referate: *Dr. Giorgio Girardet*, Dozent an der Waldenser Fakultät, Rom
Prof. *Dr. Jan van Lin*, Universität Nijmegen
10.30 Uhr Kaffeepause
11.00 Uhr Aussprache im Plenum
Moderation: *Raymond Hickel*, Präsident der Commission Régionale de la Catéchèse, Straßbourg
12.30 Uhr Mittagessen
13.15 Uhr Führung durch das Zisterzienser Kloster Loccum (deutsch)
15.30 Uhr Kaffeetrinken
16.00 Uhr Arbeitsgruppen
18.30 Uhr Abendessen
Abend zur freien Verfügung

Samstag, 15. September

8.30 Uhr Morgenandacht in der Kapelle der Akademie
8.45 Uhr Frühstück

9.30 Uhr IV. Kirche und Bildung – ekklesiologische Aspekte der Erziehung

Referate: Prof. *Dr. Susanne Heine*, Universität Wien – Kirche und Staat zu Erziehung und Bildung –

Pitirim. Metropolit of Volokolamsk and Jurievsk – Staat und Kirche zu Erziehung und Bildung –

10.30 Uhr Kaffeepause

11.00 Uhr Aussprache im Plenum

Moderaton: Lektor *Hans-Mikael Holt*, Aarhus

12.30 Uhr Mittagessen

15.30 Uhr Kaffeetrinken

16.00 Uhr Arbeitsgruppen

18.30 Uhr Abendessen

19.30 Uhr Empfang im Kloster Loccum

Sonntag, 16. September

8.30 Uhr Liturgische Morgenandacht in der Kapelle der Akademie

8.45 Uhr Frühstück

10.00 Uhr Ökumenischer Gottesdienst in der Kloster-Kirche

11.30 Uhr Podiums-Diskussion

Teilnehmer: Referenten und Moderatoren

12.30 Uhr Mittagessen

– Abfahrt –

Liste der Teilnehmer

Univ.-Prof. Dr. Gottfried Adam, Universität Würzburg, Lehrstuhl f. Ev. Theologie II, D-8700 Würzburg

Oberstudiendirektor Rolf Bade, Niedersächsisches Kultusministerium, D-3000 Hannover

Drs. Cor Bakker, Lecturer, Faculty of Theology, NL-3500 TC Utrecht

Henje Becker, Oberlandeskirchenrat, Evangelisch-lutherisches Landeskirche in Braunschweig, D-3340 Wolfenbüttel

Prof. Dr. Ulrich Becker, Fachbereich Erziehungswissenschaften I, Universität Hannover, D-3000 Hannover 1

Prof. Dr. Hans Berger, Hochschullehrer, Pädagogische Hochschule, DDR-1500 Potsdam

Dr. Ralph Bergold, Bildungsreferent, Bischöfl. Generalvikariat, Hauptabteilung Bildung, D-3200 Hildesheim

Torsten Bergsten, Studienrat i.R., Dozent, S-70228 Örebro

Dr. Roland Biewald, Dozent, Kirchliche Hochschule Naumburg DDR-4800 Naumburg

Dr. Karl Birker, Leitender Regierungsschuldirektor, Bezirksregierung Braunschweig, D-3300 Braunschweig

Dr. Reimund Blühm, Lehrstuhlvertretung: Praktische Theologie, Kirchliche Hochschule, D-5600 Wuppertal

Drs. Paul Boersma, Director c.q.v., Centrum voor Godsdienstige Vorming, NL-1112 XB Diemen

Elmar Bott, D-2000 Hamburg 60

J.W. Hans Breunes, Secretary Center for Education Netherlands Reformed Church, NL-3970 BC Driebergen

Dr. Heinz-Wilhelm Brockmann, Präsident NLI, Niedersächsisches Landesinstitut für Lehrerfort- und -weiterbildung, D-3200 Hildesheim

Alan Brown, Director President ICCS, The National Society's R.E. Centre, GB-London

Hinrich Buß, Studiendirektor, Wilhelm-Raabe-Schule, D-2120 Lüneburg

Gerhard Carell, Schulpfarrer, Landeskirchenamt, D-3062 Bückeburg

Tony Chanter, Canon: Director of Education, Diocesan House, GB-Guildford

Rabbi Douglas Charing, Director Jewish Education Bureau, GB-Leeds

Dr. Christopher Carlson, D-4400 Münster

The Right Reverend Alan David Chesters, The Bishop of Blackburn, GB-Blackburn

Armin Czysz, Leiter der Bildungsabteilung der Vertretung der EG-Kommission in der Bundesrepublik Deutschland, Vertretung der EG-Kommission Bundesrepublik Deutschland, D-5300 Bonn

Siegfried Däschler-Seiler, Diplom-Pädagoge, Pädagogisch-Theologisches Zentrum, D-7000 Stuttgart 70

Univ.-Prof. Dr. Johannes Dantine, Pfarrer, Oberkirchenrat, Evangelischer Oberkirchenrat, A-1180 Wien

Thomas Doyé, Gemeindediakon, D. Bonhoeffer-Gemeinde, DDR-9053 Chemnitz

Geoffrey Duncan, General Secretary, The Church of England, General Synod, Board of Education, Church House, GB-London

Dr. Karl Ermert, Studienleiter, Evangelische Akademie, D-3056 Rehburg-Loccum

Konrad Fikenscher, Pfarrer, Studiendirektor, Staatsinstitut für Schulpädagogik und Bildungsforschung, D-8000 München 81,

Univ.-Prof. Dr. Karl-Heinz Flechsig, Universität Göttingen, D-3400 Göttingen

Michael Forysch, Dozent, Religionspädagogisches Institut Loccum

Dr. Usula Früchtel, Dozentin, Pädagogisch-Theologisches Institut Haus Villigst, D-5840 Schwerte 5

Frank Frühling, Berufsschulpastor, D-2959 Jemgum-Pogum

Irmhild Fugger, D-6900 Heidelberg

Wolfgang Gabbert, Regierungsschuldirektor, Bezirksregierung Lüneburg, D-2120 Lüneburg

Grazielle Gandolfo-Censi, Lehrerin, Servizio Istruzione ed Educazione, I-21047 Saronno VA

Brian Gates, Head of Department Religious Studies and Social Ethics, St. Martin's College, GB-Lancaster

Theol. Prof. i.R. Giorgio Girardet, Waldenser-Universität, I-00186 Roma

Klaus Goßmann, Direktor, Pastor, Comenius-Institut, D-4400 Münster,

Eckhard Gorka, Pressesprecher, Informations- und Pressestelle der Ev.-luth. Landeskirche Hannovers, D-3000 Hannover

Inge Hansen, Religionslehrerin, Pädagogisch-Theologisches Institut, D-2000 Hamburg 11

Benno Haunhorst, Studienrat, D-3160 Lehrte
Diana Hayden, Lehrerin, Winstanley College, GB-Lancs
Mary Hayward, Senior Lecturer, Deputy Director, York Religious Education Centre, The College of Ripon and York St John, GB-York
Univ.-Prof. Dr. Susanne Heine, A-1090 Wien
Dr. Jürgen Henkys, Dozent, Kirchliche Hochschule in Brandenburg, DDR-1040 Berlin
Raymond Hickel, Retired School Inspector, Director pedag. Resource Centre, President Commission Régionale de la Catéchèse, F-67000 Strasbourg
Sandra Holloway, Lutheran World Federation, Department of Studies, CH-1211 Geneva
Hans Mikael Holt, Lektor, Risskov Amtsgymnasium, DK-8240 Risskov
Hans-Peter Hoppe, Studieninspektor, Predigerseminar Kloster, D-3056 Rehburg-Loccum
Annikki Huhta, Director of Institute for Christian Education at School, SF-04400 Järvenpää
Robert Jackson, M.A.B.Ed, Dept. Arts Education, University of Warwick, GB-Coventry
Barbro Jakhammer, Clergy, Rängs Pastorat, S-23600 Höllviken,
Evert R. Jonker, Staffmember, Centre for Educaton, NL-3970 BD Driebergen
Hanne Josephsen, Subject Adviser, Ministry of Education, DK-8240 Risskov
Prof. Michael Jung, RPI-Direktor, Evangelisches Religionspädagogisches Institut, A-1180 Wien
Ilka Kirchhoff, Dozentin, Religionspädagogisches Institut Loccum
Anja Kobus, Kirchenamt der Evangelischen Kirche in Deutschland, D-3000 Hannover
Rolf Koppe, Landessuperintendent, D-3400 Göttingen
Joachim Kreter, Dozent, Religionspädagogisches Institut Loccum
Dr. Gerald Kruhöffer, Dozent, Religionspädagogisches Institut Loccum
Michael Künne, Dozent, Religionspädagogisches Institut Loccum
Magdalene Kuhl, Dozentin, Religionspädagogisches Institut Loccum
Dr. Foeke H. Kuiper, Former Senior Lecturer Religious Education, Faculty of Theology, Free University, NL-Amsterdam

Prof. Dr. Manfred Kwiran, Amt für Religionspädagogik, D-3300 Braunschweig

Drs. J.J. de Lange, Katechetischer Berater, Catechetisch Centrum, NL-8260 GA Kampen

Jacky Lorentz, Referent für Grundschulen, Pfarrer, F-6700 Strasbourg

Marc Lenders, Executive Secretary, European Ecumenical Commission for Church and Society, B-1040 Bruxelles

Gerrit J. Lindijer, Lutheran Pastor, Former-Professeur de Religion, B-1000 Brussels

Dr. Günter Linnenbrink, Vizepräsident, Evangelisch-Lutherische Landeskirche Hannovers – Landeskirchenamt, D-3000 Hannover

Roy Long, Her Majestys Inspector, GB-Northamptonshire

Univ.-Prof. Dr. Rainer Mackensen, Technische Universität Berlin, D-1000 Berlin 1

Gerhard Martin, Direktor, Pädagogisch-Theologisches Zentrum, D-7000 Stuttgart 7

David Maudlin, Administration and Finance Officer, The National Society for Promoting Religious Education, Church House, GB-London

D. Hans May, Evangelische Akademie Loccum, D-3056 Rehburg-Loccum

Klaus Meyer, Pfarrer/Landesvorsitzender des Ev. Kindergottesdienstverbandes Bayern u. Sprecher der ECCE/MECCE, D-8000 München 40

Michael Meyer-Blanck, Dozent, Religionspädagogisches Institut Loccum

Prof. Dr. Reinhold Mokrosch, Universität Osnabrück, D-4500 Osnabrück

Ernst-Friedrich Mono, Direktor, Religionspädagogisches Institut, D-7500 Karlsruhe 1

Alasdair Morton, General Secretary, The Church of Scotland, Edpartment of Education, GB-Edinburgh

Dr. Wlodzimierz Nast, Pfarrer, PL-00-062 Warszawa

Birgit Nicolas, Schulleiterin, 15. Oberschule Berlin-Köpenick, DDR-1186 Berlin

Heide Niemann, Schulamtsdirektorin, Schulaufssichtsamt Hannover, Land II, D-3057 Neustadt

Dr. Jörg Ohlenmacher, Rektor, Religionspädagogisches Institut Loccum

Dr. Carl-Eber Olivestam, Consulent, S-11258 Stockholm.

Dr. Dr. Klaus Petzold, Dozent, Religionspädagogisches Institut Loccum

Samuel Andreas Piringer, Pfarrer, RO-2437 Cisnadie (Heltau)

Metropolit Pitirim, Metropolit of Volokolamsk and Yurievsk, Professor NT, Moskauer Patriarchat, SU-119435 Moskau

Sonja Plath, Schulamtsdirektorin, Schulaufsichtsamt, 2950 Leer-Loga

Prof. Dr. Heinz-Gerd Rackow, Hochschullehrer, Universität Rostock, Sektion Pädagogik u. Psychologie, DDR-2500 Rostock,

John Rankin, Former Head of Religious Studies, GB-Chichester

Dr. Mehdi Razvi, Imam, Islamisches Zentrum, D-2000 Hamburg 76

Dr. Dieter Reiher, Staatssekretär, Ministerium für Bildung und Wissenschaft, DDR-1095 Berlin

Andreas Rinke, Hannoversche Allgemeine Zeitung, Politikwissenschaft, D-3000 Hannover 1

Anders Roos, Church House, S-11234 Stockholm

Wolfgang Roehl, Verlagslektor, Chr. Kaiser Verlag, D-8000 München 80

Ludwig Ruscher, Pfarrer, Landeskirchenamt in Sachsen, DDR-8032 Dresden

Heinz-Otto Schaaf, Dozent, Religionspädagogisches Institut Loccum

Dr. Jaap G. Schaap, University docent, Rijksuniversiteit te Leiden, Faculteit der Godgeleerdheid, NL-2300 RA Leiden 1

Dr. Christoph-Theodor Scheilke, stellvertr. Direktor, Comenius-Institut, D-4400 Münster

Mikhail Scherbachev, Mitarbeiter des Kirchl. Außenamtes der Russisch-Orthodoxen Kirche, Moskauer Patriarchat, SU-119435 Moskau

Angelika Schmidt, Kantor-Katechetin, DDR-9001 Chemnitz

Univ.-Prof. Dr. Günter R. Schmidt, Universität Erlangen-Nürnberg, Seminar für Religionspädagogik, D-8520 Erlangen

Univ.-Prof. Dr. Heinz Schmidt, Seminar f. Praktische Theologie und Religionspädagogik, D-4400 Münster

Dr. Edigna Schrembs, Ministerialrätin, Nds. Kultusministerium, D-

Dr. Richard Schröder, Dozent, DDR-1636 Blankenfelde

Matyas Schulek, Lehrer, H-1067 Budapest

Dr. Herbert Schultze, Chairman European Association for World Religions in Education (EAWRE), D-4400 Münster

Dr. Wolfgang Schulz, Lektor, Verlag Vandenhoeck & Ruprecht, D-3400 Göttingen

Eberhard Sievers, Dozent, Religionspädagogisches Institut Loccum

Ondrej Sobeslawsky, Pfarrer, CSFR-39002 Tábor 2

Drs. Hans Spinder, Church officer, Secretary ICCS, Nederlands Hervormde Kerk, Centrum voor Educatie, NL-3970 BD Driebergen

Uwe Steinert, Lehrer, Integrierte Gesamtschule Hannover-Linden, D-3000 Hannover 91,

Annegrethe Stoltenberg, Pastorin/Oberkirchenrätin, Bildungsreferentin, Kirchenamt der Evangelischen Kirche in Deutschland, D-3000 Hannover 1

Ingeborg Stöcker, Schulleiterin, Paul-Gerhardt-Schule, D-3354 Dassel

Horst Strebe, Ministerialrat d. Nds. Kultusministeriums, D-3000 Hannover

Lajos Szabó, Lutheran Pastor,, H-1147 Budapest,

Johan Henrik Tauber, Education adviser, Ministry of education, DK-1220 Copenhagen

Petra Thobaben, Pastorin, Nordelbische Evangelisch-Lutherische Kirche - Nordelbisches Kirchenamt, D-2300 Kiel

Istvan Thuróczy, Pastor, H-1092 Budapest

Dr. Gert Traupe, Dozent, Religionspädagogisches Institut Loccum

Dr. Georgios Tsakalidis, Theologe u. Religionspädagoge, GR-50100 Lewkowrisi-Kozanis

Jürgen Uhl, Rote Reihe 6, D-3000 Hannover

Drs. J.P.A. Simon van Beurden, School-councelor, Curriculum Developer, Kath. Pedagogoisch Centrum, NL-5201 AL 's Hertogenbosch

Dr. Leem van der Burg, Religionspädagoge, Hoogeschool Holland, NL-1112 XB Diemen

Dieter Velten, Lehrer, Gnadauer Zentrale, D-6340 Dillenburg 1

Dr. Jan van Lin, Staffmember, Pontifical Mission Aid Societies, Dutch Council of Churches, NL-6644 BH Ewijk

C.J. Visser, catechetical advisor, Catechetisch Centrum, NL-8260 GA Kampen

Frans Vos, Director Teacher Training Secretary, International Association for Christian Education,, NL-8181 GG Heerde

Klemens Weilandt, Abteilungsdirektor, Bezirksregierung Hannover, D-3000 Hannover

Prof. Rolf Wernstedt, Kultusminister, Niedersächsisches Kultusministerium, D-3000 Hannover

Prof. Michael Williams, Department of Education, University College of Swansea, Hendrefoilan, GB-Swansea

Jürgen Wolf, Studiendirektor, Gymnasium Langenhagen, D-3012 Langenhagen

Guida Wong, Professional Officer, School Examinations + Assessment, Council, Newcombe House, GB-London

Timothy Wright, Monk, Teacher, Head of Religious Studies, Homemaster and Deputy Headmaster, St John's House, Ampleforth College, GB-York

Victor Zaitzev, Verleger, Patriarchat der Rum. Orthodoxen Kirche, SU-119 435 Moskau

intereuropean
commission
on
church
and school

ICCS

rpi

Religionspädagogisches
Institut Loccum
der Evangelisch-lutherischen
Landeskirche Hannovers

Europäische Perspektiven für Bildung und Erziehung

Loccumer Memorandum 1990
Beiträge der Theologie zur Bildung
Eine Herausforderung für Europa

1. Europa ändert sein Gesicht

Das Europa der 90er Jahre wird anders aussehen als das früherer Jahrzehnte dieses Jahrhunderts. Nationale Grenzen fallen. Ein Geist der Integration und Versöhnung breitet sich über den Kontinent aus. Diese Entwicklung gibt Hoffnung für die Zukunft und bedeutet zugleich eine Herausforderung, frühere Konfrontationen, Vorurteile und Verschiedenheiten zu überwinden, die zu Trennung, Isolation und oft Gewalt geführt haben. Christen und Kirchen haben zu diesem Prozeß der Integration beigetragen; denn ihre Botschaft, "die gute Nachricht" ist ökumenisch und auf Versöhnung und Frieden ausgerichtet. Allerdings steht ihre Verwirklichung in vieler Hinsicht noch aus. Christen haben, wie andere religiöse und nichtreligiöse Menschen, an dem Lernprozeß teil, der durch die Veränderungen zu einem neuen und gemeinsamen Europa führen wird.

2. Der Geist der Hoffnung und das Bildungssystems

Das Beseitigen der Grenzen darf nicht nur die politischen und wirtschaftlichen Verhältnisse betreffen; es muß auch die religiösen Einstellungen einschließen und einen sich entwickelnden ökumenischen Geist der Versöhnung widerspiegeln. Unausweichlich sind von solchen Prozessen Bildung und Erziehung betroffen. Zwar unterscheiden sich die Bildungssysteme in europäischen Ländern, im Westen wie im Osten, erheblich. Doch in ihnen allen können die Spuren früherer christlicher Initiativen für eine allgemeine Bildung wahrgenommen werden. Diese Initiativen haben Elemente aus jüdischer, griechischer und islamischer Tradition aufgenommen. Es gibt unterschiedliche Wege und Modelle, die Beziehungen und Zusammenarbeit zwischen kirchlichen und staatlichen Stellen und Gremien zum besten schulischer Bildung zu gestalten. Diese unterschiedlichen Erfahrungen können in unseren Tagen dazu helfen, daß der Geist der Hoffnung in den Bemühungen um Bildung wirksam wird.

3. Die humane Dimension der Bildung

In diesem Geist der Hoffnung, Versöhnung und Erneuerung haben 150 Wissenschaftler und Lehrerinnen und Lehrer von Universitäten, Hochschulen und allen Schulformen des Elementar-, Primar- und Sekundarbereichs, Mitglieder evangelischer, anglikanischer, römisch-katholischer und orthodoxer Kirchen, die Zukunft der Bildung in Europa auf dem Hintergrund ihrer Verantwortung und Erfahrung im Bildungswesen diskutiert. Die Anwesenheit von und der Dialog mit jüdischen und muslimischen Vertretern sowie humanistischen Erziehern und Philosophen war ein Gewinn für diese Überlegungen. Die Teilnehmer diskutierten und beschrieben die allgemeine Bedeutung von Bildung und Gesellschaft in Europa. Sie erkannten, daß die Bedrohungen durch Materialismus, Utilitarismus und Funktionalismus die Haltung des Fragens und die Bildungsentwicklung von Kindern und Jugendlichen aufs Äußerste einschränken können.

Solches Fehlen der humanen Dimension in der Bildung ist auch in jüngeren Dokumenten der Europäischen Kommission zu Erziehung und Berufsbildung festzustellen. Menschen werden in diesen Dokumenten nur als Faktor für wirtschaftliche Weiterentwicklung gesehen (human resources). Dies führt hinter die anerkannten und erreichten Bildungsstandards in allen europäischen Ländern zurück. Wo bestimmte humanwissenschaftliche Inhalte, einschließlich der Religion, nicht unterrichtet werden, muß Bildung defizitär, wenn nicht unwirksam, bleiben. Mehr versprechen in dieser Hinsicht die Ergebnisse einiger Projekte des Europarates zu "Vorbereitung auf das Leben", "Internationale Verständigung" und "Grundschulbildung".

4. Suche nach Sinn und Lebensperspektive

In vielen europäischen Ländern gibt es ein besonderes (und unterschiedlich gestaltetes und organisiertes) Schulfach Religionsunterricht; in anderen Ländern dienen Ethikunterricht oder Allgemeine Studien (General Studies) ähnlichen Zwecken. Diese Einrichtungen sollten in Zukunft weiterentwickelt werden. Eine Reihe von übergreifenden und grundlegenden Inhalten sollte in jeder Art von Schulsystem unterrichtet, diskutiert und erarbeitet werden. Einige dieser Fragestellungen sind die folgenden:

- Die Suche nach Sinn und Antworten, die über das Leben von einzelnen hinausreichen
- Schuld und Vergebung
- Gerechtigkeit
- Frieden
- Verantwortung für die Schöpfung
- die Frage des Menschen nach Gott und die Antworten der Religionen
- Toleranz
- Kreativität
- Lernen ethischen Handelns
- Verantwortung für die Gemeinschaft

Wo solche Inhalte unterrichtet werden, wird die humane Dimension des Lebens Teil des Lernprozesses. So kann man dem entgegenwirken, daß menschliche Wesen eher zu Funktionsträgern wirtschaftlicher Entwicklung gemacht werden sollen.

5. Wachsende gesellschaftliche Probleme

Innerhalb eines jeden Landes wird Bildungsarbeit durch die faktisch vorhandenen Benachteiligungen behinderter und älterer

Menschen, Arbeitsloser u.a. herausgefordert. Es scheint eine zunehmende Intoleranz zwischen den Anhängern verschiedener Religionen zu geben, und Erscheinungen von Rassismus gehören nicht der Vergangenheit an. Auch christliche Erzieher aller Bekenntnisse und aus verschiedenen politischen Gegebenheiten können diese Probleme nicht über Nacht lösen. Dennoch glauben wir, als Christen und professionelle Pädagogen, daß es notwendig ist, unsere Erfahrungen, Einsichten und Möglichkeiten einzusetzen, um jene Probleme zu bewältigen. (Dies käme auch der künftigen Entwicklung in Europa zugute). Zu den gewichtigen Problemfeldern, denen wir alle zu begegnen haben, gehören besonders die folgenden:

- Diskriminierung und Gewalt gegen Ausländer, Menschen anderer Kulturen und Religionen;
- religiöser und politischer Fundamentalismus, der keine Rücksicht nimmt auf die Rechte der Mitmenschen;
- grundlegende Wandlungen der Strukturen und Beziehungen im Leben der Familien;
- die Herausforderungen durch mehr Freizeit, längeren Urlaub usw.;
- der immer noch steigende Konsum von Drogen und die Grenzen therapeutischer Hilfe.

Diese Probleme nehmen immer mehr europäische Ausmaße an. Sie schaffen eine Gefahr für den Bau Europas zu einem gemeinsamen Haus.

Eine offene Erziehung und Bildung, die die menschliche Dimension des Lebens einbezieht, wird an der Lösung dieser Probleme arbeiten und sollte zu einer besseren Aussicht für die Gestaltung der Zukunft beitragen.

6. Empfehlungen

Die Bemühungen um bessere Bildungsvoraussetzungen in den europäischen Ländern sind eine vordringliche Aufgabe. Ihre Unterstützung gehört in die Verantwortung von

- Staaten und Regierungsstellen,
- Einrichtungen der Kirchen,
- der Europäischen Kommission und
- des Europarates.

Zu den grundlegenden Orientierungen gehören die folgenden:

- Die lange Zeit bestehende Beteiligung des Christentums am Bildungsgeschehen soll in dieser Zeit erhalten und gestärkt werden. Kirchen, wie andere religiöse Gemeinschaften, sollten bereit sein, ihren eigenen Beitrag als Anwälte von Kindern und Jugendlichen zu leisten.
- Staaten und europäische Einrichtungen sollten ihrerseits sicherstellen, daß schulische Bildung prinzipiell für die humane und religiöse Dimension offen ist. Ungeachtet der unterschiedlichen Bildungssysteme und in Anerkennung der Entwicklungen von Wirtschaft und Wohlstand, betonen wir das Bedürfnis der Jugend nach Orientierung über Werte und Normen während ihrer Bildungsprozesse.
- Kinder und Jugendliche sollten Gelegenheit haben, eine eigene Einstellung zu entwickeln. Sofern dies gewährleistet ist, kann religiöse Orientierung den unmenschlichen Mißbrauch von Menschen als Mittel zum Zweck hindern. Deshalb sollten Religion und religiöse Bildung integraler Bestandteil der Bildung auf allen Stufen bleiben oder werden.

Loccum, im September 1990

Alan Brown
President
Intereuropean Commission on Church and School

Dr. Jörg Ohlemacher
Rektor
Religionspädagogisches Institut Loccum

Kommision der europäischen Gemeinschaften

KOM (89)236 endg.
Brüssel, den 2.Juni 1989

Mitteilung der Kommission an den Rat

Allgemeine und berufliche Bildung in der Europäischen Gemeinschaft

Mittelfristige Leitlinien 1989 – 1992

Teil 1

Einleitung

Das Ziel der Vollendung des Binnenmarktes bis 1992, die Annahme der Einheitlichen Europäischen Akte und die unlängst vom Europäischen Rat erteilten Mandate schaffen neue Rahmenbedingungen für die Rolle der allgemeinen und beruflichen Bildung beim Aufbau der Europäischen Gemeinschaft. Im Hinblick auf 1992 zeigt die breite Öffentlichkeit, insbesondere Jugendliche und deren Eltern, wachsendes Interesse daran, daß Europa auch in der Bildungspolitik Raum für Mobilität und Austausch bietet. In Erwartung der Vollendung des Binnenmarktes bis 1992 und der Perspektive des Jahres 2000 besteht weithin Einvernehmen darüber, daß die allgemeine und die berufliche Bildung in den kommenden Jahren in zunehmenden Maße eine Schlüsselposition in der globalen Entwicklungsstrategie der Gemeinschaft einnehmen muß.

Daher hat die neue Kommission beschlossen, die allgemeine und berufliche Bildung an die Spitze ihrer Prioritäten zu setzen, um so eine neue, gemeinschaftsweite Entschlossenheit zu fördern,in die Menschen zu investieren, in ihre Qualifikationen, ihre Kreativität und Vielseitigkeit. Ohne Investitionen in das gegenwärtige und künftige Arbeitskräftepotential wird die Fähigkeit Europas zur Innovation, zum Wettbewerb und zur Schaffung von Wohlstand für alle seine Bürger ernsthaft gefährdet sein.

Diese Betonung der Humanressourcen stellt eine wichtige Verbindung zwischen Wirtschafts- und Sozialpolitik her, und sie ist ein Schlüsselelement bei der Förderung der Freizügigkeit und des Austauschs von Ideen, die eine wesentliche Ergänzung zu den im Vertrag von Rom verankerten vier Freiheiten (freier Waren-, Dienstleistungs-, Kapital- und Personenverkehr) darstellen. Dies ist von grundlegender Bedeutung, wenn alle Europäer angesichts der gegenwärtigen Herausforderungen die Identität und die grundlegenden Werte der Gemeinschaft überzeugend vertreten sollen.

Im Mai 1988 veröffentlichte die Kommission ihre "Mittelfristigen Perspektiven für die Bildung in der Europäischen Gemeinschaft" (1), die dazu bestimmt waren, klare Schwerpunkte für die einschlägigen bildungspolitischen Initiativen der Kommission in den Jahren bis 1992 zu setzen. Auf seiner Tagung vom 24. Mai 1988 nahm der Rat (Bildungsfragen) einen umfassenden Meinungsaustausch hierüber vor. Das Europäische Parlament (2) und der Wirtschafts- und Sozialausschuß (3) haben ebenfalls die ursprünglichen Leitlinien der Kommission geprüft und ihre allgemeine Ausrichtung begrüßt.

Die vorliegende Mitteilung ist als Reaktion auf diese Stellungnahmen und die ursprünglichen Überlegungen des Rates vorbereitet worden. Dabei sollen vorrangige mittelfristige Leitlinien vorgestellt werden. Bei der weiteren Entwicklung auf diesem Gebiet wird die Kommission die Konsequenzen aus derzeit vor dem Europäischen Gerichtshof anhängigen Rechtssachen berücksichtigen.

Mittelfristige Leitlinien

Die hier vorgelegten Leitlinien sind in 7 Abschnitte eingeteilt. Der erste befaßt sich mit der Freizügigkeit von Personen und der Anerkennung ihrer Qualifikationen; der zweite behandelt die Erstausbildung und Weiterbildung der Arbeitskräfte; der dritte ist der Hochschulausbildung und dem ERASMUS-Programm gewidmet; der vierte greift die Auswirkungen des technologischen Wandels für die Bildungs- und Ausbildungssysteme auf; der fünfte betrifft

1 KOM(88) 280 endg.

2 Entschließung vom 17.2.1989

3 SOC/163 "Bildung" vom 27.10.1988

qualitative Verbesserungen der Bildungssysteme durch verstärkte Zusammenarbeit; der sechste befaßt sich mit der Notwendigkeit, eine europäische Dimension im Bildungswesen, und insbesondere den Fremdsprachenunterricht zu fördern; der letzte Abschnitt behandelt die Förderung von Jugendaustauschmaßnahmen.

Diese Leitlinien sollen verschiedene Vorteile bieten:

- Sie werden es erleichtern, sich auf die Hauptziele der Gemeinschaftspolitik und -aktivitäten zu konzentrieren und zu vermeiden, daß kurzfristige Probleme zu Lasten einer längerfristigen Perspektive in den Vordergrund gerückt werden.
- Sie werden die Vermeidung einer Zersplitterung der Programme und Initiativen erleichtern und einen Zeitplan für die Entwicklung besser koordinierter Bemühungen und größerer Wirksamkeit vorgeben.
- Sie werden sicherstellen, daß die in den Mitgliedstaaten zuständigen Behörden für allgemeine und berufliche Bildung, die häufig verschiedenen Ministerien unterstellt sind, sowie die Sozialpartner und die Gemeinschaftsorgane einen umfassenden Überblick über Gemeinschaftsmaßnahmen im Bereich der allgemeinen und beruflichen Bildung gewinnen.
- Sie werden es den Gemeinschaftsorganen ermöglichen, den Finanzbedarf im Rahmen der Interinstitutionellen Fünfjahresvereinbarung vorauszuplanen.
- Sie werden eine fortlaufende Evaluation und Überwachung der Gemeinschaftsmaßnahmen ebenso erleichtern wie ihre Wechselwirkung mit den einzelstaatlichen Politiken.

Diese Entwicklungsleitlinien sollten flexibel sein, damit eine mehrjährige Perspektive ermöglicht und etwaige Anpassungen vorgenommen werden können, wenn sich angesichts der veränderten Gegebenheiten in den neunziger Jahren neue Prioritäten ergeben. Daher sollten sie regelmäßig überprüft werden, und die Bildungs- und Ausbildungsbehörden sollten gemeinsam an der weiteren Definition neuer Konzepte beteiligt werden.

Künftige Herausforderungen und Perspektiven für die Allgemein- und Berufsbildungspolitik

Mit der Aussicht auf die Vollendung des europäischen Binnenmarktes wächst der Druck auf die einzelstaatlichen Bildungs- und Ausbildungsbehörden, damit sie gewährleisten, daß das Arbeitskräftepotential von morgen den Erwartungen und Bedürfnissen der europäischen Wirtschaft und Gesellschaft gerecht wird.

Dies hat tiefgreifende und weitreichende Auswirkungen auf die allgemeine und berufliche Bildung:

- *Entwicklung der Humanressourcen*: Auf allen Ebenen, von der Gemeinschaft bis zum lokalen Bereich, wird sowohl im öffentlichen als auch im privaten Sektor einer Qualifikationsanalyse und -prognose größere Priorität eingeräumt werden müssen. Ohne eine solche gemeinsame Anstrengung läuft Europa Gefahr, daß seine Humanressourcen nicht optimal ausgeschöpft werden. Künftig wird die Planung aus demographischen, wirtschaftlichen, technologischen und regionalen Gründen einem noch stärkeren Druck und größeren Ungewißheiten ausgesetzt sein.
- *Expansion*: Das allgemeine und berufliche Bildungsangebot wird auf allen Stufen, von der Grundbildung bis zur Hochschul- und Erwachsenenbildung, ständig ausgeweitet werden müssen.
- *Kontinuität*: Die Pflichtschule muß zunehmend auf die berufliche Erstausbildung vorbereiten und zu ihr hinführen; gleichermaßen muß die berufliche Erstausbildung für die Erwachsenen- und Weiterbildung vorbereiten und zu ihr hinführen. Daher sind Kohärenz, klare (Aus-)bildungsgänge und flexible Zugänge erforderlich, um die Beteiligungsmöglichkeiten auf allen Stufen und für alle Altersgruppen zu erweitern.
- *Partnerschaft*: Es werden fortlaufende Anstrengungen unternommen werden müssen, um neue Kooperationsformen zu entwickeln, die zu einer Kombination der Ressourcen des öffentlichen und privaten Sektors führen und um große und kleine Unternehmen, Bildungs- und Forschungseinrichtungen mit den betreffenden lokalen Gemeinschaften zu einer gemeinsamen Investition in die allgemeine und berufliche Bildung zusammenzuführen.
- *Integration*: Die Betonung der Vorbereitung auf eine ungewisse

Zukunft, des 'Lernens zu Lernen', auf Anpassungsfähigkeit, Innovationsbereitschaft und Unternehmungsgeist wird in der allgemeinen und beruflichen Bildung, besonders aber auf schulischer Ebene, Integration von Lernsystemen begünstigen.

- *Gleichheit*: Angesichts der demographischen Entwicklungen werden neue Gruppen für eine höher qualifizierende Ausbildung interessiert werden müssen, insbesondere Angehörige ethnischer Minderheiten. Auch Frauen werden dazu ermutigt werden müssen, verstärkt an neuen und eher technisch orientierten Ausbildungs- und Umschulungsmaßnahmen teilzunehmen. Gleichzeitig werden diese Entwicklungen die Notwendigkeit noch steigern, angemessene und annehmbare Ausbildungs- und Beschäftigungsformen für alle zu entwickeln, insbesondere für Jugendliche, die mit geringen oder keinen Qualifikationen von der Schule abgehen, sowie für Personen, die sich in instabilen Beschäftigungsverhältnissen befinden oder unter langfristiger Arbeitslosigkeit leiden.
- *Flexibilität*: Die allgemeine und berufliche Bildung muß rascher auf sozio-ökonomische Tendenzen und wissenschaftliche Fortschritte reagieren. Vor allem muß sie enger mit regionalen Entwicklungsmaßnahmen integriert werden, die darauf ausgerichtet sind, das lokale Wirtschaftspotential, besonders in Gebieten mit hoher und langfristiger Arbeitslosigkeit, zu nutzen und den spezifischen Problemen der vom Niedergang betroffenen Innenstädte und der strukturschwachen ländlichen Gebieten zu entsprechen.

Die europäische Dimension

Die "Flaggschiff"-Programme der Gemeinschaft, insbesondere ERASMUS, COMETT, LINGUA und "Jugend für Europa", haben inzwischen einen besonderen Stellenwert in der globalen Strategie der Gemeinschaft zur Entwicklung der Humanressourcen erreicht (die verschiedenen Gemeinschaftsprogramme sind in der Anlage A kurz dargestellt). Ähnlich wie die großen FTE-Programme liefern sie der breiten Öffentlichkeit ein praktisches Beispiel dafür, was die Gemeinschaftsdimension bedeutet und welchen Wert gemeinsame Anstrengungen haben. Außerdem haben sie eine wichtige Multiplikatorwirkung für den freien Austausch von Ideen und Personen und lassen in gemeinsamen Unternehmungen ein Gefühl der Partnerschaft wachsen. Durch die Gelegenheiten, die sie jungen Menschen bieten, einander kennenzulernen und voneinander zu lernen, fördern sie auch das gegenseitige Verständnis für kulturelle Unterschiede, tragen zu einer Erweiterung des Horizonts bei und wirken so der Fremdenfeindlichkeit entgegen.

Die Aussicht auf die Verwirklichung des Binnenmarktes sowie sonstige Entwicklungen,die zu einem Europa der Bürger hinführen, haben diese Tendenz nicht nur beschleunigt, sondern auch neue Impulse und Anstöße aus anderer Richtung gebracht. Da Europa endlich zu einer glaubwürdigen Option wird, eröffnet es allen Bürgern, insbesondere Jugendlichen zu Beginn ihres Erwerbsleben, eine neue Perspektive. Diese Jugendlichen haben ihrerseits neue Erwartungen an die Bildungs- und Ausbildungssysteme, die ihnen geeignete Qualifikationen vermitteln sollen, damit sie die europäische Öffnung nutzen und auf dem Binnenmarkt bestehen können. Ähnliche Forderungen werden in der ganzen Gemeinschaft auch von den Arbeitgebern und den Gewerkschaften vorgebracht. Somit wird der Bildungs- und Ausbildungspolitik die europäische Dimension nun von unten, d.h. den Konsumenten und Benutzern aufgedrängt.

Mobilität ist das kurzfristig drängende Thema. Die fehlende Anerkennung der beruflichen Befähigungsnachweise war bisher ein Haupthindernis für die Freizügigkeit; doch wurden in diesem Bereich unlängst mit der Annahme der Richtlinie des Rates (89/48/EWG)(4), die auf dem Grundsatz des gegenseitigen Vertrauens beruht, ein Durchbruch erzielt, der über alle bisherigen Anstrengungen hinausgeht. Das hat auch zu der Forderung nach weiteren Maßnahmen geführt, die auf der Grundlage des Ansatzes dieser Richtlinie in enger Abstimmung mit den Sozialpartnern zur Einrichtung eines Systems der Anerkennung und Entsprechung der Befähigungsnachweise aller Stufen (3-jährige Berufsausbildung) führen sollen.

Wenn die europäische Dimension genutzt werden soll, dann müssen auf den verschiedenen Ebenen der allgemeinen und beruflichen Bildungssysteme grenzübergreifende Kontakt- und Kooperationsnetze aufgebaut werden. Mit der zunehmenden Nachfrage nach grenzübergreifenden Kontakten ist auch ein neues Bewußtsein entstanden, das anerkennt,wie wichtig Fremdsprachenkenntnisse

---

4 ABL. Nr. L 19 vom 24.1.1989, S. 16

und ein umfassendes Verständnis für die Kultur und die Traditionen der übrigen Gemeinschaftsländer sind.

Die Einheitliche Europäische Akte hat der strategischen Bedeutung von Investitionen im Bereich der Erstausbildung und Weiterbildung weitere Schubkraft verliehen. Die gemeinschaftsweiten Bemühungen um die Förderung des wirtschaftlichen und sozialen Zusammenhalts erfordern eine gewaltige Anstrengung, um die Verfügbarkeit, Qualität und Kontinuität der allgemeinen und beruflichen Bildung zu verbessern, insbesondere in den benachteiligten Regionen und zugunsten benachteiligter Personengruppen (z.B. Langzeitarbeitslose).

Der Beitrag der überarbeiteten Strukturfonds in den Jahren bis 1992 ist genau darauf zugeschnitten, einen Beitrag zur Erfüllung dieser Erfordernisse zu leisten. Außerdem ist sich die Kommission bewußt, daß zusätzlich zu den Beteiligungen der Strukturfonds umfangreiche Begleitmaßnahmen erforderlich sind, damit bei Unterstützungsmaßnahmen für Ausbildungsinitiativen in der ganzen Gemeinschaft höhere gemeinsame Standards erreicht werden, die sich in die einzelstaatlichen Entwicklungspläne einfügen müssen.

Die Entwicklung der Humanressourcen ist eindeutig Bestandteil der Gemeinschaftspolitik zur Wirtschaftsentwicklung und Schaffung von Arbeitsplätzen. Darüber hinaus entwickeln die anderen Gemeinschaftspolitiken immer deutlichere allgemein- und berufsbildende Dimensionen. In so verschiedenen Bereichen wie Umwelt, Gesundheit, Verbraucherschutz und Entwicklung werden Maßnahmen gefordert, um in der Öffentlichkeit und mit Unterstützung der Bildungssysteme mehr Verständnis für diese Problematik zu wecken. In der gemeinschaftlichen Wissenschafts- und FTE-Politik wächst das Bewußtsein von der Bedeutung des Problems, daß künftig ein ausreichendes Angebot an erstrangigen jungen Wissenschaftlern und hochqualifizierten Facharbeitern gesichert sein muß. Die Ausbildungsbedürfnisse der Arbeitskräfte aller Niveaus in den KMU bedürfen im Hinblicke auf die Herausforderungen des Jahres 1992 besonderer Beachtung. Gleichzeitig wird bei den Außenbeziehungen der Gemeinschaft die Zusammenarbeit im Bereich der allgemeinen und beruflichen Bildung stärker betont, und zwar sowohl in bezug auf andere Industrieländer als auch im Rahmen der Entwicklungshilfe.

Grundsätze

Künftig wird die Verwirklichung der im Vertrag von Rom (Art. 128) festgelegten Verpflichtung zur Aufstellung "allgemeiner Grundsätze zur Durchführung einer gemeinsamen Berufsbildungspolitik" wie auch die Förderung höherer Ausbildungsstandards, die mit den vorrangigen Zielen der Strukturfonds zu integrieren sind, ins Zentrum der Bemühungen der Gemeinschaft gerückt werden. Die gemeinschaftsweite Zusammenarbeit, die im Bildungsbereich ursprünglich 1976 eingeführt wurde, muß nun im Hinblick auf 1992 beschleunigt werden, damit eine neue Entwicklungsphase beginnen kann, die auf den wertvollen Kooperationsgrundlagen aufbaut, die bereits verwirklicht worden sind. Allerdings müssen bei den Bemühungen der Gemeinschaft in den kommenden Jahren zwei Grundsätze neu bestätigt werden, die das Vorgehen der Gemeinschaftsorgane in diesem Bereich prägen und so ein Klima des gegenseitigen Vertrauens schaffen, das allen Beteiligten ein partnerschaftliches Voranschreiten ermöglicht.

Respektierung der Vielfalt

Es ist unerläßlich, die reiche Vielfalt der Bildungstraditionen in der Gemeinschaft zu wahren und zu respektieren, wobei dieses gemeinsame Erbe optimal zu nutzen ist, um in der Zukunft höhere Standards zu erreichen. Eine pauschale Harmonisierung oder Vereinheitlichung der Bildungssysteme ist gänzlich abzulehnen; sie ist in diesem Bereich kein Ziel für die Kommission. Die Bemühungen aller Mitgliedstaaten und der Kommission sollten darauf ausgerichtet sein, die Gesamtqualität des Bildungsangebots zu verbessern, indem die verschiedenen Systeme an Prozessen der langfristigen Kontaktnahme, der Kooperation und der Konzentration beteiligt und unnötige Divergenzen vermieden werden, welche die Freizügigkeit von Personen und Ideen beeinträchtigen würden.

Subsidiarität

Bei der Entwicklung neuer Kooperationsformen auf Gemeinschaftsebene anerkennt die Kommission uneingeschränkt die Bedeutung einer klaren Unterscheidung zwischen Maßnahmen, die von bzw. in den Mitgliedstaaten durchzuführen sind und Aufgaben, die die Kommission aufgrund ihrer besonderen Katalysator- und Koordinierungsfunktion sowie des gesteigerten Werts, den sie dadurch den Anstrengungen der Mitgliedstaaten hinzufügt, selbst durchführen kann. Daher wird die Kommission weiterhin eng mit den zuständigen Behörden zusammenarbeiten und der besonderen Rolle der föderalen, regionalen und lokalen Stellen im Bildungs- und Ausbildungsbereich Rechnung tragen.

Ziele

Die wichtigsten *Ziele* der Zusammenarbeit in der nächsten Phase sollten insbesondere darin bestehen:

- Ein Europa hoher Qualitätsstandards zu schaffen, in dem die Fertigkeiten, die Kreativität und die Dynamik der Menschen durch Engagement für lebenslanges Lernen entwickelt werden, und gleichzeitig auch ein solidarisches Europa aufzubauen, in dem Chancengleichheit hinsichtlich des Zugangs zu und der Teilnahme an Bildungsangeboten während des ganzen Lebens gefördert wird und in dem ein gemeinsamer Kampf gegen Schulversagen und den Mangel an Grundfertigkeiten bei zahlreichen Schulabgängern geführt wird;
- Verfahren zu entwickeln, damit in den Mitgliedstaaten Reformen und Umstrukturierungen der Bildungssysteme in voller Kenntnis der Erfahrungen anderer Mitgliedstaaten geplant werden können, und damit, wo das angebracht ist, die Kooperation der Systeme erleichtert wird;
- die gemeinsamen demokratischen Werte in den Mitgliedstaaten zu fördern und mehr Verständnis für die multikulturellen Merkmale der Gemeinschaft und für das Erfordernis der Erziehung junger Menschen zu einem staatsbürgerlichen Bewußtsein zu wecken, das neben seinen nationalen, regionalen und lokalen Bindungen auch ein Gefühl der Zugehörigkeit zur Gemeinschaft beinhaltet.

Um diese Ziele unter voller Berücksichtigung der oben erwähnten Prinzipien zu erreichen, wird die Kommission die Freizügigkeit von Personen und Ideen, den Erfahrungs- und Informationsaustausch über die unterschiedlichen Systeme und die Durchführung gemeinsamer Projekte mit Multiplikatorwirkung fördern.

Methoden

Die Kommission hat viele Partner in diesem Bereich: Regierungen, Arbeitgeber, Gewerkschaften Eltern, freie Verbände, Jugendorganisationen sowie Hochschulen und andere Bildungseinrichtungen. Die Kommission wird sich insbesondere darum bemühen, die verschiedenen formellen und informellen Instrumente und Vorkehrungen, die im Laufe der Jahre zur Konsultation und Konzertation entwickelt wurden, wirksamer zu gestalten.

Dabei geht es in erster Linie um eine Stärkung des sozialen Dialogs; außerdem ist sicherzustellen, daß die Tarifpartner an den politischen Diskussionen über die Entwicklung der Humanressourcen auf allen Ebenen voll beteiligt, in die Programmdurchführung einbezogen werden und gegebenenfalls gemeinsame Initiativen auf überbereichlicher und sektoraler Ebene ergreifen können. Zu diesem Zweck ist im Rahmen des sozialen Dialogs eine besondere Arbeitsgruppe eingerichtet worden, um über Bildungs- und Ausbildungsfragen zu beraten. Der Beratende Ausschuß für die Berufsausbildung wird die Kommission unterstützen müssen, wenn der Konzertierungsprozeß vertieft und ihre Rolle angesichts der veränderten Prioritäten und der Ausweitung der Gemeinschaftsaktion überprüft und angepaßt wird.

Außerdem muß die Arbeitsweise der verschiedenen Arbeitsgruppen gestrafft werden, die auf der Grundlage diverser Ratsentschließungen eingesetzt wurde, um die Kommission bei der Durchführung verschiedener Aktionsprogramme, vor allem im Bildungsbereich, zu unterstützen. Die angestrebten Ziele sind eine größere Kohärenz sowie eine gewisse Arbeitsersparnis bei der Kommission und den einzelstaatlichen Stellen. Auf anderer Ebene werden die Konzertierungsverfahren mit den Mitgliedstaaten über die mittelfristige Planung der Bildungspolitik ebenfalls verstärkt werden müssen, wobei dieser Dialog von den Beratungen getrennt werden sollte, die sich gezielt mit Vorschlägen der Kommission im Bereich der allgemeinen und beruflichen Bildung befassen. Die Kommission ist bereit, die bestehenden Vorkehrungen zusammen mit den Mitgliedstaaten zu überprüfen.

Die Kommission wird auch der Dissemination von Informationen über Bildungs- und Ausbildungsinitiativen der Gemeinschaft, vor allem der notwendigen Information junger Menschen, besondere Beachtung schenken. Wie wichtig eine bessere und umfassendere Information in diesem Bereich ist, wurde in den Informationsprioritäten der Kommission für 1989 anerkannt (5). Umfassende Informationen über die Tätigkeiten der Kommission werden umgehend in dem Bericht der Kommission über die allgemeine und berufliche Bildung in den Jahren 1987 und 1988 verfügbar sein.

Außenbeziehungen

Die Kommission ist sich völlig darüber im Klaren, daß die Zusammenarbeit mit Drittländern und den auf diesem Gebiet tätigen Internationalen Organisationen vertieft werden muß. Die Entwicklung der Humanressourcen wird zunehmend als wesentlicher Bestandteil der Gemeinschaftspolitik für Außenbeziehungen angesehen. Vor allem die EFTA-Länder haben wiederholt eine engere Beteiligung an den Gemeinschaftsinitiativen im Bereich der allgemeinen und beruflichen Bildung gefordert. Die Kommission wird den Informationsaustausch mit der EFTA verstärken und hat eine Beteiligung der EFTA an dem Programm COMETT II vorgeschlagen, das im Januar 1990 anlaufen soll. Im kommenden Jahr wird auch die Zusammenarbeit mit dem Europarat, der UNESCO, dem Nordischen Rat, der OECD und der IAO überprüft.

5 SEK(89) 103

SEKRETARIAT DER STÄNDIGEN KONFERENZ DER KULTUSMINISTER DER LÄNDER IN DER BUNDESREPUBLIK DEUTSCHLAND

Europa im Unterricht

(Beschluß der Kultusministerkonferenz vom 08.06.1978 i.d.F. vom 7.12.1990)

0. Vorbemerkung

Die Kultusministerkonferenz hat mit ihrer Empfehlung über "Europa im Unterricht" vom 8. Juli 1978 erstmals länderübergreifend die Elemente und Leitlinien des europäischen Bildungsauftrages der Schule dargelegt. Sie hat mit ihrer "Entschließung zur Europapolitik" vom 22. April 1983 den Zusammenhang zwischen greifbaren Fortschritten der Politik für Europa und der Vermittlung des europäischen Gedankens in der Schule hervorgehoben.

Die positive Weiterentwicklung der Zusammenarbeit der Staaten in Europa und der europäischen Integration in der Europäischen Gemeinschaft, insbesondere die auf die Einheitliche Europäische Akte gestützten Perspektiven, die politischen, gesellschaftlichen und wirtschaftlichen Entwicklungen in den Staaten Mittel- und Osteuropas sowie schließlich die im Rahmen der Konferenz über Sicherheit und Zusammenarbeit in Europa vereinbarte Charta von Paris für ein neues Europa, sind für die Kultusministerkonferenz Anlaß, ihre Empfehlung von 1978 auch im Lichte der pädagogischen Weiterentwicklung fortzuschreiben.

Die Kultusministerkonferenz trägt damit zugleich der Entschließung des Rates und der im Rat vereinigten Minister für das Bildungswesen" Rechnung.

1. Die politische Ausgangslage

Europa ist mehr als ein geographischer Begriff. Die europäische Dimension umschließt in ihrer Vielfalt ein gemeinsames historisches Erbe, eine gemeinsame kulturelle Tradition und in zunehmendem Maße eine gemeinsame Lebenswirklichkeit. Die leidvollen Erfahrungen zweier Weltkriege sowie die Entwicklungen in West- und in Osteuropa seit 1945 haben den Europäern Anlaß gegeben, sich auf ihre gemeinsamen Grundlagen zu besinnen und im Bewußtsein ihrer Zusammengehörigkeit neue Wege der Zusammenarbeit und Einigung zu beschreiten.

Die Dynamik dieses Prozesses ist bis heute ungebrochen und hat nunmehr auch Mittel- und Osteuropa ergriffen. Sie kommt maßgeblich zum Ausdruck in dem Aufbauwerk, das mit dem Organisationen des Europarates und der Europäischen Gemeinschaft begründet worden ist, sowie in der überwiegend friedlichen Revolution in den Ländern Mittel- und Osteuropas, die diese wieder enger an die Entwicklung im übrigen Europa anbindet. Dem Europarat kommt dabei eine wichtige Brückenfunktion zu.

Aufgabe des Europarates ist es, eine engere Verbindung zwischen den Mitgliedsstaaten zum Schutz der Ideale und Grundsätze herzustellen, die das gemeinsame europäische Erbe bilden, und ihren wirtschaftlichen und sozialen Fortschritt zu fördern. Aufgabe der Europäischen Gemeinschaft ist es, durch die Errichtung eines Gemeinsamen Marktes und die schrittweise Annäherung der Wirtschafts- und Sozialpolitik der Mitgliedsstaaten eine abgestimmte Entwicklung der Lebensverhältnisse innerhalb der Gemeinschaft herbeizuführen. Ziel ist die Schaffung einer Europäischen Union. In dieser Perspektive liegt langfristig ein gemeinsames Haus Europa, in dem sich alle Staaten und Völker in freier Selbstbestimmung einrichten. Dabei kommt es darauf an, auch und gerade vor dem Hintergrund des deutschen Einigungsprozesses, ein Europa mit föderativen Strukturen zu schaffen, das die Erhaltung der kulturellen Eigenarten, der gesellschaftlichen Vielfalt, eine ausgewogene Wirtschaftsentwicklung und die Bürgernähe von Entscheidungen in den Mitgliedsstaaten gewährleistet. Für ein solches "Europa der Regionen" haben sich auch die Ministerpräsidenten der Bundesländer ausgesprochen.

Der Kreis der Mitgliedsstaaten von Europarat und Europäischer Gemeinschaft ist seit ihrem Bestehen erweitert worden. In den vier Jahrzehnten seit Ende des Zweiten Weltkrieges sind im Rahmen der neugeschaffenen Strukturen zwischen den Völkern und Staaten in Europa ebenso wie zwischen den einzelnen Menschen und sozialen Gruppen vielfältige Bindungen und Verbindungen entstanden. Sie haben dazu geführt, daß die Bürger Europa immer mehr als den gemeinsamen Raum erfahren und verstehen, in dem sich in Politik und Gesellschaft, in Wirtschaft und Kultur für sie wesentliche Entwicklungen vollziehen und den sie gemeinsam gestalten und bewahren müssen. In diese Entwicklungen werden zukünftig die Staaten und Völker Mittel- und Osteuropas verstärkt einbezogen.

In der Konferenz über Sicherheit und Zusammenarbeit in Europa (KSZE) findet ein umfassender Dialog über Fragen der Menschenrechte, des Informations- und Meinungsaustauschs, der sicherheitspolitischen Vertrauensbildung und der Abrüstung statt.

Europa steht in vielfältigen Beziehungen zu den anderen Teilen der Welt. Insbesondere die internationalen wirtschaftlichen Verflechtungen und Abhängigkeiten erfordern weltweite Zusammenarbeit und friedlichen Interessenausgleich. Die Völker der Dritten Welt erwarten wirksame Hilfe für die eigene Entwicklung und Zugang zu den Märkten Europas.

Das Zusammenwachsen Europas fordert die Europäer heraus, ihre nationale Geschichte und Tradition in neuem Licht zu sehen, sich der Perspektive anderer zu öffnen, Toleranz und Solidarität zu üben und das Zusammenleben mit Menschen anderer Sprachen und anderer Gewohnheiten zu praktizieren. Die Europäer müssen erkennen, welche Verantwortung ihnen für Freiheit, Frieden, Gerechtigkeit und sozialen Ausgleich – vor allem mit den Entwicklungsländern – auferlegt ist.

2. Europäisches Bewußtsein als pädagogischer Auftrag der Schule

Die Schule hat die Aufgabe, die Annäherung der europäischen Völker und Staaten und die Neuordnung ihrer Beziehungen bewußtzumachen. Sie soll dazu beitragen, daß in der heranwachsenden Generationen ein Bewußtsein europäischer Zusammengehörigkeit entsteht und Verständnis dafür geweckt wird, daß in vielen Bereichen unseres Lebens europäische Bezüge wirksam sind und europäische Entscheidungen verlangt werden.

Um diese europäische Dimension in Bildung und Erziehung zu verwirklichen, muß die Schule Kenntnisse und Einsichten vermitteln über

- die geographische Vielfalt des europäischen Raumes mit seinen naturräumlichen, sozialen und wirtschaftlichen Strukturen,
- die politischen und gesellschaftlichen Strukturen Europas,
- die prägenden geschichtlichen Kräfte in Europa, vor allem die Entwicklung des europäischen Rechts-, Staats- und Freiheitsdenkens,
- die Entwicklungslinien, Merkmale und Zeugnisse einer auch in ihrer Vielfalt gemeinsamen europäischen Kultur,
- die Vielsprachigkeit in Europa und den darin liegenden kulturellen Reichtum,
- die Geschichte des europäischen Gedankens und die Integrationsbestrebungen sei 1945,
- den Interessenausgleich und das gemeinsame Handeln in Europa zur Lösung wirtschaftlicher, ökologischer, sozialer und politischer Probleme,
- die Aufgaben und Arbeitsweise der europäischen Institutionen.

Die Grundwerte des staatlichen, gesellschaftlichen und individuellen Lebens, an denen sich die Unterrichts- und Erziehungsziele der Schule orientieren, müssen in ihre Beziehung zum Leben in der europäischen Völker- und Staatengemeinschaft gesehen werden. Dabei geht es um

- die Bereitschaft zur Verständigung, zum Abbau von Vorurteilen und zur Anerkennung des Gemeinsamen unter gleichzeitiger Bejahung der europäischen Vielfalt,
- eine kulturübergreifende Aufgeschlossenheit, die die eigene kulturelle Identität wahrt,
- die Achtung des Wertes europäischer Rechtsbindungen und Rechtsprechung im Rahmen der in Europa anerkannten Menschenrechte,
- die Fähigkeit zum nachbarschaftlichen Miteinander und die Bereitschaft, Kompromisse bei der Verwirklichung der unterschiedlichen Interessen in Europa einzugehen, auch wenn sie Opfer zugunsten anderer einschließen,
- das Eintreten für Freiheit, Demokratie, Menschenrechte, Gerechtigkeit und wirtschaftliche Sicherheit,
- den Willen zur Wahrung des Friedens in Europa und in der Welt.

Das Spannungsverhältnis zwischen diesen Zielen und der Erfahrung ihrer Realität, wie sie in den Ländern Europas im Erleben von Grenzen und ihrem Wegfall, im kulturellen Angebot, im Tourismus, im Sport, im Konsum, zutage tritt, ist pädagogisch fruchtbar zu machen. Durch die Vermittlung eines soliden Grundlagenwissens über Europa und das Aufgreifen von Alltagserlebnissen sollen auch soziale Vorurteile und Ängste überwunden werden, die im Prozeß des Zusammenwachsens entstehen und verstärkt werden können.

Ziel der pädagogischen Arbeit muß es sein, in den jungen Menschen das Bewußtsein einer europäischen Identität zu wecken. Hierzu gehört auch die Vorbereitung der jungen Menschen darauf, ihre Aufgaben als Bürger in der Europäischen Gemeinschaft wahrzunehmen.

3. Hinweise zur Umsetzung

Zur Erschließung der europäischen Dimension in Unterricht und Erziehung können grundsätzlich alle Lernfelder der Schule einen Beitrag leisten. Die Lehrpläne enthalten dazu in differenzierter Weise konkrete Ziele und Themen sowie Hinweise auf geeignete Stoffe und zweckmäßige Arbeitsformen.

In der Grundschule wird die Thematik dort aufgegriffen, wo der Erlebnis- und Erfahrungshorizont der Schüler dies erlaubt oder neue Erfahrungsfelder im Rahmen besonderer Maßnahmen eröffnet werden. Für die Hauptschule, die Realschule, das Gymnasium und die Gesamtschule sowie die berufsbildenden Schulen ergibt sich eine Vielzahl von Anknüpfungspunkten aus dem Angebot der Fächer im Pflicht- und Wahlbereich mit Möglichkeiten zu fachspezifisch vertieftem und fächerübergreifendem Arbeiten.

Die Auseinandersetzung mit Fragen Europas und seiner Entwicklung ist in allen Bildungsgängen verpflichtender Bestandteil der Fächer Erdkunde, Geschichte, Sozialkunde/Politik* sowie der Fächer mit wirtschafts- und rechtskundlichen Inhalten. Dabei geht es in Erdkunde zuerst um Grundkenntnisse über den Raum Europa mit der Vielfalt seiner Landschaftstypen und seinen seit Jahrhunderten durch den Menschen geprägten Kultur-, Umwelt- und Wirtschaftsraum; in Geschichte um die Herkunft der europäischen

---

* Bezeichnung nach dem Schulrecht der Länder

Völker und Staaten und die Ursprünge der ihren Weg bestimmenden, politisch-sozialen, weltanschaulichen und religiösen Bewegungen, Machtkämpfe, Ideen und Kulturschöpfungen; in Sozialkunde/Politik* um die bestehenden und sich verändernden politischen, gesellschaftlichen und wirtschaftlichen Abläufe und Ordnungssysteme, ihre Werte, Normen und Realitäten; in den Fächern mit wirtschafts- und rechtskundlichen Inhalten um die ökonomischen und rechtlichen Grundlagen des zusammenwachsenden Europas und den Interessenausgleich zwischen wirtschaftlichen, ökologischen und sozialen Zielen. Die Befähigung zur Teilhabe am sozialen und wirtschaftlichen Geschehen in Europa gehört zu den vorrangigen Zielen des Unterrichts in Sozialkunde/Politik* und in den Fächern mit wirtschafts- und rechtskundlichen Inhalten.

Für die Erschließung der kulturellen Welt Europas haben die Sprachen eine zentrale Bedeutung. Der Deutschunterricht hat die besondere Verpflichtung und Möglichkeit, die Beziehungen zwischen der deutschen Sprache und Literatur und dem Umfeld der europäischen Sprachen und Literaturen aufzuzeigen. Das Erlernen von Fremdsprachen öffnet den Zugang zu anderen Sprachgemeinschaften. Dialog- und Kommunikationsfähigkeit gilt als wichtiges Ziel im Unterricht in den lebenden Fremdsprachen. Der Mehrsprachenerwerb wird für möglichst viele Schüler angestrebt. Besondere Bildungsangebote, vor allem die zweisprachigen Züge an Gymnasien, dienen dem Erwerb vertiefter Kenntnisse in den europäischen Partnersprachen und über die europäischen Partnerländer.

Mathematik, Naturwissenschaften und Technik, Religion und Philosophie, Kunst und Musik sowie Sport sind nicht auf die nationalen Kulturen reduzierbar, sondern repräsentieren übergreifende europäische Gemeinsamkeiten und Bestandteile der gemeinsamen Bildungstradition. Auf die aktiven Beiträge dieser Fächer zur Förderung des europäischen Bewußtseins kann nicht verzichtet werden. Auch den alten Sprachen kommt für ein vertieftes Verständnis des gemeinsamen europäischen Erbes Bedeutung zu.

Über den Fachunterricht hinaus sollen weitere Möglichkeiten für die Erschließung der europäischen Dimension genutzt werden. Von besonderer Bedeutung sind dabei Projektveranstaltungen mit europäischer Themenstellung. Gemeinsame pädagogische Projekte mit Schulen aus den europäischen Nachbarländern werden empfoh-

---

* Bezeichnung nach dem Schulrecht der Länder

len. Wichtig ist ferner der Schüler- und Lehreraustausch. Er soll mit möglichst vielen europäischen Ländern gepflegt werden. Eine besondere Gelegenheit für pädagogische Kontakte und Arbeitsbedingungen mit Partnern aus Mittel- und Osteuropa stellt das UNESCO-Schulnetz dar. Für die Zusammenarbeit in Umweltfragen und ein europäisches Umweltbewußtsein hat das EG-Umweltschulnetz erfolgreich eingesetzt. Der Europäische Wettbewerb ist mit seinen jährlich durchgeführten Aktivitäten und Preisträgerseminaren ein wichtiges Instrument der praktischen Schularbeit über Europarates und der Europäischen Gemeinschaft. Besuche von europäischen Einrichtungen, z.B. des Europäischen Parlament, und die Auseinandersetzung mit länderübergreifenden Regionalprojekten sind geeignet, die Realität der "Europäisierung" Europas vor Augen zu führen.

Ausländische Schülerinnen und Schüler in den deutschen Schulen machen die Gemeinsamkeiten, Vielfalt, Nähe und Unmittelbarkeit Europas in besonderer Weise erfahrbar. Ihre Anwesenheit sollte zum Anlaß genommen werden, den Unterricht, wo immer möglich, kulturübergreifend zu gestalten und den Reichtum der Kultur Europas zu verdeutlichen. Das gemeinsame Lernen zusammen mit jungen Ausländern sollte die Fähigkeit zur Solidarität und zum friedlichen Zusammenleben unter den Europäern fördern.

4. Empfehlungen zur Weiterentwicklung

Für die Weiterentwicklung des Lernbereichs Europas im Unterricht sind folgende Maßnahmen von Bedeutung:

- Verbesserung der Motivation von Lehrern und Schülern, sich mit europäischen Fragen zu befassen, durch europäische Primärerfahrungen (verstärkte Teilnahme am bilateralen Austausch, an Begegnungen, Projektmaßnahmen und fremdsprachliche Praxis),
- Verbesserung der Basisinformationen über Europa, die europäische Zusammenarbeit und Integration und über europäische Wechselbeziehungen in allen Fachmaterien von Unterricht und Erziehung sowohl für die Hand des Lehrers wie des Schülers,
- Berücksichtigung der Beschlußlage der Kultusministerkonferenz über Europa im Unterricht bei der Fortschreibung der Lehrpläne,

- Modellversuche zur Förderung des Lernbereichs Europas im Unterricht und de europäischen Bewußtseins in der Schule,
- Förderung des Erwerbs von fremdsprachlicher Kompetenz und der Mehrsprachigkeit,
- Förderung des bilingualen Unterrichts,
- Förderung von Schulpartnerschaften auch mit Mittel- und Osteuropa,
- Berücksichtigung der europäischen Dimension und von Fremdsprachenkenntnissen in der Lehrerbildung (Studium, Vorbereitungsdienst),
- Fort- und Weiterbildungsmaßnahmen für Lehrer zum Thema Europa und zur europäischen Dimension im Unterricht,
- Sicherung des Prüfkriteriums "Die europäische Dimension im Unterricht" bei der Genehmigung von Lehr- und Lernmitteln.

Sachregister

Personenregister